高等职业技术院校汽车类专业教材

汽车底盘拆装实训

主 编 刘 锋
副主编 倪 飞

中国劳动社会保障出版社

简介

本书主要内容包括汽车底盘拆装工具和设备、离合器的拆装、变速器的拆装、万向传动装置的拆装、驱动桥装置的拆装、行驶装置的拆装、转向装置的拆装、制动装置的拆装。

本书由刘锋主编，倪飞副主编，吴曦、裔传广、吴杰、汪清、王伟、陈建华、李波、曹新华、李峰、顾成军参编。

图书在版编目（CIP）数据

汽车底盘拆装实训 / 刘锋主编．—北京：中国劳动社会保障出版社，2017
高等职业技术院校汽车类专业教材
ISBN 978-7-5167-3056-0

Ⅰ.①汽… Ⅱ.①刘… Ⅲ.①汽车－底盘－装配（机械）－高等职业教育－教材
Ⅳ.① U463.1

中国版本图书馆 CIP 数据核字（2017）第 137780 号

中国劳动社会保障出版社出版发行
（北京市惠新东街 1 号　邮政编码：100029）
*
北京市艺辉印刷有限公司印刷装订　新华书店经销
787 毫米 ×1092 毫米　16 开本　17 印张　323 千字
2017 年 6 月第 1 版　2022 年12月第 5 次印刷
定价：37.00 元

营销中心电话：400-606-6496
出版社网址：http://www.class.com.cn
http://jg.class.com.cn

前言

为了更好地适应全国高等职业技术院校汽车类专业的教学要求，全面提升教学质量，人力资源和社会保障部教材办公室组织有关学校的骨干教师和行业、企业专家，在充分调研企业生产和学校教学情况、广泛听取教师对现有教材反馈意见的基础上，吸收和借鉴各地高等职业技术院校教学改革的成功经验，对现有全国高等职业技术院校汽车类专业教材进行了修订（新编）。

本次教材修订（新编）工作的重点主要体现在以下几个方面：

第一，合理更新教材内容。

根据企业岗位和教学实践的需求变化，确定学生应具备的能力与知识结构，调整部分教材内容，使知识技能点的深度、难度、广度与实际需求相匹配；根据相关专业领域的最新发展，淘汰陈旧过时的内容，补充新知识、新技术、新设备、新材料等方面的内容；根据最新的国家技术标准编写教材内容，保证教材的科学性和规范性。

第二，加强实践技能的培养。

根据就业岗位对技能型人才所需能力的要求，进一步加强实践性教学内容，采用了理论知识与技能训练一体化的编写模式，以体现“做中学”“学中做”的教学理念。

第三，衔接职业技能鉴定要求。

教材编写以相关国家职业标准为依据，涵盖国家职业标准（高级）的知识和技能要求，并在配套习题册中增加了相关职业技能考试的练习题。

第四，精心设计教材形式。

在教材的呈现形式上，尽可能使用图片、实物照片和表格等将知识点生动地展示出来，力求让学生更直观地理解和掌握所学内容。

第五，提供全方位教学服务。

本套教材配有习题册、教学参考书、电子课件和习题册答案，电子课件等教学资源可通过中国人力资源和社会保障出版集团网站（http://www.class.com.cn）或中国技工教育网（http://jg.class.com.cn）下载。

本次教材的修订（新编）工作得到了辽宁、吉林、江苏、山东、河南、广东等省人力资源和社会保障厅及有关学校的大力支持，在此我们表示诚挚的谢意。

人力资源和社会保障部教材办公室

2017 年 6 月

目 录
Contents

课题一 汽车底盘拆装工具和设备

实训目标

1. 掌握汽车底盘拆装工具和设备的作用。
2. 掌握汽车底盘拆装工具和设备的使用方法及注意事项。

拆装工具、设备	图片
1. 工具柜 （1）作用 主要用于存放贵重零件、修理物品等，比较灵活，可以移动使用。 （2）注意事项 要求小型工具、资料、物料分类摆放整齐，表面清洁，无灰尘、杂物；工具柜里专用工具应定位，分类放置，标识清晰，并采取软化措施。	 工具柜
2. 世达组合工具（维修级） （1）作用 用于汽车维修领域，携带方便，可以高效、快速地对汽车零部件进行拆装。主要工具包括棘轮扳手、梅花端内孔套筒、六角旋具头、接杆等。 （2）使用方法 1）棘轮扳手：当螺钉或螺母的尺寸较大或扳手的工作位置很狭窄时，就可以使用棘轮扳手。在方形的套筒上装上撑杆，这种扳手摆动的角度很小，能拧紧和松开螺钉或螺母。拧紧时应顺时针转动手柄（工作原理：当手柄向反方向扳回时，撑杆在棘轮齿的斜面中滑出，因而螺钉或螺母不会跟随反转）。如果需要松开螺钉或螺	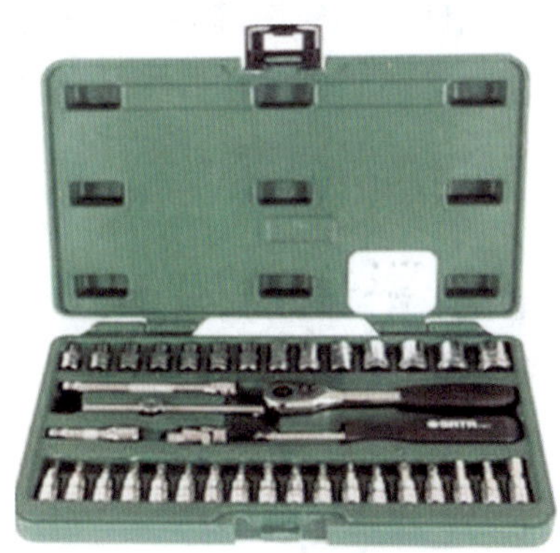 世达组合工具（维修级）

母，只需翻转棘轮扳手朝逆时针方向转动即可。通过往复摆动手动扳转螺母，方便快捷，省力省时，适用性强，可以方便地调整使用角度。

2）梅花端内孔套筒：适合在非常狭小的空间中操作使用，直接选取合适的套筒装配棘轮扳手。其优点是：特殊的倒角孔形设计，使之与六角头有良好的接触面，不损伤螺栓头和螺母。该套筒具有世达驱动的梅花端内孔，能增加与紧固件的接触面积，使其工作时不容易打滑。

3）六角旋具头：直接把六角旋具头嵌入梅花端内孔套筒内，配合棘轮扳手使用。其优点是：不易断裂打滑，坚固耐用；有 9 种长度系列，方便选用。

4）接杆：用于连接棘轮扳手，起到加长力臂的作用。

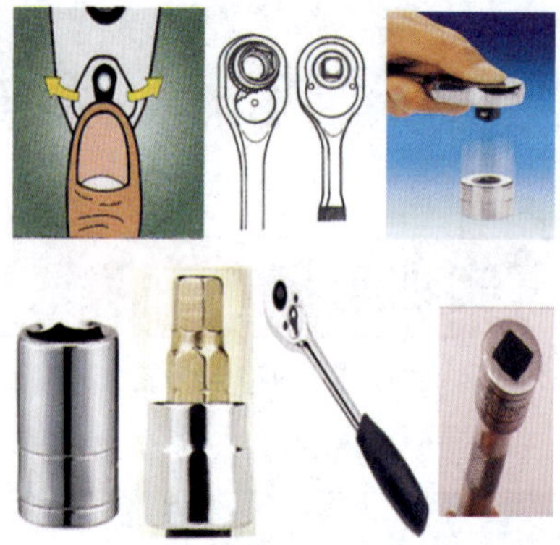

世达组合工具的使用

3. 扭力扳手

（1）作用

用于测量扭力值的大小。

（2）使用方法

1）根据测量零部件的要求选取适中的量程。

2）使用扭力扳手时，先将受力棘爪连接好辅助配件（如套筒等），确保连接没问题。加固扭力之前，设定好需要加固的扭力值，并锁好紧锁装置，然后调整好方向转换按钮到加力的方向。丈量时，手要掌握住把手的有效范围，沿垂直于管身的方向慢慢地加力，直至听到到达已设定的量值后发出的声音。施力过程中，其垂直度偏差（左右）不应超过 10°。

（3）注意事项

1）所测扭力值不可小于扭力扳手在使用中量程的 20%，太大的量程不适用于小扭力零部件的加固，小量程的扭力扳手不可以超量程使用。

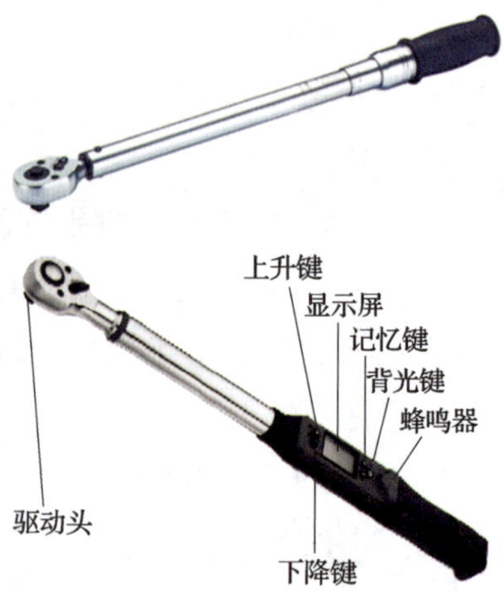

扭力扳手

<table>
<tr><td>2）扭力扳手应用范围较广，加固扭力时，只需要设定要求值便可进行操纵，相对来讲比较简单。</td><td></td></tr>
<tr><td>4. 梅花扳手
（1）作用
梅花扳手的用途与呆扳手相似。梅花扳手可分为单头梅花扳手和双头梅花扳手两种。单头梅花扳手仅适用于紧固或拆卸一种规格的内六角螺栓、螺母；双头梅花扳手适用于紧固或拆卸两种规格的六角螺栓、螺母。
（2）使用方法
梅花扳手可以在扳手转角小于60°的情况下，一次一次地扭动螺母。使用时先要选配好规格，使被扭螺母和梅花扳手的规格尺寸相符，不能松动打滑。
（3）注意事项
1）使用时不得敲击手柄或使用加力杆。
2）棘轮结构适合螺栓预锁紧和拧松，锁死和拧松时建议使用开口处。
3）梅花扳手不得用作撬棒用途。</td><td>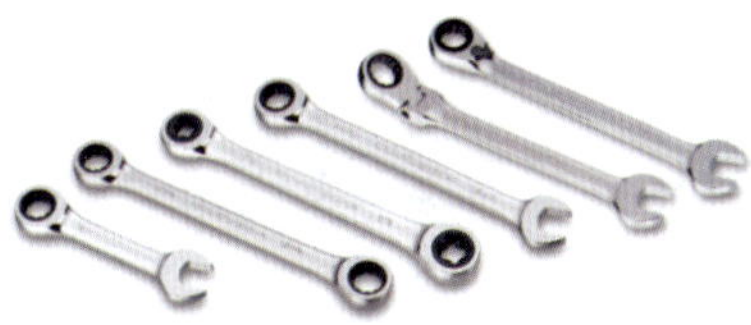
梅花扳手</td></tr>
<tr><td>5. 旋具
（1）作用
用来拆装螺钉。可分为一字、十字、花型旋具等。
（2）使用方法
将旋具拥有特化形状的端头对准螺钉的顶部凹坑后固定，然后开始旋转手柄。根据规格标准，顺时针方向旋转为嵌紧，逆时针方向旋转为松出。
（3）注意事项
1）根据螺钉的尺寸，正确选用合适规格的旋具（号槽符合）。</td><td>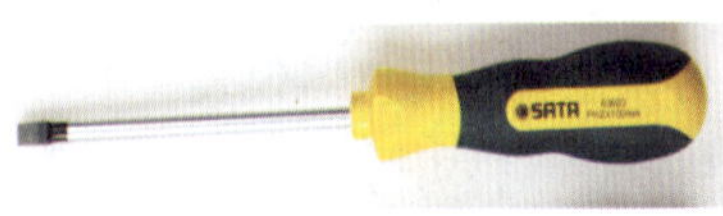

一字旋具</td></tr>
</table>

2）不能作为撞批用于敲击（一字穿心旋具可以适当作为撞批敲击使用）。 3）不能把旋具用作撬棒用途（挂孔不得用于加力）。 4）不能把旋具用作搅拌用途，不得接触酸、碱类液体及油漆（会锈蚀）。 5）不得对旋具的刀杆进行人为加工（如进行砂轮研磨）。	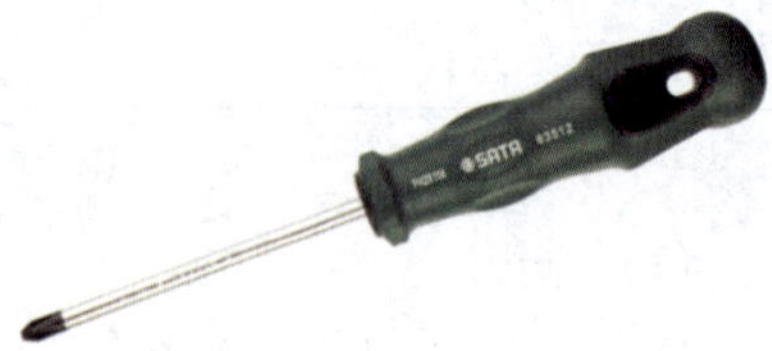 花型旋具
6. 卡簧钳 （1）作用 卡簧钳又称为挡圈钳，专门用于拆装弹簧挡圈。 （2）分类 卡簧钳按用途不同可分为轴用和穴用两种，可适应对各种位置上挡圈的拆装。卡簧钳按钳口形状不同可分为直嘴式和弯嘴式两种结构（弯嘴结构一般为90°，也有45°的）。常用尺寸有150 mm、175 mm两种规格。 （3）注意事项 使用卡簧钳时，应防止挡圈弹出伤人。	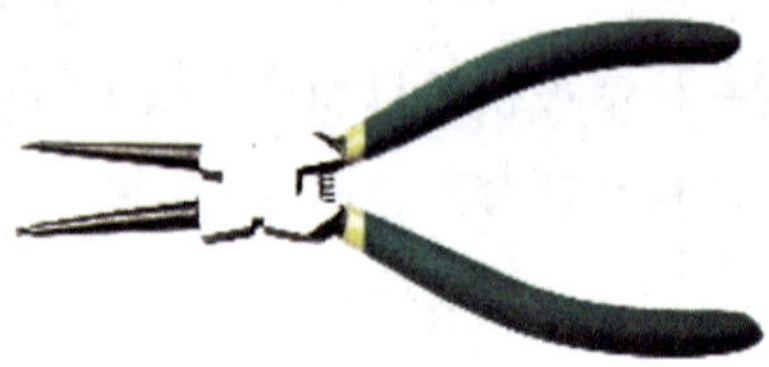 卡簧钳
7. 尖嘴钳 （1）作用 适用于比较狭小的工作空间位置上小零件的夹持，主要用于仪器仪表、电信、电器行业安装维修工作。带刃口的尖嘴钳还可以切断细金属丝。 （2）使用方法 按照柄部结构，可分为不带塑料套和带塑料套两种。绝缘柄的耐压强度为500 V，常用的有125 mm、140 mm、160 mm、180 mm、200 mm五种规格。	 尖嘴钳

<table>
<tr><td>

（3）注意事项

1）电工应禁用铁柄尖嘴钳。

2）尖嘴钳的钳头部分尖细，且经过热处理，夹持物体不能过大，用力不能过猛，以防损伤钳头。

3）使用时不能用钳嘴去撬工件，以免把钳嘴撬变形。

</td><td></td></tr>
<tr><td>

8．千斤顶

（1）作用

用来举升汽车或重物。可分为液压式和机械式两种，机械式主要用于轿车；液压式按举升质量，有 3 t、5 t、8 t 等规格。

（2）使用方法

1）使用机械式千斤顶时，先将千斤顶的顶面对正要顶起的部位，然后用手柄转动蜗杆，顺时针转动使工作物上升，逆时针转动使工作物下降。

2）使用液压式千斤顶时，先将油压开关拧紧，然后将千斤顶的顶面对正要顶起的部位，压动手柄，工作物上升；旋开油压开关，工作物下降。

（3）注意事项

使用时应注意落地车轮用三角木塞好；在松软的路面上使用时，千斤顶座下应垫木板；千斤顶应放正，不得歪斜；在汽车升起后未稳定前，或旋开油压开关汽车下降时，禁止车下有人员工作。

</td><td>

机械式千斤顶

液压式千斤顶

</td></tr>
<tr><td>

9．举升机

（1）作用

汽车修理厂的常用设备之一。能举升待修车辆，使其离开地面一定高度，以便修理人员进入汽车底部作业，或进行轮胎拆卸、四轮定位等工作。举升机按照功能和形状不同，一般可

</td><td></td></tr>
</table>

分为剪式举升机、双柱举升机、四柱举升机三大类。双柱举升机稳定性好些，剪式举升机节省空间。本书重点介绍剪式举升机和双柱举升机的使用方法和注意事项。

（2）使用方法

1）剪式举升机

①工作前，排除机器周围和下方的障碍物。

②升降时，在举升机规定区域和机器上、下方以及平台上的车辆内不能有人。

③不能举升超过本机举升能力范围的车辆或其他货物。

④举升时，应在车辆底盘下方垫上胶垫。

⑤升降过程中，应随时观察举升机平台是否同步；若发现异常，及时停机，检查并排除故障后方能投入使用。

⑥下降操作时，先将举升平台上升一点，注意观察两保险爪与保险齿间是否完全脱开，否则停止下降。

⑦机器长期不用或过夜使用时，平台应降到最低位位置，并开走车辆，切断电源。

2）双柱举升机

双柱举升机的使用方法跟剪式举升机的使用方法除第④条步骤外其余步骤都相同。使用双柱举升机时，第④步不要在汽车下方垫上胶垫，因为双柱举升机本身就有胶垫，只需要调整胶垫就可以了。

（3）注意事项

1）在使用任何类型举升机的时候，一定要注意车辆正在举升或正在下降过程中，车辆底部或附近不能有人，确保人员安全。

2）车辆举升到指定高度后必须落锁并确保锁止有效后，工作人员方可进行车辆作业。

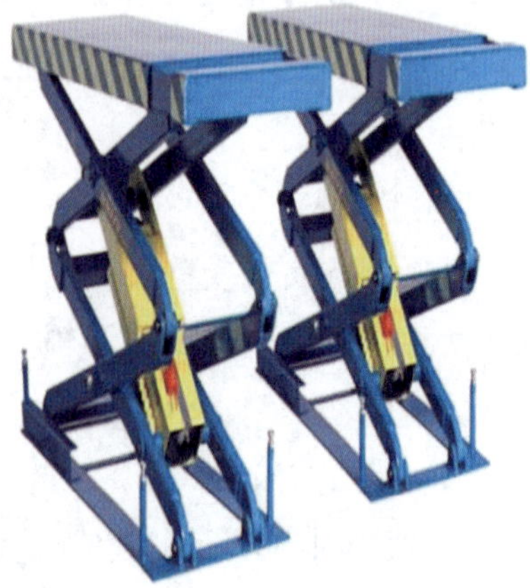

剪式举升机

双柱举升机

<table>
<tr><td>3）车辆正在举升或正在下降过程中，操作人员必须注视车辆的水平状态及保险的状态，确保保险有效后才能继续上升或下降举升机。</td><td></td></tr>
<tr><td>10. 车轮挡块
（1）作用
阻止处于静止状态车辆的自行滑动。
（2）使用方法
在确认车辆停放好后，将车轮挡块放置在车轮的前后，将车辆固定好。车轮挡块要紧贴汽车胎面，放置时要对齐胎面。
（3）注意事项
每次使用前要及时检查挡块表面有无裂痕，如果有应及时更换挡块。</td><td>
车轮挡块</td></tr>
<tr><td>11. 支撑垫
（1）作用
用于在举升车辆之前支撑汽车，起到保护和防滑的作用。
（2）使用方法
1）在举升车辆前，把四个支撑垫垂直安装在固定点上。
2）将车辆升起一点，观察四个支撑垫是否安装牢固；确认支撑垫牢固后再举升车辆。
（3）注意事项
1）使用时注意支撑垫是否完好，有无裂纹、变形。如有特殊情况需要及时更换。
2）检查支撑垫的表面是否有油污，有油污时需要及时清洁干净，以防滑脱。</td><td>
支撑垫</td></tr>
</table>

<table>
<tr>
<td>

12. 翼子板布和前格栅布

(1) 作用

在汽车维修、维护操作前，安装翼子板布可以防止操作过程中划伤汽车的漆面。

(2) 使用方法

1) 翼子板布和前格栅布一侧内部有磁铁，可以牢靠地吸附在车辆上。

2) 安装翼子板布时要有效遮住车身部位(翼子板处)。

3) 翼子板布应安放稳妥，不能随意掉落。

4) 前格栅布的放置不要太靠上而挡住散热器水管，会影响发动机舱的检查。

5) 注意前格栅布的正反面，防止前翼子板布放不正。

</td>
<td>

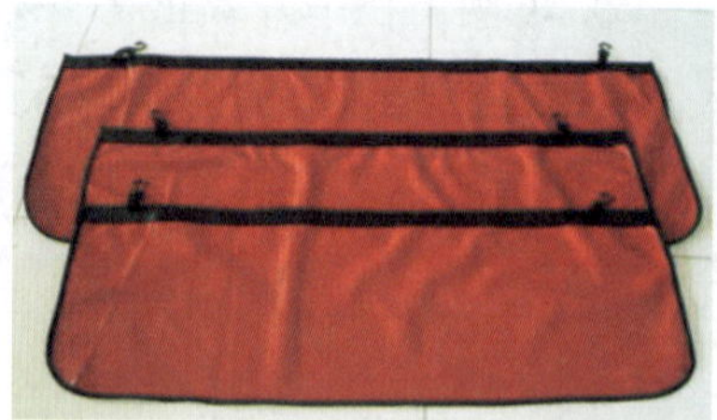

翼子板布

前格栅布

</td>
</tr>
<tr>
<td>

13. 轮胎支架

(1) 作用

用于安放拆卸好的轮胎，可以保证工作场地的干净有序。

(2) 注意事项

放置时应注意给前后左右轮胎做好标记。

</td>
<td>

轮胎支架

</td>
</tr>
<tr>
<td>

14. 轮胎拆装机

(1) 作用

轮胎拆装机是一种实现汽车轮胎从轮毂上拆下、安装和充气功能的设备。它是用来拆装轮胎的专用工具，主要用于轮胎的修补、更换、安装等，是汽车修理厂、汽车轮胎店等必备的设备。

(2) 注意事项

使用前应先检查气管和电路是否正常、无损坏；在拆卸前应对轮胎进行分离并涂抹润滑液；在安装前应注意轮胎的型号、规格是否匹配，以及轮胎方向是否正确。

</td>
<td>

轮胎拆装机

</td>
</tr>
</table>

15. 轮胎动平衡机 （1）作用 轮胎动平衡机是检测轮胎动平衡的专用工具。 （2）注意事项 使用前应检查电路是否完好；使用时应检测车轮的相关数据；在安装平衡块时应注意平衡块的选取要正确，安装位置要正确；工具使用要规范。	 轮胎动平衡机

课题二

离合器的拆装

任务1　离合器总成的拆装

实训目标

1. 了解离合器的作用、组成及工作原理。
2. 掌握离合器的拆装步骤及要求。
3. 能够熟练使用离合器拆装工具，拆装离合器总成。

实训准备

1. 设备：整车2辆、举升机2台、常用工具1套、赛拉图专用工具1套。
2. 材料：柱式、剪式举升机使用说明手册各1套，配套学习材料每人1套。
3. 场地：汽车底盘拆装（一体化）实训室。

工作任务

一辆赛拉图汽车已经行驶了约6万公里，在换挡时出现困难。起初维修人员判断是变速器出现问题，后经过检查发现是离合器出现了分离不彻底故障，需要更换离合器摩擦片。离合器摩擦片在长期使用过程中会出现磨损，从而导致打滑，出现换挡困难等问题。作为一名汽车维修工，应该怎样面对这样的问题？本任务要求学生了解离合器总成的结构、组成及工作原理，并在此基础上能够对离合器总成进行拆装。

知识储备

一、离合器的作用和组成

1. 离合器的作用

离合器的作用主要有四个方面：保证汽车平稳起步；保证传动系换挡平顺；防止传动系过载；降低扭振冲击。

2. 离合器的组成

离合器是汽车传动系的组成部分，装在发动机与变速器之间。离合器由主动部分、从动部分、压紧机构和操纵机构四部分组成。主、从动部分和压紧机构是保证离合器处于接合状态，并能传递动力的基本结构，而离合器操纵机构是使离合器分离的装置。

离合器位于发动机和变速箱之间的飞轮壳内，用螺钉将离合器总成固定在飞轮的后平面上，离合器的输出轴就是变速箱的输入轴。在汽车行驶过程中，驾驶员可根据需要踩下或松开离合器踏板，使发动机与变速箱暂时分离和逐渐接合，以切断或传递发动机向变速器输入的动力。

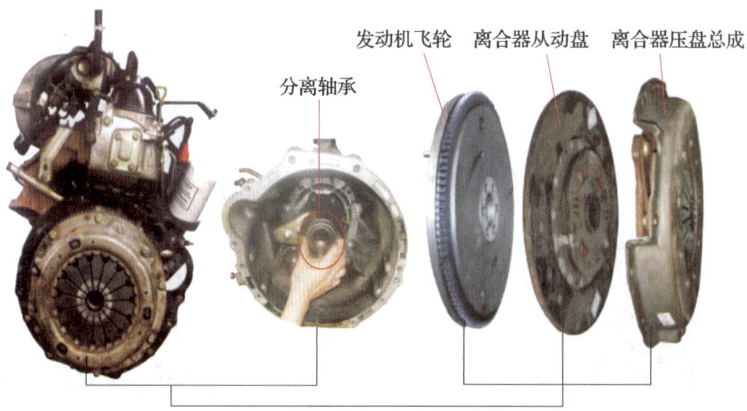

离合器分解示意图

二、离合器的工作原理

离合器处于接合状态时，踏板处于最高位置，分离杠杆与分离轴承之间存在间隔，压盘在压紧弹簧的作用下压紧从动盘，发动机的转矩经飞轮及压盘传给从动盘，再由从动盘传给变速器第一轴。

离合器所传递的最大转矩取决于从动盘摩擦表面的最大静摩擦力，它与摩擦表面间的压紧力大小、摩擦面积的大小以及摩擦材料的性质有关。对一定结构的离合器而言，其最大静摩擦力是一个定值，若传动系传递的转矩超过这一定值，离合器就会打滑，从而起到过载保护的作用。

离合器分离时，需踩下离合器踏板，通过拉杆、分离拨叉、分离套筒消除间隙面后，使分离杠杆外端拉动压盘克服压紧弹簧的压力向后移动，压盘与从动盘之间产生间隙，摩擦力矩消失，离合器主、从动部分分离，中断动力传递。

当需要动力传递时，缓慢抬起离合器踏板，在压紧弹簧的作用下，压盘向前移动并逐渐压紧从动盘，摩擦力矩也渐渐增大。压盘与从动盘刚接触时，其摩擦力矩比较小，离合器主、从动部分可以不同步旋转，即离合器处于打滑状态。随着压紧力的逐步加大，离合器主、从动部分的转速也渐趋相等，直至完全接合而停止打滑。

任务实施

一、操作前的准备工作

1．将工位清理干净，准备好所需的工具、物品等。

2．检查车辆、设备完好情况。

提示：

◆ 培养良好的工作习惯，做好事前准备，有利于安全操作和提高工作效率。

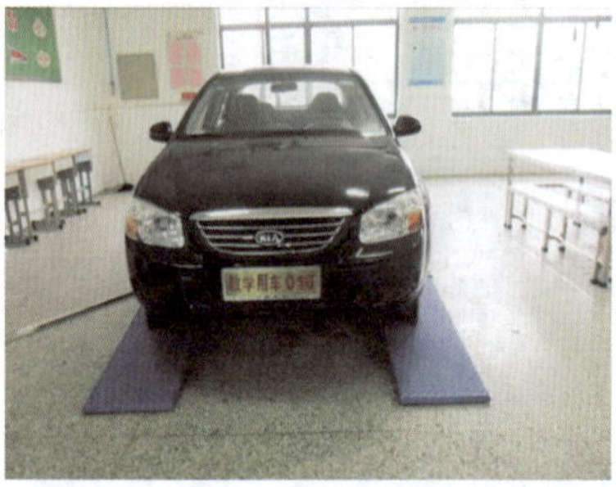

3．检查汽车是否可靠停放。

提示：

◆ 车辆与举升机前后左右的位置要相等，不要偏向一侧或过度靠前和靠后。

◆ 在移动车辆过程中应注意安全。

4．放置车轮挡块。

提示：

◆ 车轮挡块的三角斜面要与轮胎面相切合。

◆ 车轮挡块与轮胎的位置要合适，避免倾斜摆放。

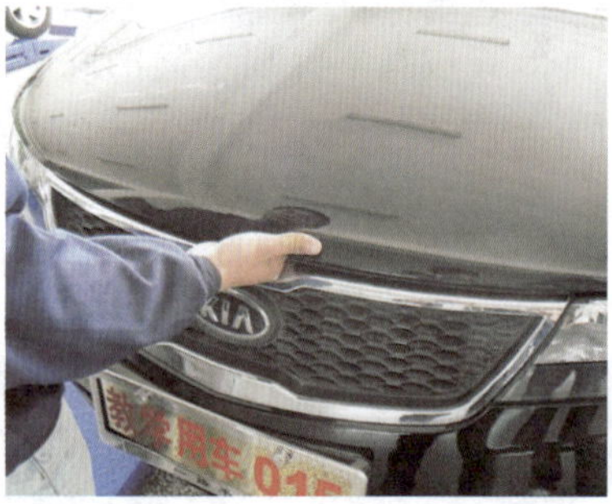

5．打开发动机舱盖锁止钩。将发动机舱盖向上抬起一定高度，用右手向上拨动发动机舱盖挂钩，然后再向上掀开发动机舱盖。

提示：

◆ 在拨动发动机舱盖挂钩的时候要注意，不要在挂钩未被拨开时就将发动机舱盖提起。

<table>
<tr><td></td><td>6．固定发动机舱盖。
提示：
◆ 发动机舱上盖有一个支撑杆孔，用于支撑发动机舱盖。</td></tr>
<tr><td></td><td>7．放置翼子板布。
提示：
◆ 翼子板布和前格栅布一侧内部有磁铁，可以牢靠地吸附在车辆上。
◆ 安装翼子板布时要有效遮住车身部位（翼子板处）。
◆ 翼子板布不能掉落。</td></tr>
<tr><td>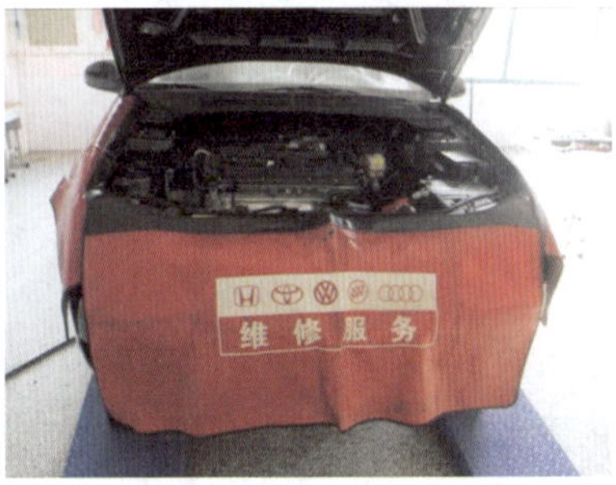</td><td>8．放置前格栅布。
提示：
◆ 前格栅布的放置不要太靠上，挡住散热器水管，影响发动机舱的检查。
◆ 注意区分前格栅布的正反面，防止其放不正。</td></tr>
<tr><td colspan="2">二、拆卸离合器的外围零件</td></tr>
<tr><td>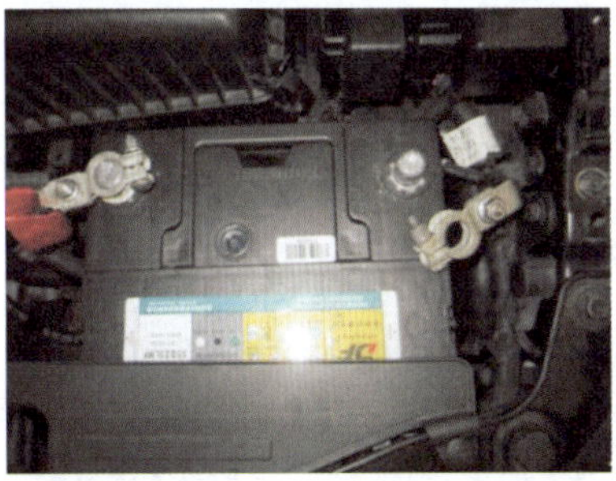</td><td>1．拆卸蓄电池的负极。
提示：
◆ 拆卸时，应将负极的线束远离正负极的桩头。</td></tr>
</table>

<table>
<tr><td></td><td>2．拆卸蓄电池的正极。
提示：
◆ 拆卸时，应将正极的线束远离正负极的桩头。</td></tr>
<tr><td></td><td>3．拧松车轮螺栓。
提示：
◆ 使用专用扭力扳手。
◆ 松卸螺栓时，要按对角线顺序拧松。
◆ 套筒的头部应与螺母在一条水平线上。</td></tr>
<tr><td>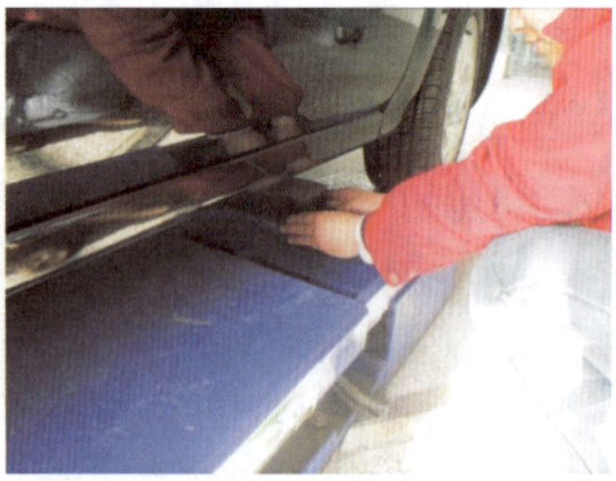</td><td>4．安放支撑垫。
提示：
◆ 每侧各安放两个支撑垫。
◆ 支撑垫应与车辆的指定位置相对应。</td></tr>
<tr><td>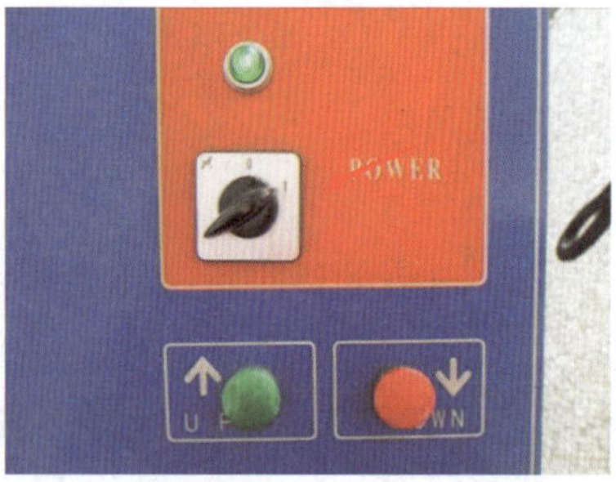</td><td>5．打开举升机电源开关。
提示：
◆ 把电源开关打开到 1 的位置。
◆ 按下举升按钮，向上举升一段距离。</td></tr>
</table>

	6．再次确认支撑垫是否安放到位。 提示： ◆ 避免因为支撑垫放置不到位出现安全事故。
	7．检查汽车在举升机上的稳定性。 提示： ◆ 确认汽车的停靠稳定性，以防汽车倾斜或掉落。 ◆ 两手推动汽车的前部或两侧，确认汽车没有较大的晃动量。 ◆ 如果出现较大的晃动，应再次检查支撑垫或举升机。
	8．拆卸轮胎。 提示： ◆ 按对角线顺序拆卸轮胎螺栓。 ◆ 检查螺栓、螺母的螺纹是否完好。
	9．放置好轮胎，不能随便滚动。 提示： ◆ 检查轮胎的表面有无杂物。 ◆ 检查轮胎气压是否在标准值 2.3 ~ 2.5 kg/cm^3 范围内。

	10．去除前轮毂锁止螺母的保险。 提示： ◆ 该锁止螺母与传动轴相连接，不拆除传动轴无法拆卸变速器总成。
 	11．拆卸锁止螺母。 提示： ◆ 固定好刹车盘，以防转动。 ◆ 取下螺母。 ◆ 力矩标准：240.2 ～ 249.6 N · m。
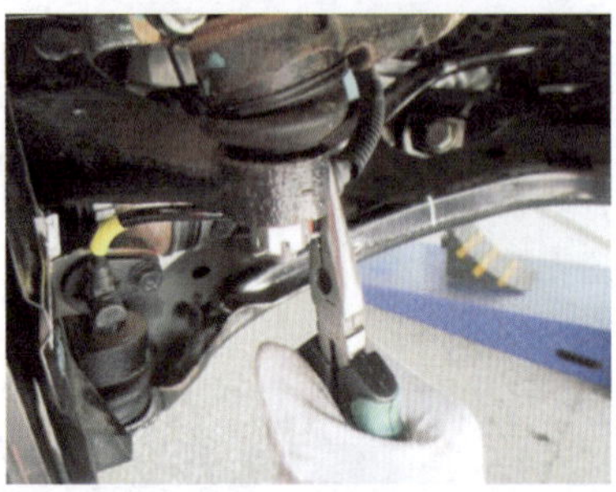 	12．拆卸直拉杆球头的开口销。 提示： ◆ 此时传动轴由于长度问题还无法取出。 ◆ 松开球头螺母。 ◆ 力矩标准：16 ～ 34 N · m。

<table>
<tr><td></td><td>13．把螺母拧在球头的螺纹杆上。
提示：
◆ 防止在操作过程中损伤到球头的螺纹。</td></tr>
<tr><td>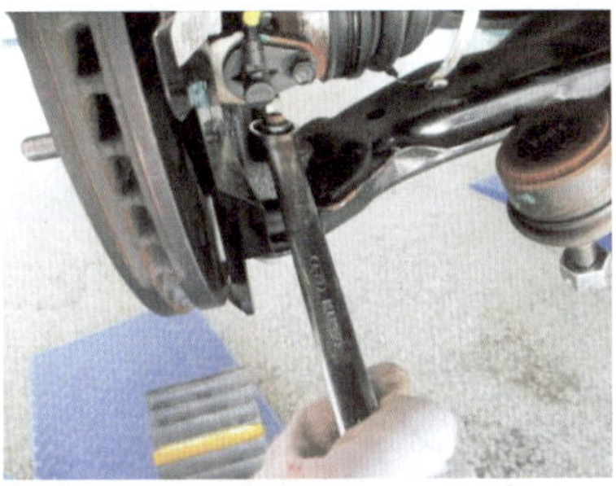
</td><td>14．拆卸下摇臂的螺母。
提示：
◆ 拆卸后，把螺母拧回到原位置上。
◆ 力矩标准：60 ~ 72 N · m。</td></tr>
<tr><td>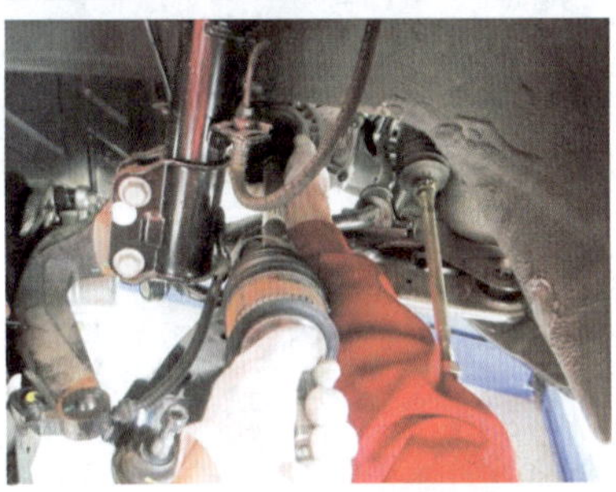
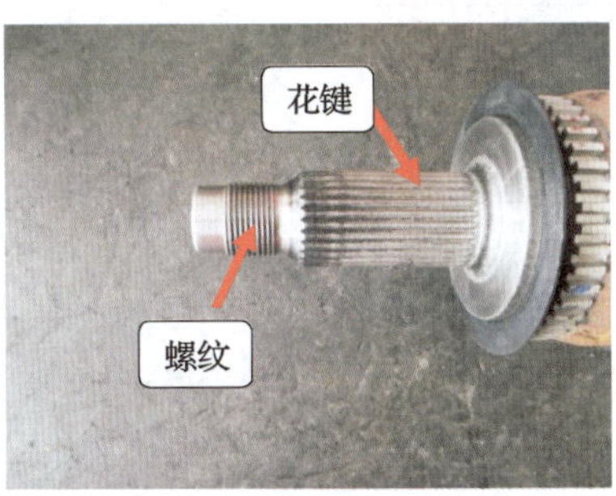
</td><td>15．取出传动轴。
提示：
◆ 放置好传动轴，不要损伤到花键及螺纹。</td></tr>
</table>

 	16．拆卸空气滤清器导管。 提示： ◆ 使用十字旋具拆卸两端的卡箍。
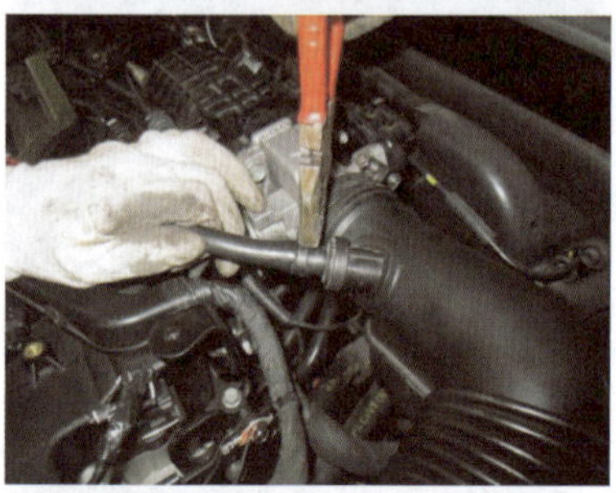	17．拆卸废气收集管路。 提示： ◆ 注意堵好废气管路的出入孔，以防杂物进入。
	18．打开空气滤清器罩盖。 提示： ◆ 注意不要弄脏空气滤清器。
	19．拆卸空气滤清器下壳体的 3 个螺栓。 提示： ◆ 力矩标准：12 ~ 15 N · m。

 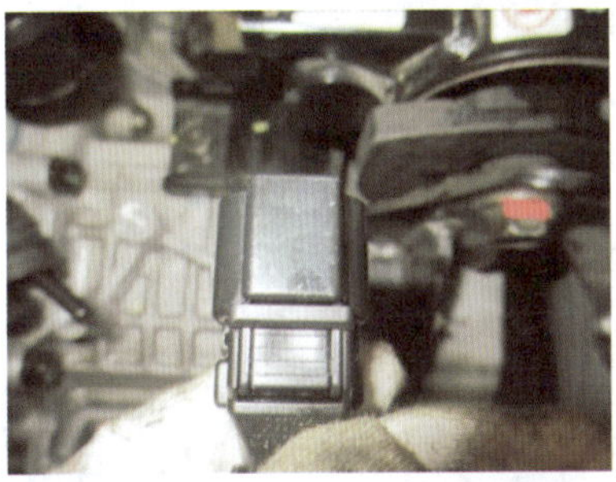	20．分离倒车灯开关连接器。 提示： ◆ 注意不要使用蛮力拔除，只要找到伸缩按钮就可以轻易拔除。
 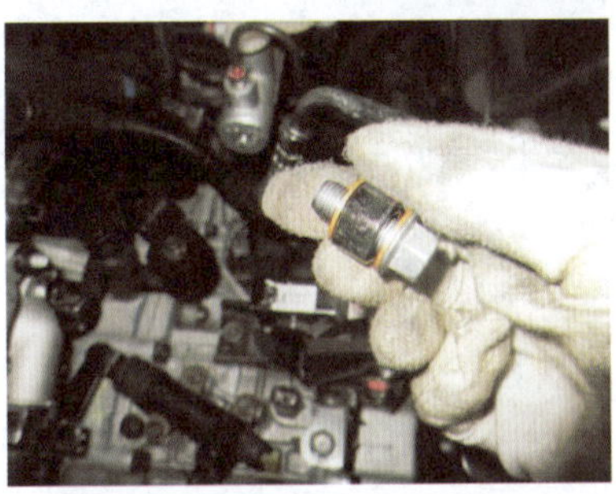	21．松开分泵的进油管。 提示： ◆ 拆下的两个垫圈一定要收集好，不能丢失。 ◆ 力矩标准：20 ~ 35 N·m。
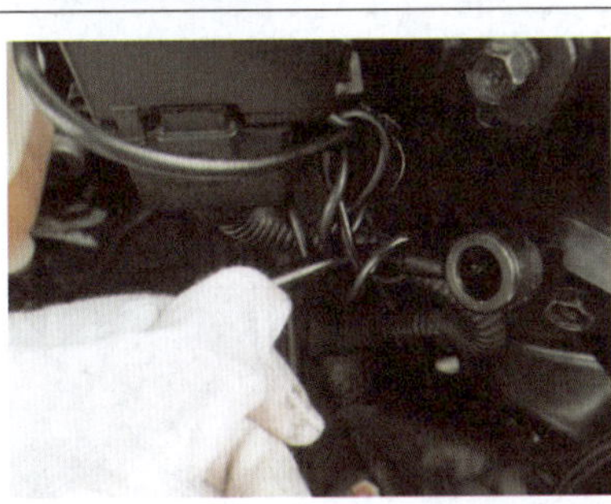	22．使用绳索固定好进油管道。 提示： ◆ 赛拉图离合器与制动器使用的是一个储液罐。

	23．拆卸离合器分泵的 3 个固定螺栓。 提示： ◆ 力矩标准：15 ～ 22 N · m。
 	24．取下分泵与防尘套。 提示： ◆ 注意分泵里面有一个小的单向阀，不要丢失。
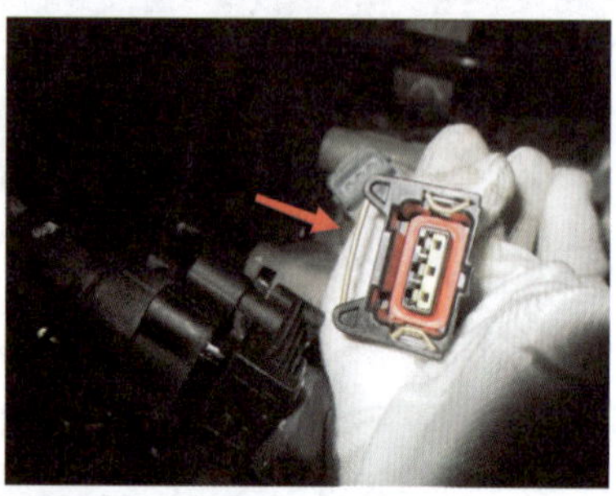	25．分离车速传感器连接器。 提示： ◆ 注意不要使用蛮力拔除，只要找到伸缩按钮就可以轻易拔除。
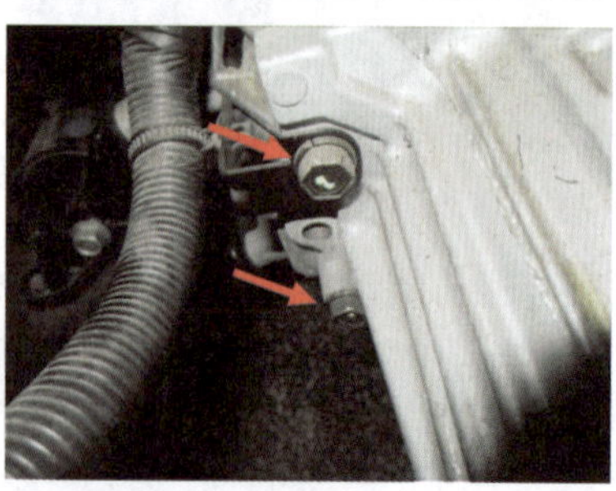	26．拆卸变速器壳体与发动机壳体的连接螺栓。 提示： ◆ 靠近水箱位置的 2 颗螺母。 ◆ 力矩标准：35 ～ 42 N · m。

<table>
<tr><td></td><td>27．拔除安装在换挡连接器上的线束。
提示：
◆ 注意不要损伤塑料卡子。</td></tr>
<tr><td>
</td><td>28．拆卸换挡连接器上的两根换挡拉线。
提示：
◆ 拆卸开口销，分离两根线轴。</td></tr>
<tr><td></td><td>29．拆卸换挡连接器上的两个固定螺栓。
提示：
◆ 力矩标准：15 ～ 22 N · m。</td></tr>
<tr><td></td><td>30．拆卸变速器壳体与发动机之间的固定螺栓。
提示：
◆ 力矩标准：43 ～ 55 N · m。
◆ 位于排气支管右边上部。</td></tr>
</table>

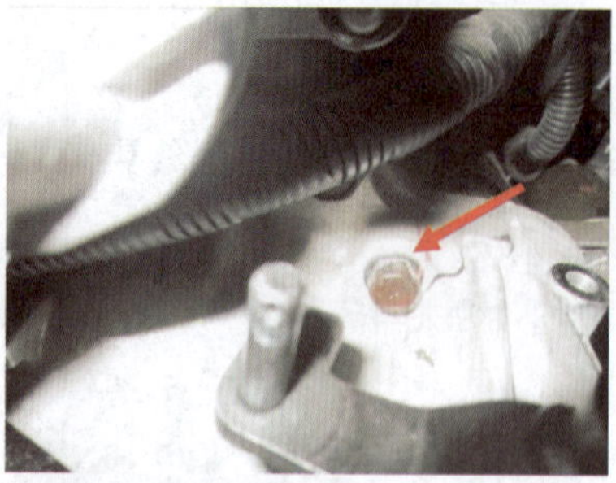	31．拆卸起动机固定螺栓。 提示： ◆ 拆卸接合器位置的固定螺栓。 ◆ 力矩标准：27 ~ 34 N · m。
	32．拆卸变速器壳体与发动机后挡板螺栓。 提示： ◆ 拆卸曲轴位置传感器的螺栓。 ◆ 力矩标准：27 ~ 34 N · m。
	33．拆卸变速器装配支架绝缘体螺栓。 提示： ◆ 力矩标准：90 ~ 110 N · m。
 	34．拆卸变速器前壳体与发动机后隔板之间的螺栓。 提示： ◆ 力矩标准：12 ~ 16 N · m。

	35．拆卸变速器的前支脚垫。 提示： ◆ 螺栓在水箱后面。 ◆ 力矩标准：90 ～ 110 N · m。
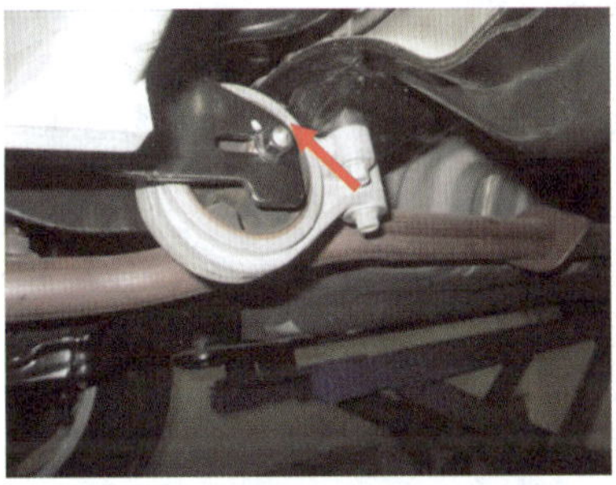	36．拆卸变速器后支架螺栓。 提示： ◆ 在排气管附近的螺栓。 ◆ 力矩标准：90 ～ 110 N · m。
	37．从车上取下变速器。 提示： ◆ 从车上取下变速器总成。 ◆ 放置好变速器总成，不能出现损伤。
	38．支撑好发动机。 提示： ◆ 注意安全，锁住举升机。 ◆ 非操作人员或非专业人员不可靠近汽车底部。

三、拆卸离合器摩擦片

1. 给离合器摩擦片做记号。

提示：

◆ 在拆卸离合器时，要在压盘与飞轮上用粉笔或记号笔做好记号。

◆ 防止破坏压盘与飞轮之间的平衡关系。

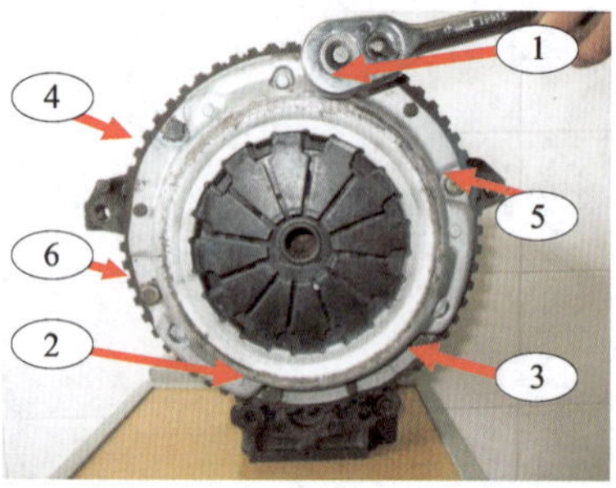

2. 拆卸压盘螺栓。

提示：

◆ 压盘周边有很多螺栓，需要按对角顺序拆卸。

◆ 拆下的螺栓应摆放整齐。

◆ 防止压盘的工作面产生变形。

3. 摆放好压盘。

提示：

◆ 摆放压盘时，与离合器摩擦片接触的地方应朝上。

◆ 不能反向放置，防止有油污污染压盘的工作面。

4. 取下离合器摩擦片。

提示：

◆ 可以将摩擦片放在压盘上。

5．飞轮螺栓的拆卸准备。

提示：

◆ 要使用专业工具拆卸飞轮螺栓，以免损伤螺栓。

◆ 准备扭力扳手、短接杆、套筒等工具。

◆ 固定好飞轮，以免在拆卸时飞轮转动。

6．拆卸飞轮螺栓。

提示：

◆ 需要按对角顺序拆卸。

7．摆放好飞轮及螺栓。

提示：

◆ 不要把飞轮压在其他零件上。

◆ 不得使飞轮站立放置。

四、装复离合器总成

1．安装飞轮。

提示：

◆ 检查飞轮的工作面是否有油污，如果有油污应当清洁干净。

 	2．安装飞轮螺栓。 提示： ◆ 安装飞轮螺栓时，首先应该用手拧几圈，确认螺栓拧紧后，再用扳手把所有螺栓拧紧。 ◆ 应当按对角顺序分两次用扭力扳手拧紧到规定力矩（不能一次拧到标准力矩，应当第一次拧到 100 N · m，第二次拧到 200 N · m）。 ◆ 所有的螺栓拧好后，最终确认力矩是 200 N · m，有无漏拧。此时可以按顺时针方向依次检查。
	3．再次检查飞轮上有无油污。 提示： ◆ 在安装飞轮螺栓的过程中，工具或手上的一些油污可能沾染到飞轮上，应当再次清洁飞轮。
	4．安装离合器摩擦片。 提示： ◆ 检查离合器摩擦片正反工作面是否干净，有无油污。如果离合器摩擦片有油污，会导致离合器打滑、分离不彻底故障。 ◆ 离合器摩擦片突出的一面应朝向自己。
	5．安装压盘。 提示： ◆ 检查压盘的膜片弹簧是否磨损均匀（若是新换的弹簧则不需要）。 ◆ 检查压盘工作面是否有油污。

 	6．安装压盘螺栓。 提示： ◆ 拧紧压盘螺栓前，要用输入轴对离合器摩擦片与飞轮对中，如果没有对中，那么安装变速器时就会装不上。 ◆ 压盘螺栓应该按对角顺序分三次拧紧。力矩标准：15~25 N · m。

五、安装离合器外围零件
（安装步骤与拆卸步骤相反）

考评标准表——离合器总成的拆装　　时间：45 min

项目	分值	评分标准与指导	评价结果
正确使用工具	10	操作不正确酌情扣分，并指正	
拆卸蓄电池、轮胎	10	按要求酌情扣分，并指正	
拆卸直拉杆球头、下摇臂、空气滤清器	10	按要求酌情扣分，并指正	
拆卸离合器分泵	10	按要求酌情扣分，并指正	
拆卸变速器壳体、压盘、飞轮	10	按要求酌情扣分，并指正	
安装飞轮、离合器摩擦片、压盘	10	按要求酌情扣分，并指正	
安装变速器壳体、分泵	10	按要求酌情扣分，并指正	
安装离合器和下摇臂	10	按要求酌情扣分，并指正	
零件、工具摆放是否整齐	10	按要求酌情扣分，并指正	
遵守相关安全操作规范	10	因违规操作发生人身和设备事故，终止考核，成绩按 0 分计 超时每分钟扣 1 分，超时 10 min 终止考核	
合计	100		

任务2　离合器总泵的拆装

实训目标

1. 了解离合器总泵的作用、结构及工作原理。
2. 掌握离合器总泵的拆装步骤及要求。
3. 能够熟练使用离合器拆装工具，拆装离合器总泵。

实训准备

1. 设备：整车2辆、举升机2台、常用工具1套、赛拉图专用工具1套。
2. 材料：柱式、剪式举升机使用说明手册各1套，配套学习材料每人1套。
3. 场地：汽车底盘拆装（一体化）实训室。

工作任务

一辆赛拉图汽车已经行驶了约6万公里，车主在踩踏离合器踏板过程中出现卡滞现象，挡位挂不上去。起初维修人员以为是离合器出现了问题，后经过检查发现是离合器总泵在长期使用过程中出现了磨损，必须更换离合器总泵。作为一名汽车维修工，应该怎样面对这样的问题？本任务要求学生了解离合器总泵的结构、组成及工作原理，并在此基础上能够对离合器总泵进行拆装。

知识储备

一、离合器总泵的作用

离合器总泵是连接在离合器踏板上，并通过油管与离合器助力器连接的部分。其作用是采集离合器踏板行程信息，通过助力器的作用使离合器实现分离。

二、离合器总泵的工作原理

未踩离合器踏板时，总泵推杆与总泵活塞之间有间隙，由于限向螺钉对进油阀的限位，进油阀与活塞之间有很小的间隙。这样，储液罐通过管接头和油道、进油阀与总泵左腔相通。当踩下离合器踏板时，活塞向左移动，进油阀在回位弹簧的作用下相对于活塞向右移动，消除进油阀与活塞之间的间隙。

继续踩下离合器踏板，总泵左腔的油压升高，总泵左腔的制动液经油管进入助力器，使助力器工作，离合器分离。

松开离合器踏板，活塞在同位弹簧的作用下较快地向右移动，由于制动液在管路中流动有一定的阻力，流回总泵的速度较慢，因此，在总泵左腔形成一定的真空度，进油阀在活塞左、右油腔压力差的作用下向左移动，储液罐有少量的制动液经进油阀流入总泵左腔以弥补真空。当原来由总泵进入助力器的制动液都流回到总泵时，总泵左腔又出现多余的制动液，这些多余的制动液会经进油阀流回储液罐。

三、离合器总泵的结构

离合器总泵由储液罐、储液罐固定支架、储液罐软管、总泵体、回位弹簧、缓冲器和推杆、U 形夹销等组成。

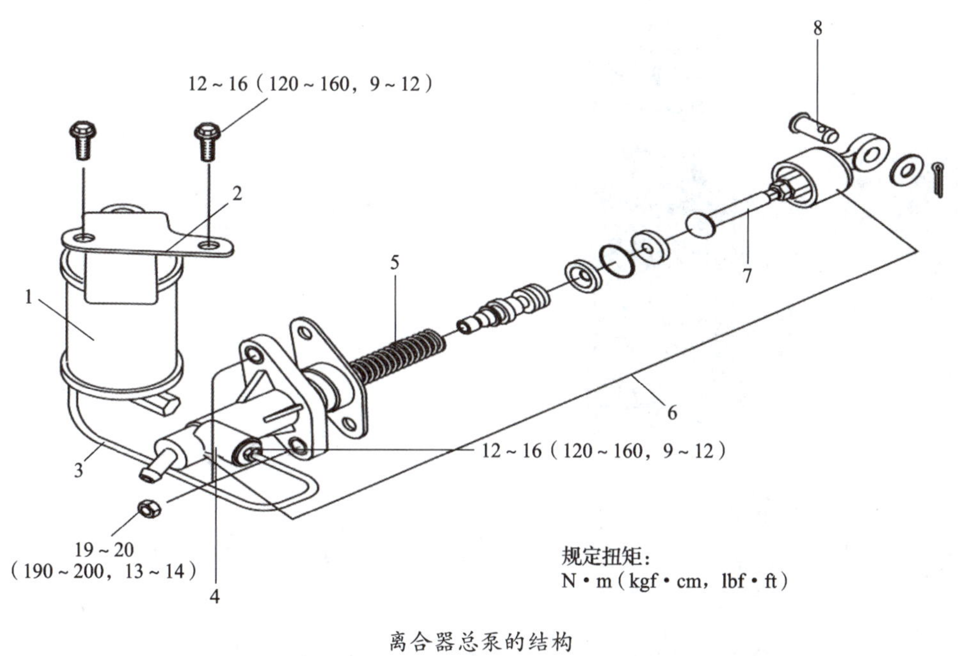

离合器总泵的结构

1—储液罐　2—储液罐固定支架　3—储液罐软管　4—总泵体

5—回位弹簧　6—离合器总泵　7—缓冲器和推杆　8—U 形夹销

任务实施

一、拆卸离合器总泵

<table>
<tr><td></td><td>1．通过排放孔塞排出离合器油。
提示：
◆ 松开放气螺栓，收集废油液。
◆ 缓慢轻踏离合器踏板，踏至踏板的最低点，保持不动。
◆ 收集废油液时应防止液压油飞溅污染壳体和零件。
◆ 在踩踏过程中，不可急速踩踏，以免损伤到总泵、分泵的缸壁。</td></tr>
<tr><td>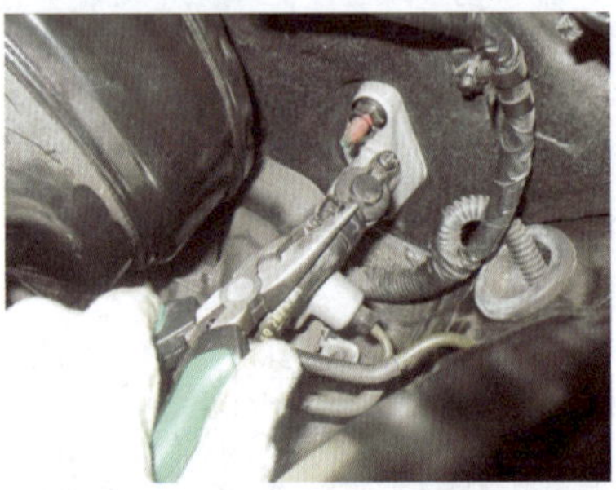
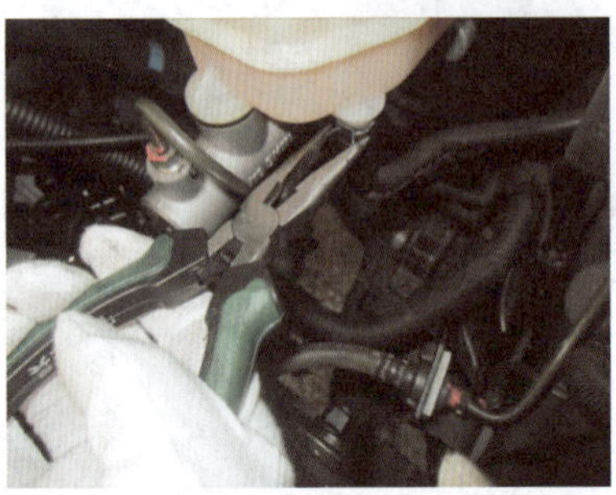</td><td>2．拆卸离合器总泵进油管的卡箍。
提示：
◆ 一个在总泵的上部，一个在储液罐的下端。
◆ 拆卸时，注意不要损伤到油管。</td></tr>
<tr><td>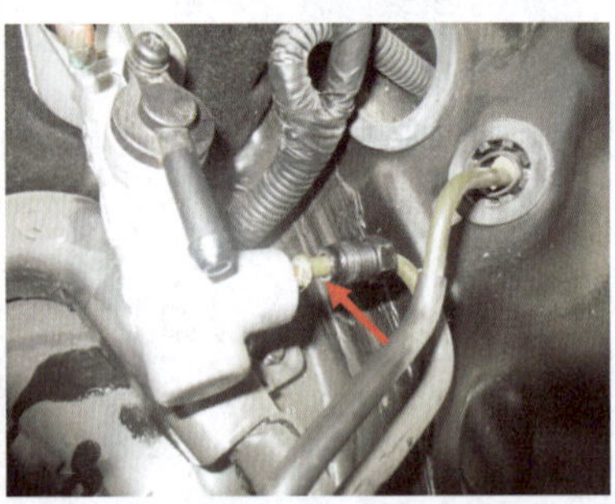</td><td>3．分离离合器出油管（总泵侧）。
提示：
◆ 由于出油管是金属油管，因此在拆卸时，注意不可弯曲油管。</td></tr>
</table>

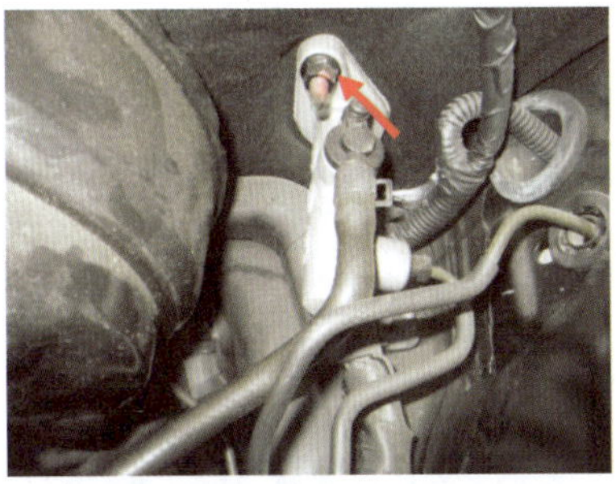	4．拆卸离合器总泵的固定螺栓。
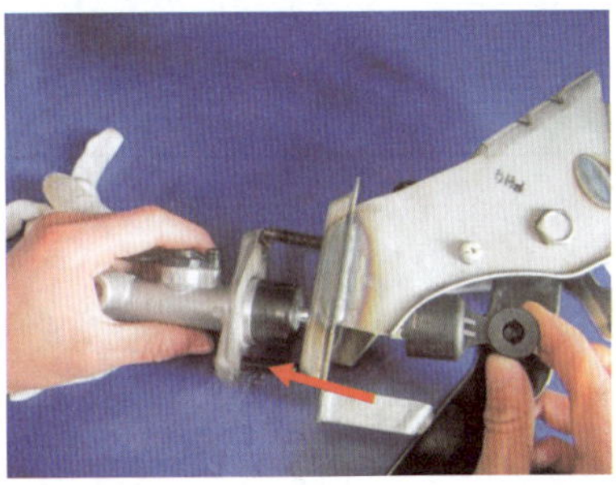 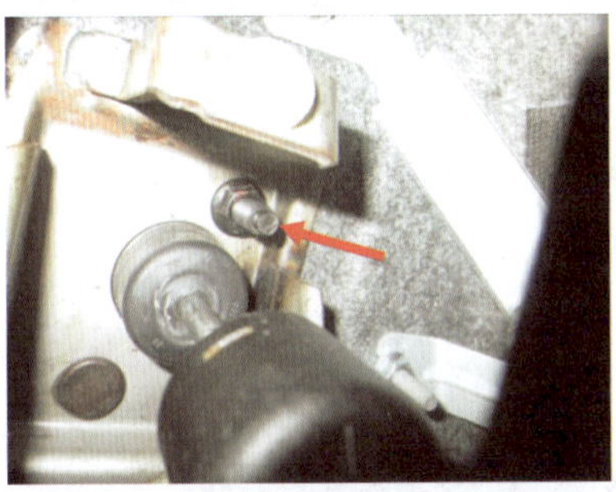	5．拆卸固定在离合器踏板支架上的螺母。 提示： ◆ 位置在离合器踏板的上方、仪表台的下端。
 	6．拆卸离合器总泵与离合器踏板总成的连接销。 提示： ◆ 拆卸时注意不要丢失垫圈。 ◆ 拔除固定销及垫片。 ◆ 取出固定销及垫片。

<table>
<tr><td>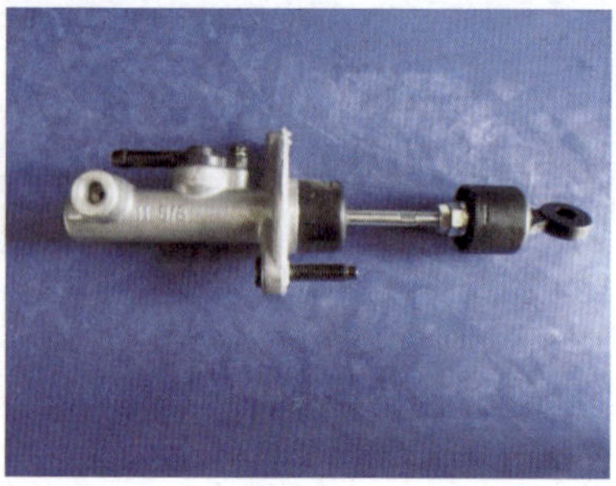</td><td>7. 拆下的离合器总泵总成。</td></tr>
<tr><td>
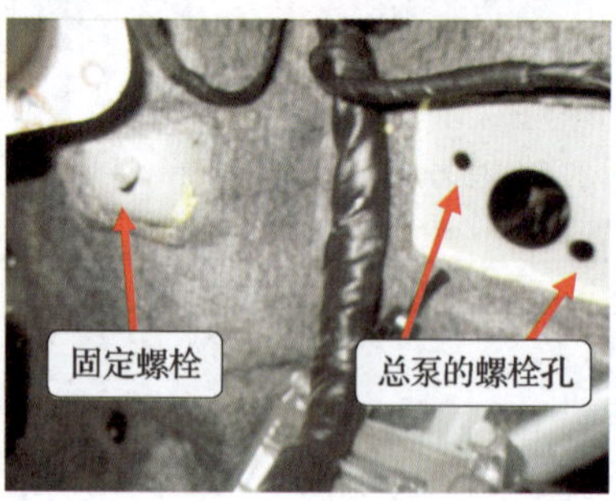
</td><td>8. 拆卸踏板总成的固定螺栓。
提示：
◆ 位置在踏板的正上方。</td></tr>
<tr><td></td><td>9. 拆下的离合器踏板总成。</td></tr>
</table>

二、分解及检查离合器总泵

 	1．拆卸离合器总泵的推杆螺母。 提示： ◆ 注意防止油孔进入异物，以防油孔堵塞。 ◆ 检查总泵的壳体是否有损伤。 ◆ 检查出油管的螺纹是否完整。 ◆ 若检查出问题应及时更换新件。
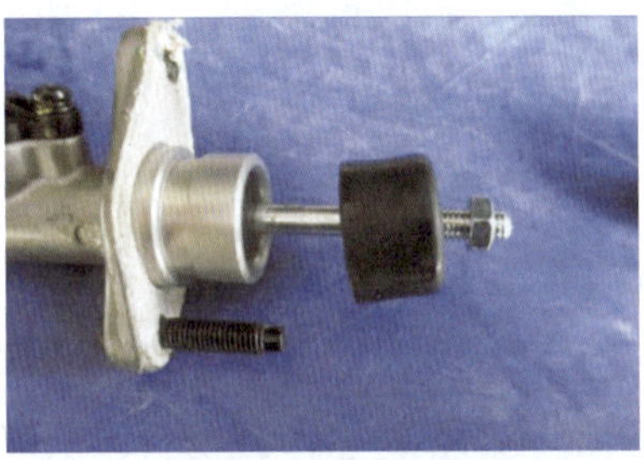	2．拆卸离合器总泵的防尘套。 提示： ◆ 检查防尘套是否完好，有无裂纹。 ◆ 检查防尘套是否硬化，有无弹性衰减。 ◆ 应及时更换损坏元件。
 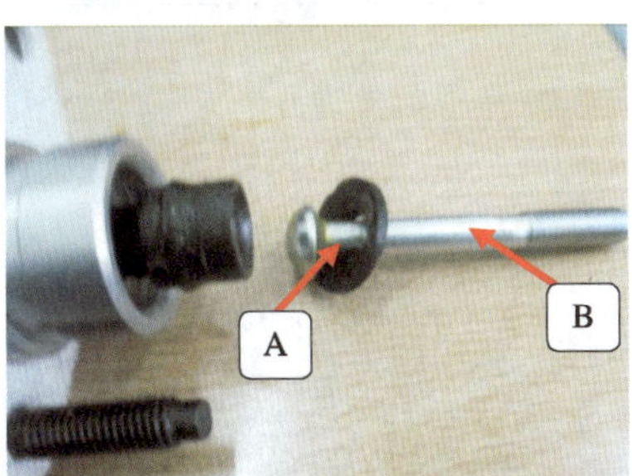	3．拆卸离合器总泵上的卡簧。 提示： ◆ 卡簧拆卸后，注意阀体内弹簧蹦出。 ◆ 检查油封的密封情况（A）。 ◆ 检查推杆是否变形、弯曲（B）。

<table>
<tr>
<td>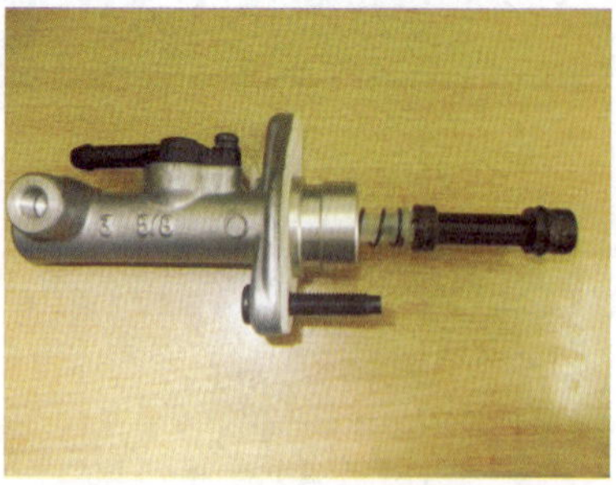
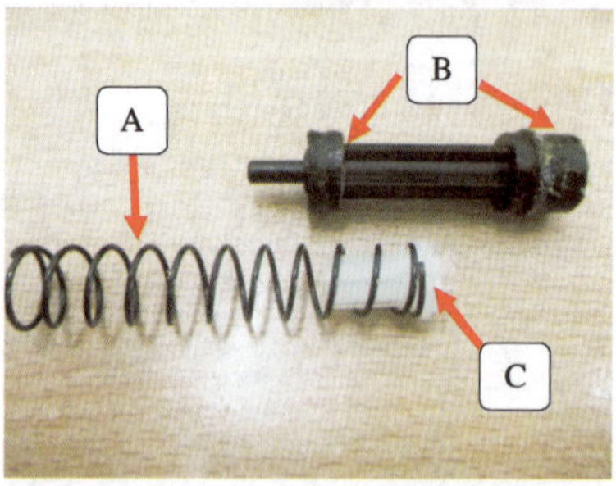</td>
<td>4．取出活塞及回位弹簧。
提示：
◆ 检查回位弹簧的弹性有无衰减（A）。
◆ 检查活塞总成上的两个皮碗是否损坏（B）。
◆ 检查活塞体有无变形。
◆ 检查弹簧支架是否变形（C）。</td>
</tr>
<tr>
<td>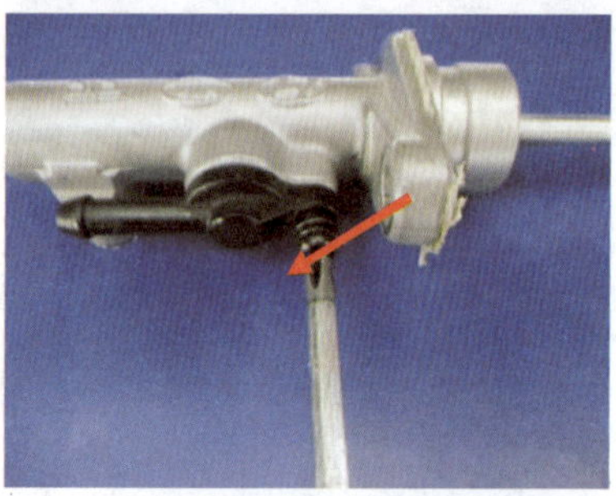
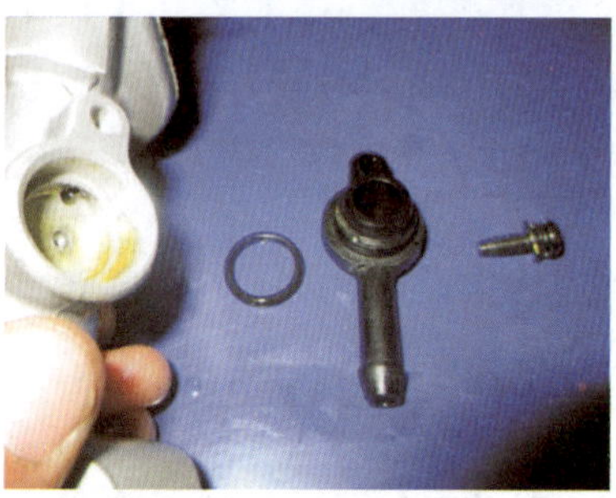</td>
<td>5．拆卸进油孔螺栓。
提示：
◆ 检查密封圈表面，是否出现弯折、断痕、局部变细或变粗。
◆ 检查进油孔有无堵塞。
◆ 力矩标准：6 ~ 10 N · m。</td>
</tr>
<tr>
<td>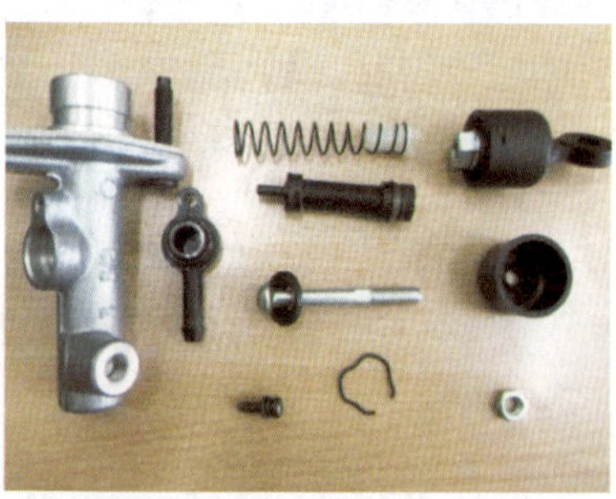</td>
<td>6．分解后的离合器总泵的零件。</td>
</tr>
</table>

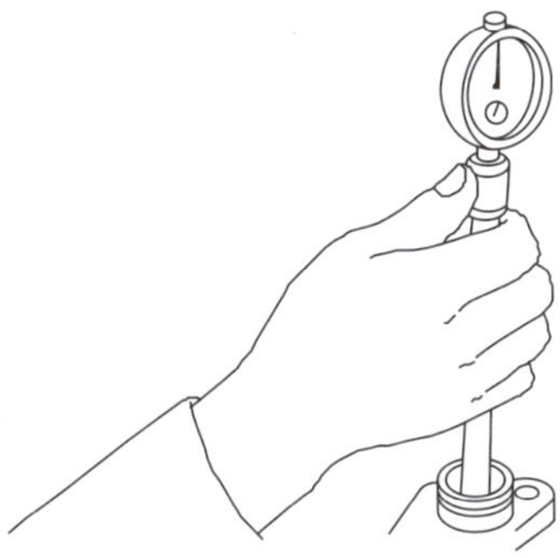

7．检查总泵内径的磨损情况。

提示：

◆ 在垂直方向的三个位置上（底部、中部和顶部）测量总泵的内径，标准值为 15.87 mm。

◆ 如果总泵与活塞之间的间隙超过极限值，应更换总泵与活塞总成，极限值为 0.15 mm。

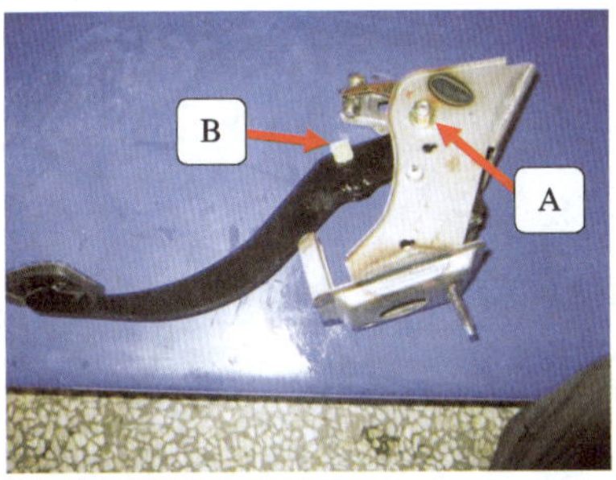

8．离合器踏板总成的检查。

提示：

◆ 检查离合器踏板的固定销是否松动或变形（A）。

◆ 检查限位垫是否完好（B）。

三、装复离合器总泵

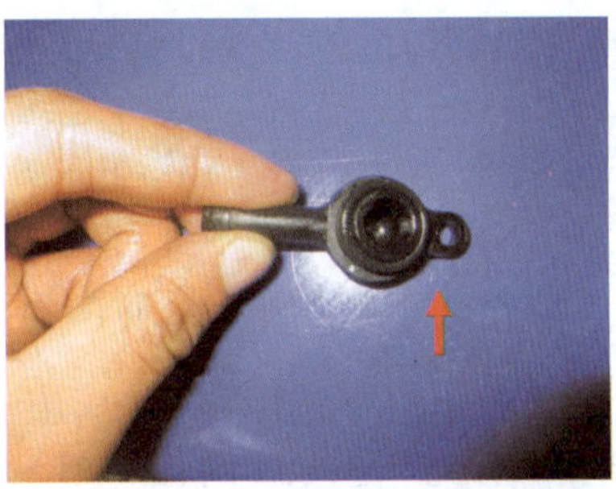

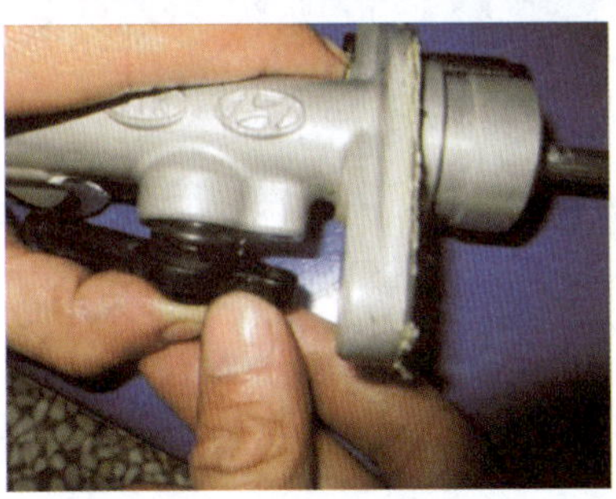

1．安装进油管道盖。

提示：

◆ 在密封圈上涂抹少量润滑脂。

◆ 确认密封圈安放平稳，不能出现扭曲现象。

◆ 在安装小盖的过程中，应注意缓慢进入，不能使用过大的力，以免损伤密封圈。

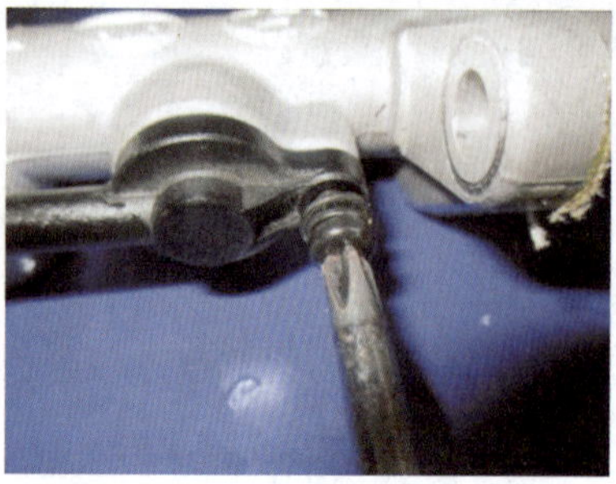	◆ 拧紧螺栓时不可使用较大的力矩，以防滑丝，出现漏油、漏气现象。 ◆ 力矩标准：6 ~ 10 N · m。
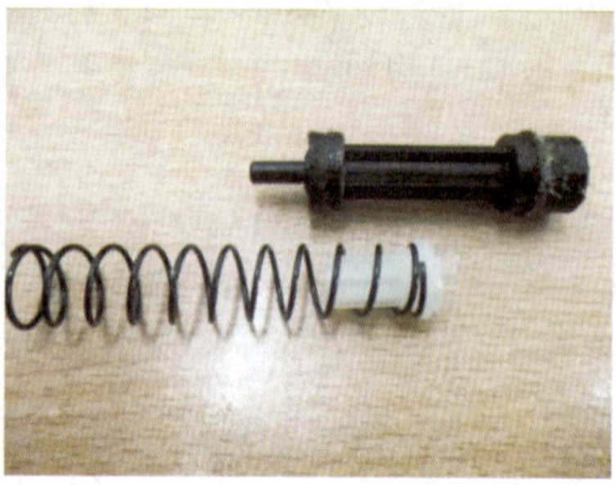	2．组装活塞组件。 提示： ◆ 注意回位弹簧大小头的安装位置：小头靠近活塞的位置，大头位置伸进缸内。
 	3．安装活塞组件。 提示： ◆ 安装时，应清洁干净泵体，以防杂物掉入。 ◆ 在缸壁上涂抹少量的制动液 DOT3 或 DOT4。 ◆ 在两个皮碗上涂抹少量的润滑脂。 ◆ 安装活塞组件时，缓慢推动活塞前进，速度不能过快，以防皮碗移位或损伤。

<table>
<tr><td>
</td><td>4．安装卡簧。
提示：
◆ 注意密封垫凹进的一面与推杆的圆头部位接触，不可装反。
◆ 密封垫上要涂抹少量的润滑脂。
◆ 安装卡簧时，注意密封垫要放置平整。</td></tr>
<tr><td>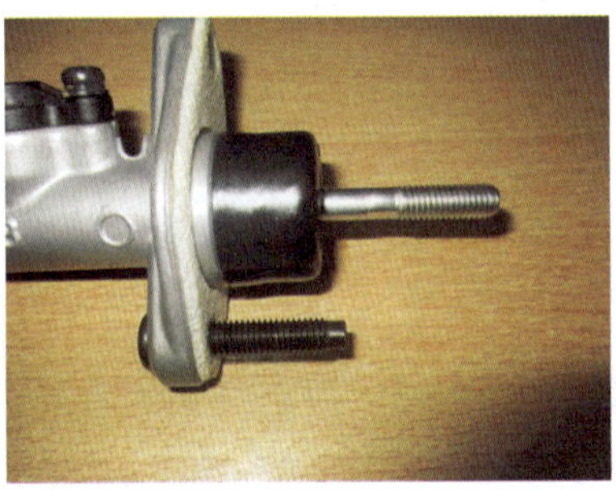</td><td>5．安装防尘套。
提示：
◆ 防尘套不能有破损、裂纹。
◆ 防尘套应具有良好的收缩效果。
◆ 若检查出现问题应及时更换。</td></tr>
<tr><td>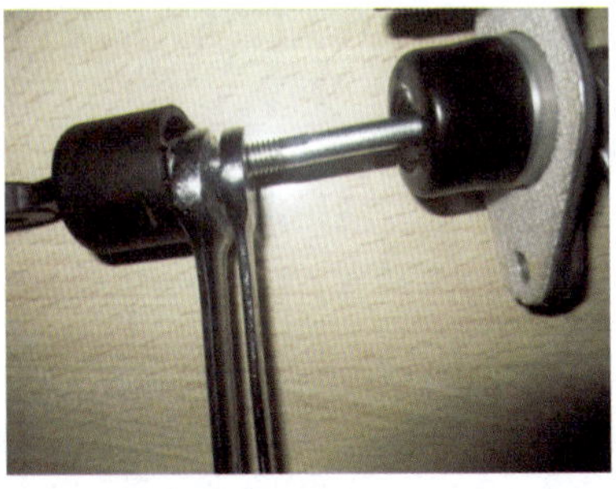</td><td>6．紧固离合器行程调整螺栓。
提示：
◆ 力矩标准：10 ~ 15 N · m。</td></tr>
</table>

<table>
<tr>
<td>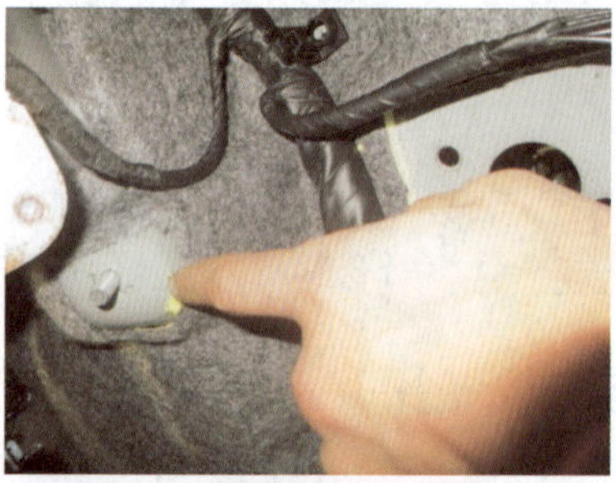
</td>
<td>7．在离合器踏板上安装推杆。
提示：
◆ 推杆安装位置在踏板的正上方。
◆ 力矩标准：25 ～ 35 N・m。
◆ 因为车身上有隔音垫，需要多加 5 N・m。</td>
</tr>
<tr>
<td>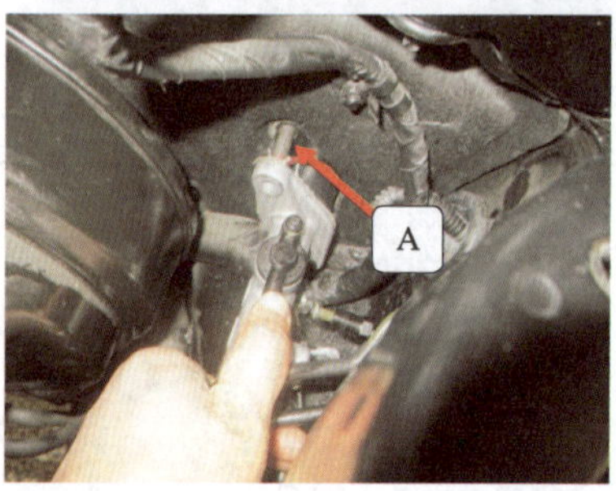

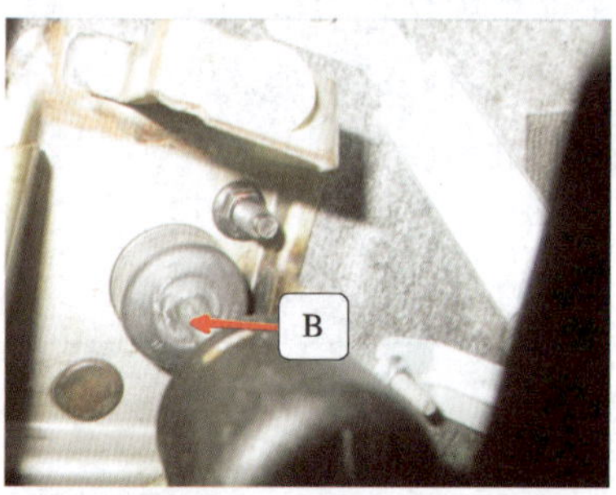

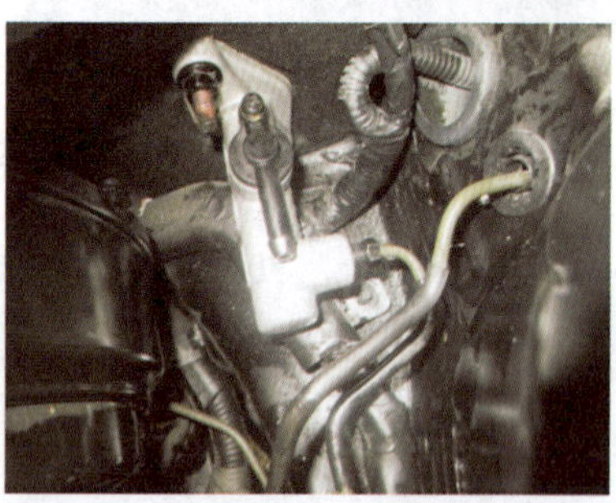</td>
<td>8．安装离合器总泵总成。
提示：
◆ 螺栓（A）在真空助力泵左侧，力矩标准：25 ～ 35 N・m。
◆ 螺栓（B）在离合器踏板的上方，力矩标准：19 ～ 20 N・m。
◆ 不能一次拧紧，应分多次拧紧，确保有效压紧隔音垫。</td>
</tr>
</table>

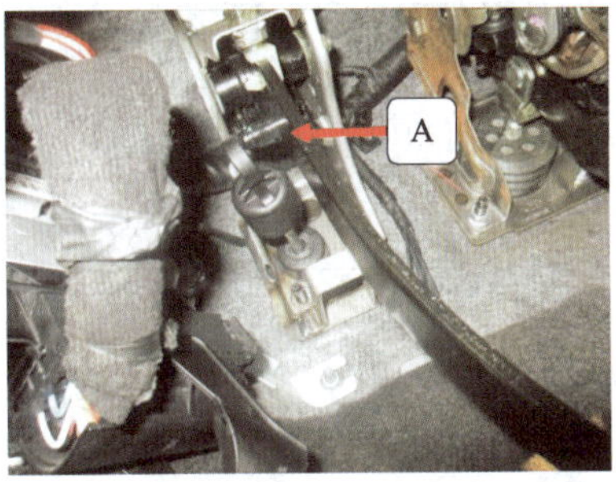	9．安装离合器总泵推杆。 提示： ◆ 在 A 处涂抹少量的润滑脂。 ◆ 不要忘记安装垫片。
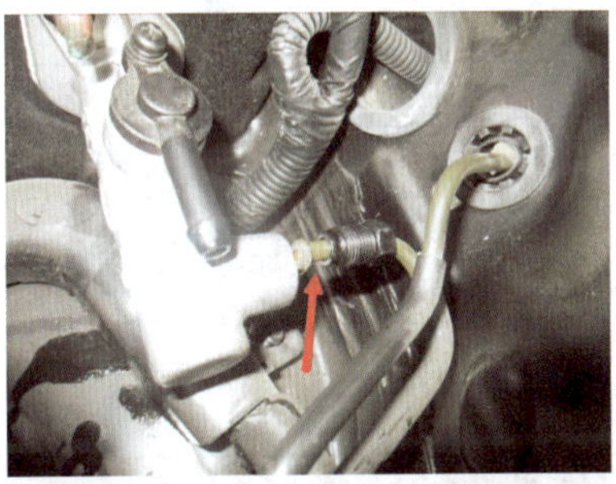 	10．安装出油管。 提示： ◆ 力矩标准：12 ~ 16 N · m。 ◆ 由于该油管是金属管路，在拧紧的时候注意不要让管路变形。 ◆ 进油管的卡箍一定要卡好，否则容易使气体渗入离合器总泵内。

考评标准表——离合器总泵的拆装　　　时间：45 min

项目	分值	评分标准与指导	评价结果
正确使用工具	10	操作不正确酌情扣分，并指正	
拆卸离合器总泵	10	按要求酌情扣分，并指正	
拆卸离合器总泵与离合器踏板总成的连接销、卡簧	10	按要求酌情扣分，并指正	
拆卸活塞及回位弹簧	10	按要求酌情扣分，并指正	
安装进油管道盖	10	按要求酌情扣分，并指正	
安装活塞组件、卡簧	10	按要求酌情扣分，并指正	
安装离合器总泵总成	10	按要求酌情扣分，并指正	

续表

项目	分值	评分标准与指导	评价结果
安装出油管	10	按要求酌情扣分，并指正	
零件、工具摆放是否整齐	10	按要求酌情扣分，并指正	
遵守相关安全操作规范	10	因违规操作发生人身和设备事故，终止考核，成绩按 0 分计 超时每分钟扣 1 分，超时 10 min 终止考核	
分数合计	100		

任务 3　离合器分泵的拆装

实训目标

1. 了解离合器分泵的作用及组成。
2. 掌握离合器分泵的拆装步骤及要求。
3. 能够熟练使用离合器拆装工具，拆装离合器分泵。

实训准备

1. 设备：整车 2 辆、千斤顶 2 个、常用工具 1 套、轮胎拆装机 2 台。

2. 材料：轮胎拆装机使用说明手册 1 套、配套学习材料每人 1 套、轮胎专用润滑剂若干（可使用肥皂水替代）。

3. 场地：汽车底盘拆装（一体化）实训室。

工作任务

一辆赛拉图汽车行驶了约 7 万公里，车主反映，在近段时间，该车在起步的时候难以换挡，并且在换挡的时候会发出齿轮的撞击声。经维修人员检查后发现该车踩下离合器踏板时无明显阻力，排查后发现离合器分泵有轻微的漏油现象。作为一名汽车维修工，应该怎样面对这样的问题？本任务要求学生了解离合器分泵的作用及组成，并在此基础上能够对离合器分泵进行拆装。

知识储备

一、离合器分泵的作用

离合器分泵是汽车传动系统不可缺少的零件，其作用相当于一个液压缸。踩下离合器踏板时，通过总泵管路中的液压油受压，压力升高。在油压作用下分泵内部的活塞推动分离叉推杆使分离叉转动，从而推动分离套筒、分离杠杆等使离合器分离。

二、离合器分泵的组成

离合器分泵由离合器软管、气门板、气门弹簧、放气螺钉、分泵、回位弹簧、活塞、防尘罩、U 形夹销、开口销等组成。

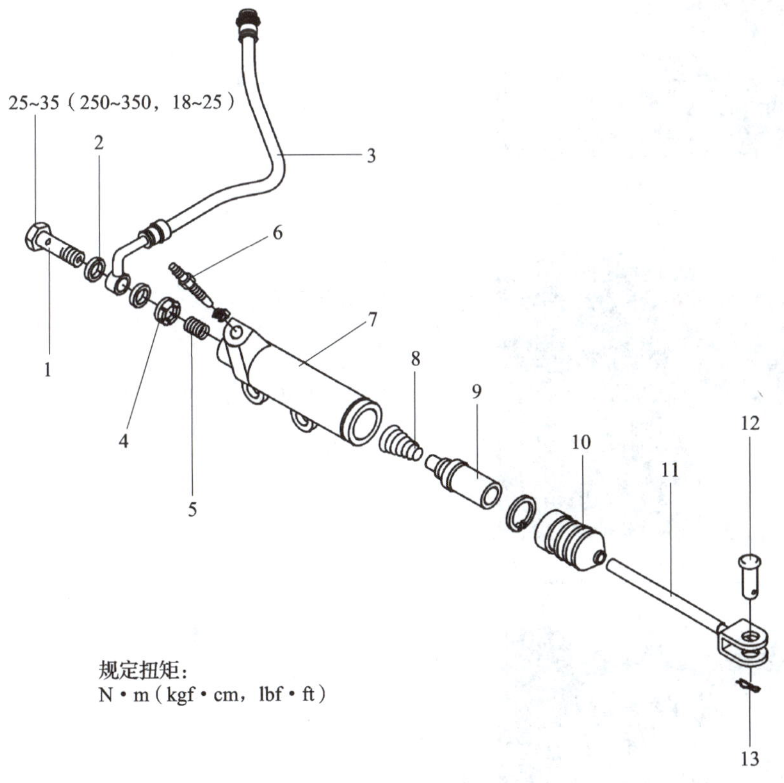

离合器分泵的组成

1—接合螺栓　2—衬垫　3—离合器软管　4—气门板　5—气门弹簧　6—放气螺钉
7—分泵　8—回位弹簧　9—活塞　10—防尘罩　11—推杆　12—U 形夹销　13—开口销

任务实施

一、拆卸与检查离合器分泵

 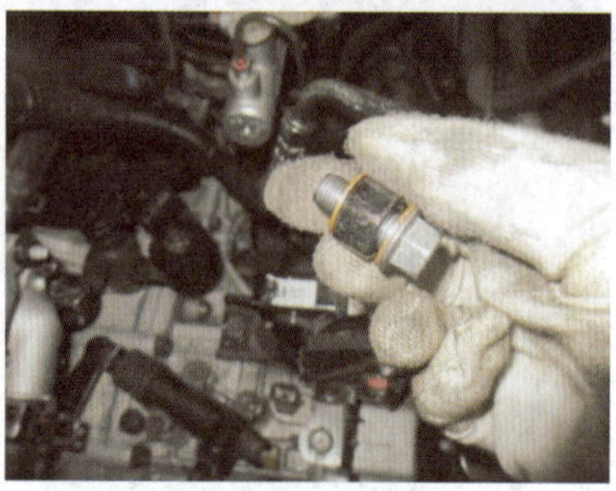	1．拆卸离合器油管。 提示： ◆ 若进油管螺栓为空心的，拆卸时一定要小心。 ◆ 收集好两个垫圈，不能丢失。 ◆ 力矩标准：20 ~ 35 N · m。
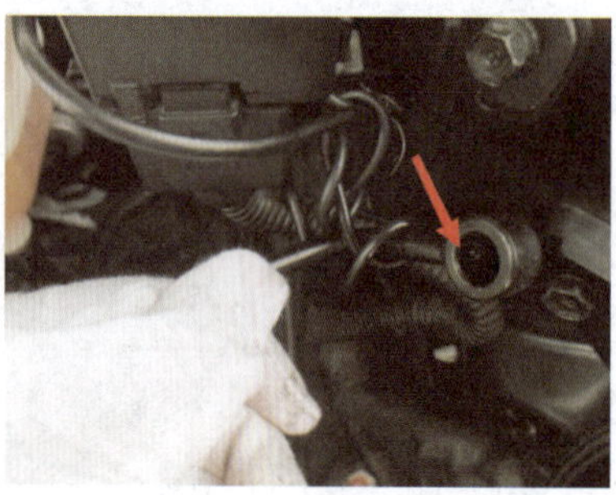	2．束缚好分泵的进油管。 提示： ◆ 如果仅仅是更换离合器分泵，就不需要释放液压油。 ◆ 注意不要让杂物进入油管内。
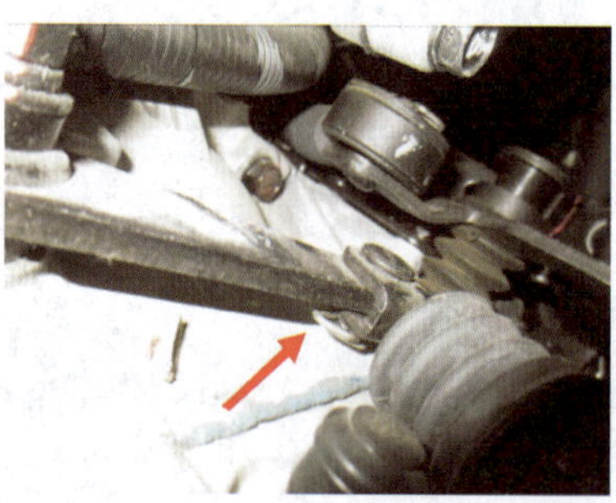	3．拆卸离合器分泵的卡销。

<table>
<tr><td>
</td><td>4．拆卸离合器分泵的 3 个固定螺栓。
提示：
◆ 清除残留在变速器壳体上的液压油。
◆ 取出气门板及弹簧。
◆ 放置好分泵。
◆ 力矩标准：15 ～ 22 N · m。</td></tr>
<tr><td></td><td>5．拆卸离合器防尘套。
提示：
◆ 不要损伤到防尘套。</td></tr>
<tr><td></td><td>6．清除分泵活塞腔开口周围的灰尘。
提示：
◆ 若分泵周围的灰尘、杂物进入到分泵腔室，容易造成活塞运行时出现卡滞等现象，影响到分泵的分离效果。</td></tr>
</table>

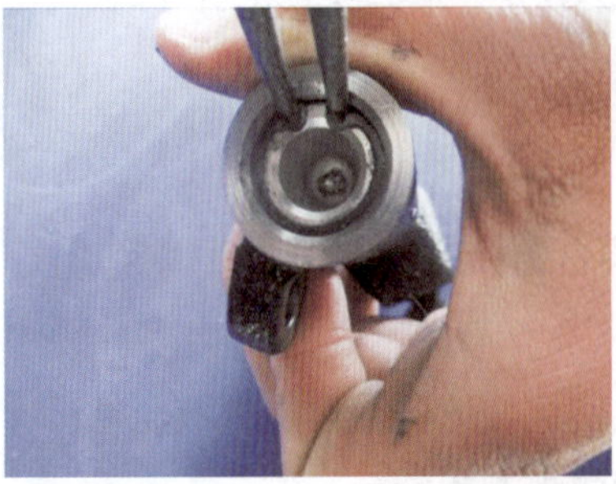 	7．拆卸分泵上的活塞卡簧。 提示： ◆ 可使用卡簧钳拆除卡簧。 ◆ 不可划伤活塞缸内表面。
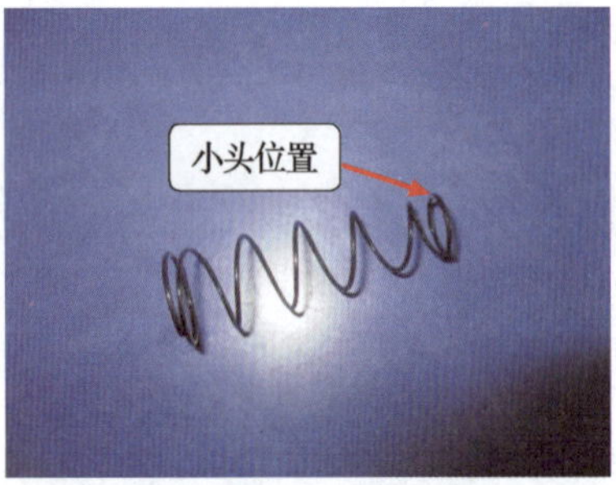 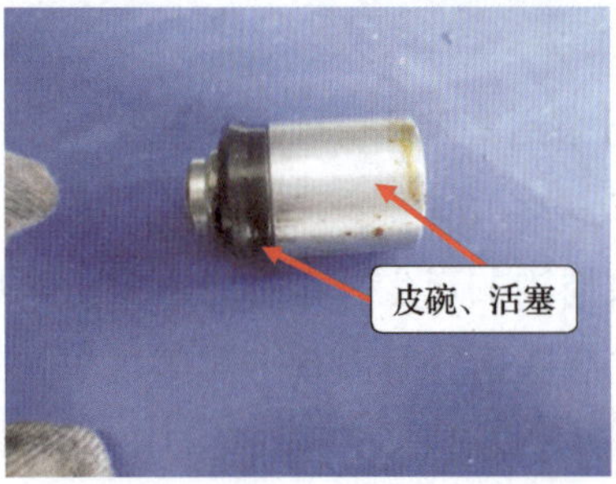	8．取出弹簧、活塞和皮碗。 提示： ◆ 注意弹簧的大小头位置：小头安装在活塞皮碗处。

 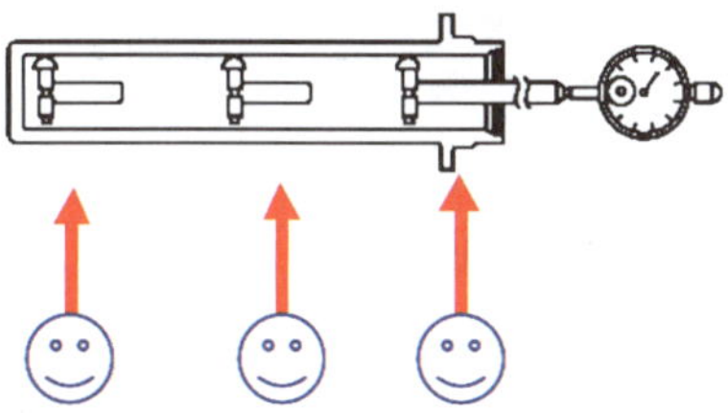	9．检查分泵内壁的磨损情况。 提示： ◆ 检查内壁有无刮伤、锈蚀。 ◆ 使用百分表测量内径（上、中、下三处）。 ◆ 离合器分泵内径标准值为 20.64 mm，极限值为 0.15 mm。
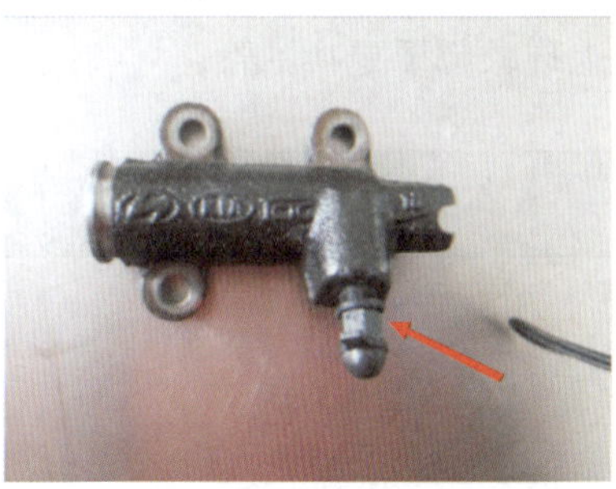	10．检查分泵壳体。 提示： ◆ 检查分泵壳体有无裂痕。 ◆ 检查放气孔的螺母是否完好。
	11．检查活塞及皮碗。 提示： ◆ 检查活塞表面的使用情况，如出现锈蚀、划痕时需要更换活塞。 ◆ 检查皮碗是否硬化，如出现硬化需要更换。 ◆ 检查皮碗是否完好，如出现损伤需要更换。

<table>
<tr><td></td><td>12．检查离合器分泵防尘套是否损坏。
提示：
◆ 检查防尘套的表面有无裂痕。
◆ 检查防尘套与泵体的接触位置，是否松旷、无收紧效果。</td></tr>
<tr><td>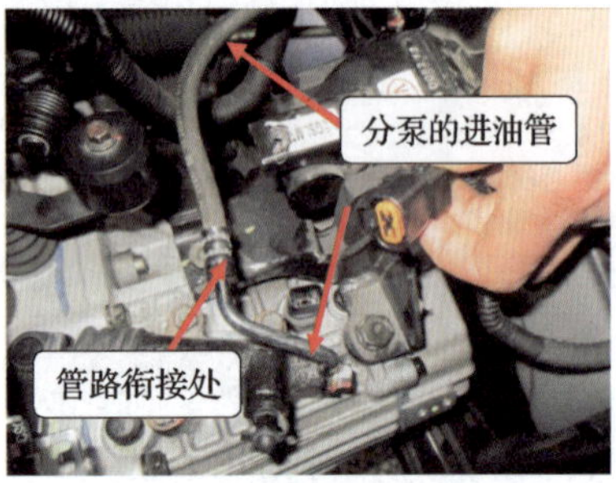</td><td>13．检查油管。
提示：
◆ 检查金属油管的位置，有无漏油现象。
◆ 检查金属与软管的连接位置是否松动，出现渗漏。
◆ 检查皮管处是否龟裂或出现破损。
◆ 出现以上现象都要更换油管。</td></tr>
<tr><td colspan="2">二、装复离合器分泵</td></tr>
<tr><td>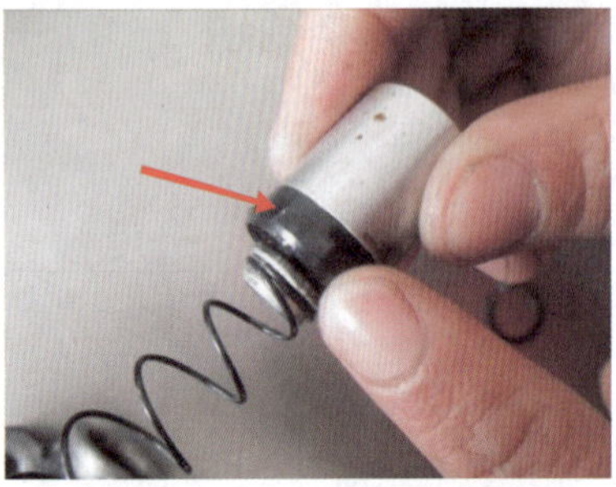
</td><td>1．安装弹簧。
提示：
◆ 弹簧小头位置安装在活塞上。
◆ 在皮碗处涂抹少量润滑脂。
◆ 少量润滑脂可以使皮碗容易安装到分泵内；但润滑脂不能过多，过多会影响液压油的品质。</td></tr>
</table>

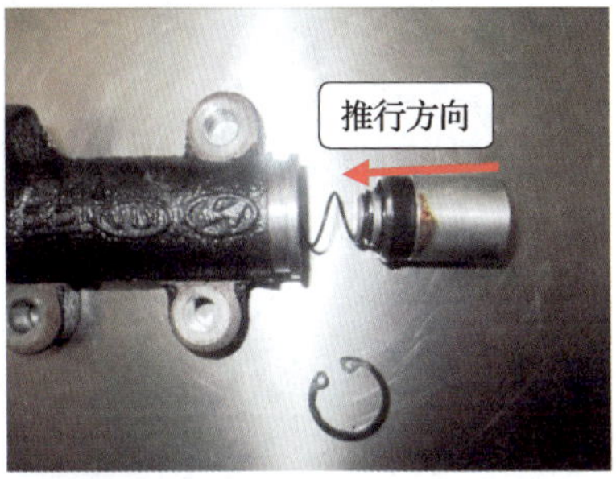 	2．装复活塞。 提示： ◆ 装复时，要缓缓地将弹簧、活塞一起放进分泵内。 ◆ 在推行的时候注意皮碗的进入情况，出现阻力时应当停下并寻找原因。 ◆ 不能强行推进，以免伤害皮碗的工作面。 ◆ 应在活塞上涂抹液压油。
 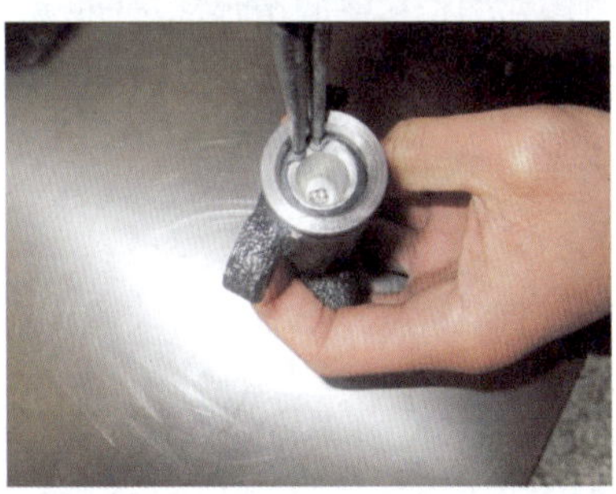	3．安装卡簧。 提示： ◆ 用一个手指按住活塞，以防回位弹簧将活塞弹出。 ◆ 可使用卡簧钳将卡簧安装到卡簧槽中。

<table>
<tr>
<td>
</td>
<td>4．安装防尘套。
提示：
◆ 防尘套一定要包裹好活塞表面。</td>
</tr>
<tr>
<td>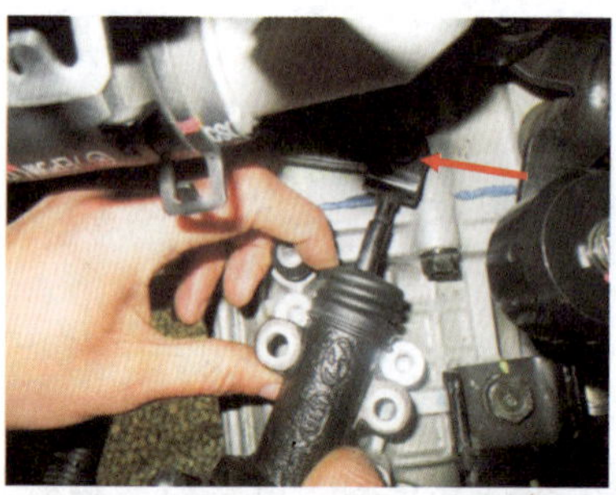

</td>
<td>5．安装分泵的开口销。
提示：
◆ 在开口销上涂抹少量润滑脂，对准分泵推杆末端的软管与离合器分离拨叉轴末端的软管，并把 U 形夹销插入孔内。</td>
</tr>
</table>

	6．安装分泵的固定螺栓。 提示： ◆ 力矩标准：25 ～ 35 N・m。
	7．放入气门板及弹簧。 提示： ◆ 气门板可以有效降低液压油产生的冲击，保护皮碗的正常使用。
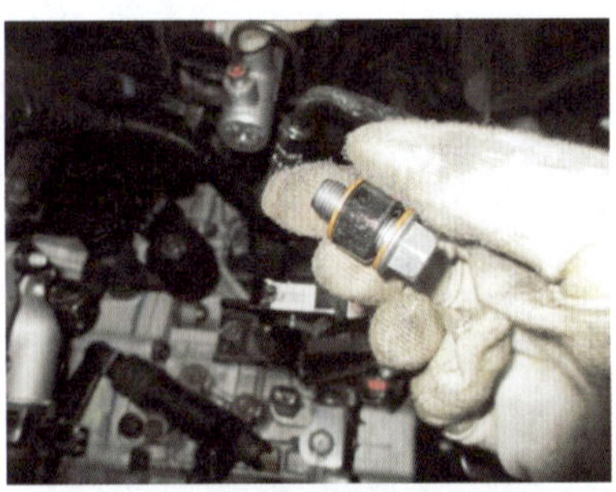 	8．安装油管。 提示： ◆ 安装时应确认两个密封垫片安装到位。 ◆ 力矩标准：12 ～ 16 N・m。

考评标准表——离合器分泵的拆装　　时间：45 min

项目	分值	评分标准与指导	评价结果
正确使用工具	10	工具使用不当酌情扣分，并指正	
拆卸离合器油管和分泵的卡销	10	按要求酌情扣分，并指正	
拆卸离合器分泵固定螺栓	10	按要求酌情扣分，并指正	
拆卸离合器防尘套	10	按要求酌情扣分，并指正	
拆卸分泵上的活塞卡簧、弹簧、活塞及皮碗	10	按要求酌情扣分，并指正	
安装弹簧，装复活塞	10	按要求酌情扣分，并指正	
安装卡簧和分泵的开口销	10	按要求酌情扣分，并指正	
安装气门板、弹簧和油管	10	按要求酌情扣分，并指正	
零件、工具摆放是否整齐	10	按要求酌情扣分，并指正	
遵守相关安全操作规范	10	因违规操作发生人身和设备事故，终止考核，成绩按 0 分计 超时每分钟扣 1 分，超时 10 min 终止考核	
分数合计	100		

课题三 变速器的拆装

任务1　手动变速器总成的拆装

实训目标

1. 了解手动变速器的功用与基本原理。
2. 能够从整车上拆下变速器总成。
3. 能够熟练拆卸和安装手动变速器总成。

实训准备

1. 设备：整车2辆、举升机2台、常用工具2套、专用拆装工具2套。
2. 材料：柱式、剪式举升机使用说明手册各1套，配套学习材料每人1套。
3. 场地：汽车底盘拆装（一体化）实训室。

工作任务

一辆起亚福瑞迪轿车，累计行驶约7万公里。在正常行驶过程中突然出现挂挡困难故障，车主将车拖回汽车修理厂进行诊断和维修。维修人员进行故障诊断得出的结果是：手动变速器内部换挡机构存在故障。作为一名汽车维修工，应该怎样面对这样的问题？本任务要求学生了解手动变速器总成的功用与基本原理，并在此基础上能够对手动变速器总成进行拆装。

知识储备

一、手动变速器的功用

手动变速器（Manual Transmission，缩写为MT），是汽车变速器中最基本的一种类型。其作用是：

1. 改变传动比，扩大驱动轮转矩和转速的变化范围，以适应经常变化的行驶条件。

2. 在汽车发动机旋转方向不变的前提下，利用倒挡实现汽车倒退行驶。

3. 在发动机不熄火的情况下，利用空挡中断动力传递，有利于发动机的起动、暖机、怠速，便于换挡或汽车滑行、暂时停车等使用工况。

4. 通过变速器将发动机的动力输出以驱动其他机构，如某些车的绞盘、自卸车的油泵等。

二、普通齿轮变速器的基本原理

普通齿轮变速器利用不同齿数的齿轮啮合传动来实现变速和变矩。

一对齿数不同的齿轮啮合时，若小齿轮为主动齿轮，大齿轮为从动齿轮，小齿轮带动大齿轮转动时，输出转速降低，同时其输出转矩增大；反之，若大齿轮带动小齿轮转动时，输出转速升高，同时其输出转矩变小。这就是齿轮传动变速的基本原理。汽车变速器就是根据这一基本原理，利用若干齿轮副传动而实现变速和变矩的。

主动齿轮转速 n_1 与从动齿轮转速 n_2 之比称为传动比，记作 i_{12}，即 $i_{12}= n_1/n_2$。

当 i_{12}=1 时，等速变矩传递，变速器中称为直接挡。

当 i_{12}<1 时，减速增扭传递，变速器中称为低速挡。

当 i_{12}>1 时，增速减扭传递，变速器中称为高速挡。

两轴式手动变速器的特点是输出轴与输入轴平行，没有中间轴。发动机的动力经过离合器传入变速器 I 轴（输入轴），再经过齿轮变速后由 II 轴（输出轴）输出给主减速器。两轴式变速器从输入轴到输出轴只通过一对齿轮传动，倒挡传动路线中也只有一个中间齿轮，因而机械效率高，噪声小。但由于它不可能有直接挡，因而最高挡的机械效率比直接挡低。这种结构形式适合于发动机前置、前轮驱动或发动机后置、后轮驱动的轿车和微型、轻型货车。

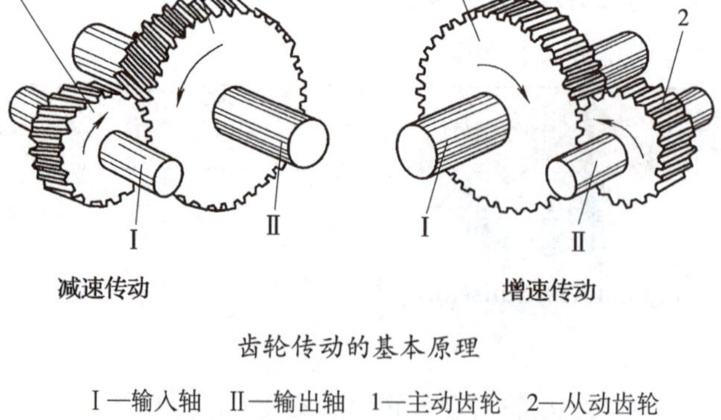

齿轮传动的基本原理

I—输入轴　II—输出轴　1—主动齿轮　2—从动齿轮

赛拉图五挡手动变速器各挡的传动比见下表。

挡位	传动比	挡位	传动比
1	3.615	4	1.061
2	2.053	5	0.837
3	1.393	倒挡	3.250

任务实施

一、拆卸变速器总成（从车上拆卸变速器）

1．关闭点火开关，拆卸蓄电池端子（负极和正极）。

提示：

◆ 拆卸蓄电池之前，必须关闭点火开关。

2．拆卸隔热板、挡圈。

提示：

◆ 隔热板有 1 个螺栓，挡圈有 3 个螺栓。

3．拆卸蓄电池和蓄电池托架。

<table>
<tr><td></td><td>4．拆卸空气滤清器和进气软管。
（1）分离空气流量传感器连接器和通风管。
（2）拆卸空气滤清器上盖和进气软管。</td></tr>
<tr><td></td><td>（3）拆卸空气滤清器下盖。
提示：
◆ 使用十字旋具拆卸两端的卡箍。
◆ 滤清器下盖有 3 个螺栓。</td></tr>
<tr><td></td><td>5．分离倒车灯开关连接器。
提示：
◆ 不要使用蛮力拔除，只要找到伸缩按钮就可以轻易拔除。</td></tr>
<tr><td></td><td>6．分离离合器分泵的开口销。</td></tr>
</table>

	7．拆卸离合器分泵固定螺栓。
	8．拆卸换挡和选择拉线的开口销。
	9．拆卸换挡和选择拉线的夹具。
	10．分离车速传感器连接器。

<table>
<tr><td></td><td>11．拆卸变速器壳体与发动机壳体的连接螺栓。
提示：
◆ 靠近水箱位置的 2 颗螺母。
◆ 力矩标准：35 ～ 42 N · m。</td></tr>
<tr><td></td><td>12．使用专用工具（09200—38001）连接发动机吊钩。</td></tr>
<tr><td></td><td>13．拆卸变速器装配支架。
（1）拆卸车体固定螺栓（上侧）。</td></tr>
<tr><td></td><td>（2）拆卸绝缘体螺栓。</td></tr>
</table>

	(3) 拆卸车体固定螺栓（左侧）。
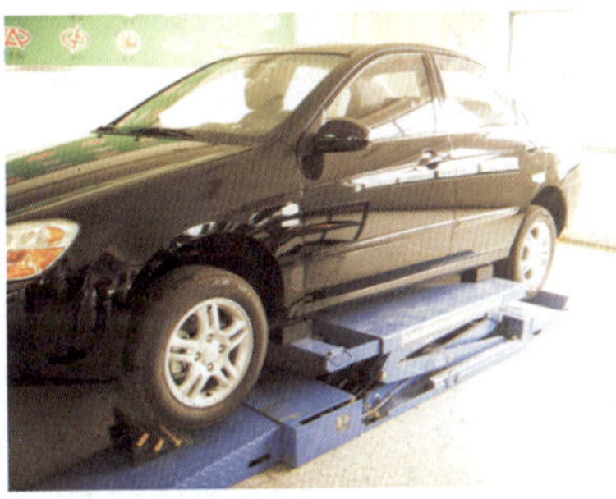	14．举升车辆。
	15．拆卸前轮胎。
	16．拆卸排放塞，并排出变速器齿轮油。

	17．分离转向横拉杆端头、轮速传感器、转向节、制动钳和驱动轴。
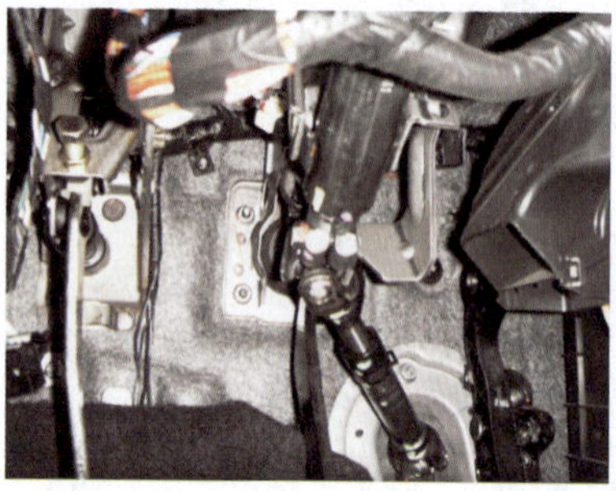	18．拆卸齿轮箱 U 形联轴节固定螺栓。
	19．分离氧传感器连接器。
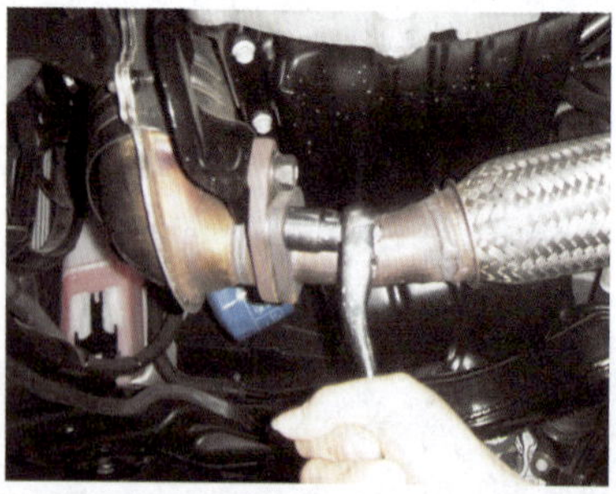	20．拆卸前消声器固定螺母。

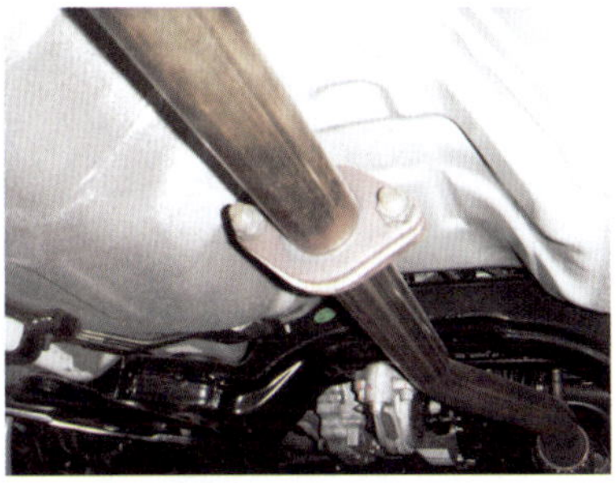	21．拆卸前消声器到中央消声器的固定螺母。
	22．拆卸前消声器支架螺栓和前消声器。
	23．从变速器上拆卸驱动轴。
	24．拆卸动力转向回油软管，并排出动力转向油。

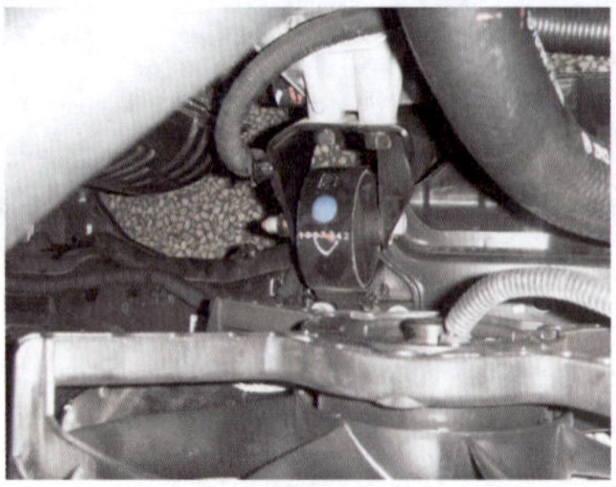	25．拆卸前滚动止动块固定螺栓。
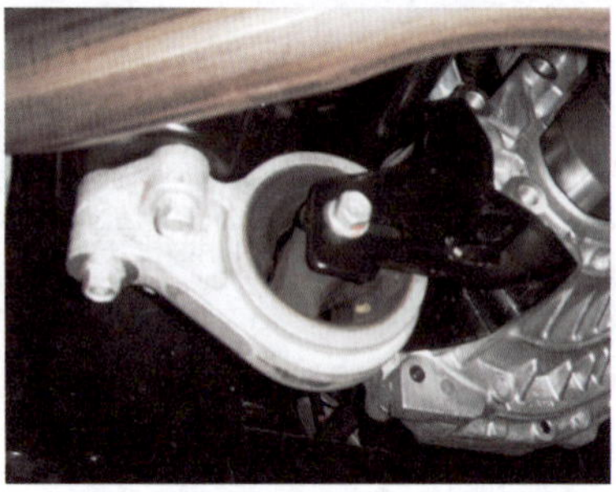	26．拆卸后滚动止动块固定螺栓。
	27．安装支撑副车架的千斤顶。
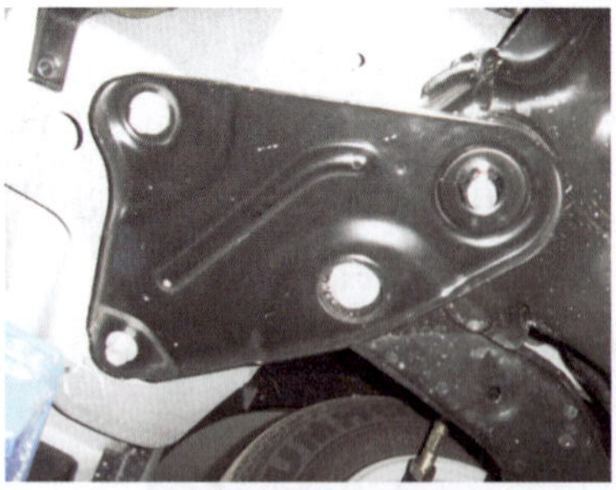	28．拆卸副车架。

<table>
<tr><td></td><td>29．安装 T/M 千斤顶。</td></tr>
<tr><td>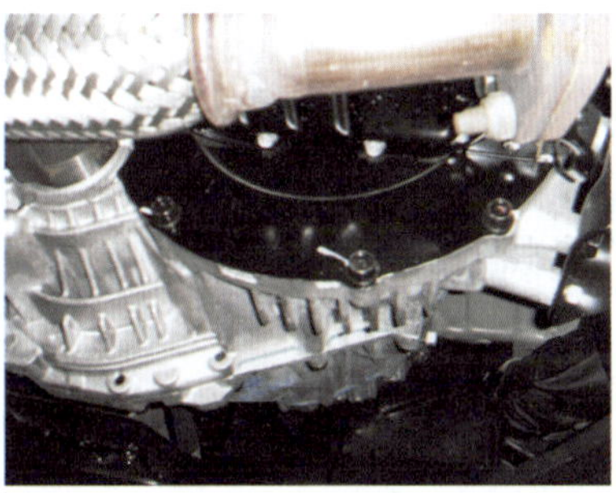</td><td>30．拆卸变速器下固定螺栓。</td></tr>
<tr><td></td><td>31．拆卸用千斤顶支撑的变速器总成。
提示：
◆ 支撑变速器总成时，一定要把举升力施加在较宽的地方，而不是较窄的地方。</td></tr>
<tr><td colspan="2">二、分解手动变速器总成</td></tr>
<tr><td>
</td><td>1．拆卸控制 & 选择拉线支架（A）。</td></tr>
</table>

	2. 拆卸倒车灯开关。
	3. 拆卸后盖螺栓（B）和后盖。
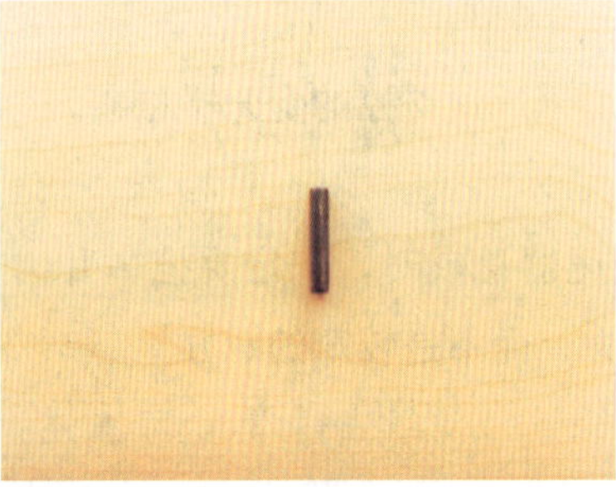	4. 使用专用工具（09414—11000）拆卸 5 挡换挡拨叉的弹簧销。
	5. 拆卸输入轴和输出轴的锁止螺母。 提示： ◆ 要打桩解除锁止螺母的锁紧情况。

	6．取下输入轴和输出轴的锁止螺母。
	7．拆卸座圈。
	8．拆卸止动板。
	9．拆卸5挡同步器接合套和5挡换挡拨叉。

	10．使用专用工具（09495—33000）拆卸5挡齿轮和滚针轴承环与5挡花键毂。
	11．使用专用工具（09495—33000）拆卸输出轴上的锁止螺母后，拆卸5挡齿轮。
	12．拆卸5挡齿轮接合套和座圈。
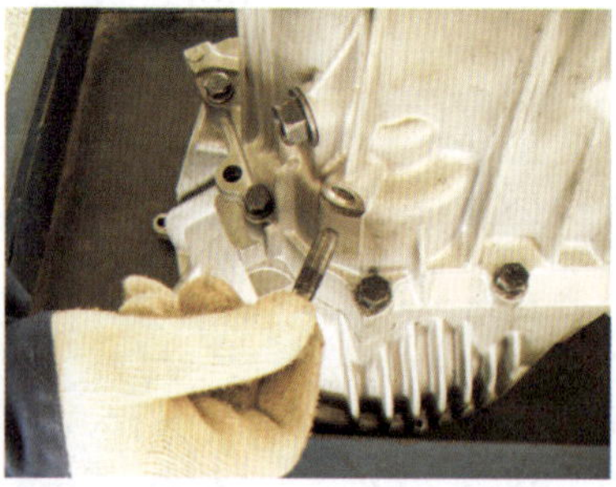	13．拆卸倒挡齿轮轴螺栓。

<table>
<tr><td></td><td>14．拆卸 5 挡 & 倒挡的换挡导轨菌形螺栓。</td></tr>
<tr><td>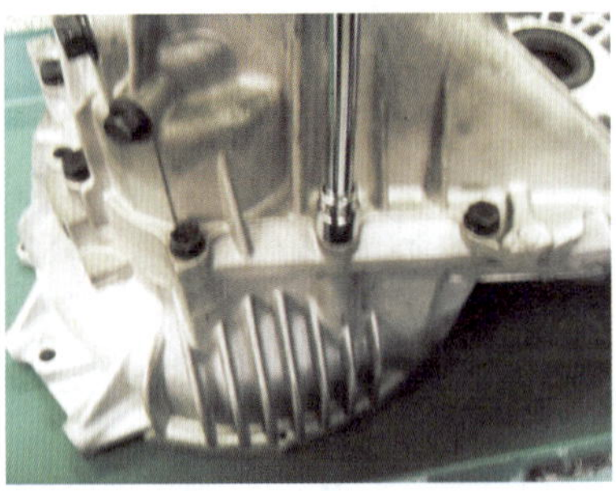</td><td>15．拆卸变速器壳固定螺栓 (14EA)，然后拆卸变速器壳。</td></tr>
<tr><td></td><td>16．拆卸机油导管。</td></tr>
<tr><td></td><td>17．拆卸输出轴轴承外座圈和垫片。</td></tr>
</table>

	18．拆卸倒挡换挡杆。
	19．拆卸倒挡齿轮轴和齿轮。
	20．拆卸 3—4 挡换挡拨叉的弹簧销。 提示： ◆ 应小心拆卸 3—4 挡弹簧销，避免损坏。
	21．拆卸 3—4 挡 &5 挡的倒挡换挡拨叉。

	22．拆卸 1—2 挡换挡拨叉。
	23．拆卸轴承挡圈。
	24．在倾斜输出轴的情况下从离合器壳中拉出输入轴。
	25．拆卸差速器齿轮总成。

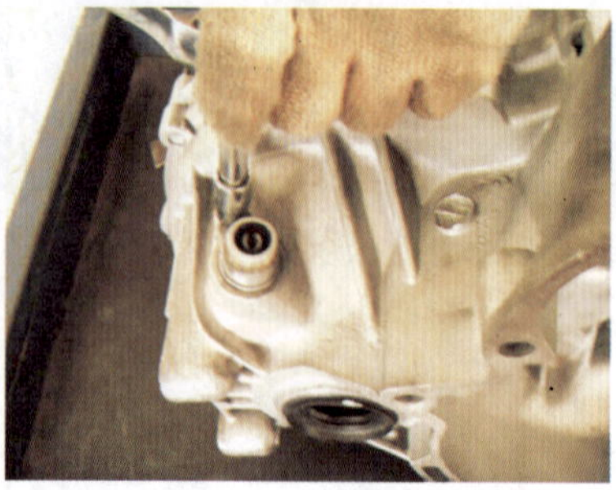	26．拆卸车速表从动齿轮总成。
	27．拆卸输出轴轴承外座圈。
	28．拆卸油封。
	29．拆卸输出轴机油导管。

	30．拆卸输入轴油封。
	31．拆卸控制轴总成。 提示： ◆ 拆卸控制轴时，应该首先拆卸锁销。
	（1）拆卸安装到离合器壳后部的螺栓，规格为 12 mm。
	（2）使用专用工具（09414—11000）拆卸锁销。

<table>
<tr><td></td><td>（3）在用手握住并转动控制轴的情况下，把控制轴从其安装位置上拉出。</td></tr>
<tr><td colspan="2">三、组装手动变速器总成</td></tr>
<tr><td></td><td>1．使用专用工具（09431—21200）安装驱动轴油封。
提示：
◆ 直线插入油封。</td></tr>
<tr><td></td><td>2．使用专用工具（09431—21000）安装输入轴前油封。
注意：
◆ 不要重复使用油封。</td></tr>
<tr><td></td><td>3．安装输出轴机油导管。</td></tr>
</table>

	4．使用专用工具（09500—11000，9532—11500），安装输出轴轴承外座圈。
	5．安装控制轴总成。
	（1）把橡胶防尘罩插到控制轴上后，把控制轴插入离合器壳内。
	（2）把空挡回位弹簧（B）插到控制轴上。 提示： ◆ 空挡回位弹簧的较大直径端应该朝向离合器壳的侧壁。

	（3）滑动互锁板内侧的控制夹，然后把总成滑到控制轴上。 提示： ◆ 控制夹的凸缘应该指向与控制轴操纵杆相同的方向。
	（4）插入止动板。
	（5）把控制轴总成推入离合器壳支撑孔内。
	（6）通过控制夹和控制轴推锁销。

	(7) 安装差速器齿轮总成。
	(8) 在倾斜输出轴的情况下插入输入轴。
	(9) 安装输入轴轴承挡圈。 提示： ◆ 在六角头螺栓上涂抹密封胶 THREE BOND 1303。
	(10) 重新组装换挡导轨总成。 1) 把 1 挡和 2 挡同步器接合套放到 2 挡位置，以便得到 1—2 挡换挡导轨总成的安装空间。 2) 把 3 挡和 4 挡同步器接合套放到空挡位置。 3) 安装换挡导轨和拨叉总成。

	（11）重新组装弹簧销。 1）使用专用工具（09414—11000）或销冲孔机安装弹簧销。 提示： ◆ 不要重复使用弹簧销。
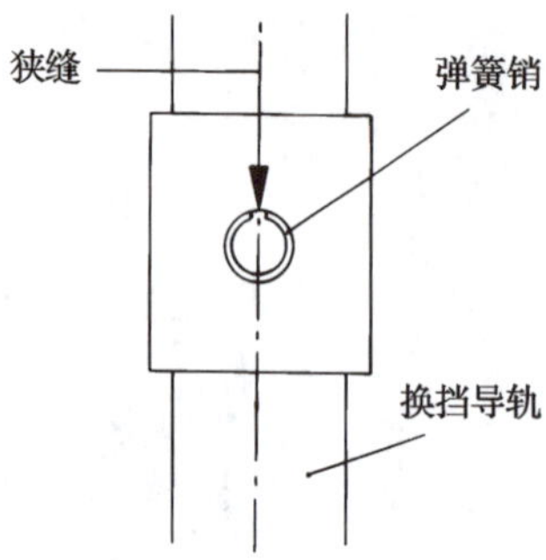	2）安装时，确定使弹簧销的狭缝对正换挡导轨的中心线。
	（12）安装倒挡齿轮轴和倒挡齿轮。
	（13）安装倒挡换挡杆。

<table>
<tr><td></td><td>（14）使用专用工具（09431—21200），把驱动轴油封安装到变速器壳内。
提示：
◆ 不要重复使用油封。</td></tr>
<tr><td></td><td>（15）使用专用工具（09432—22100/0950—11000）安装输入轴轴承外座圈和垫片。
（16）使用专用工具（09432—22100/0950—11000）安装输出轴轴承外座圈和垫片。</td></tr>
<tr><td></td><td>（17）安装垫片。
1）把两片直径为 3 mm（0.118 in）的松香芯焊料放到轴承外座圈上。</td></tr>
<tr><td></td><td>2）临时安装变速器壳，并按规定扭矩拧紧螺栓，然后拆卸变速器壳。</td></tr>
</table>

3）除去压碎的焊料。

4）测量压碎的焊料厚度。

5）选择并安装适当的垫片。

项目	标准值 mm（in）
输出轴后轴承	0.05 T ~ 0.10 T (0.001 9 ~ 0.003 9)
差速器后轴承	0.15 L ~ 0.20 L (0.005 9 ~ 0.007 8)

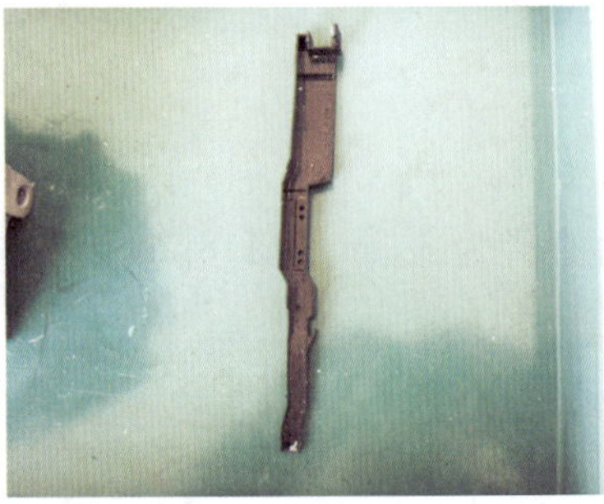

（18）在变速器壳内安装机油导管。

（19）在变速器壳的离合器壳侧涂抹规定的密封胶。

提示：

◆ 规定密封胶型号为 THREE BOND 1216。

	（20）把变速器壳安装到离合器总成上，并拧紧螺栓。 提示： ◆ 规定扭矩： 变速器壳：35 ~ 42 N · m（350~420 kgf · cm，26 ~ 31 lbf · ft）。
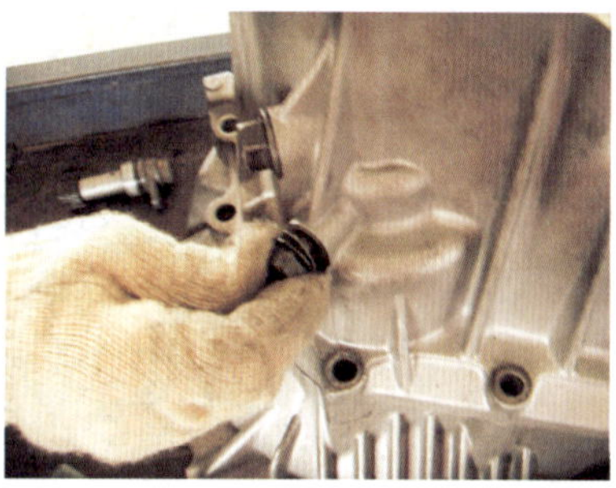	（21）用旋具调整倒挡惰轮轴，使其居中。
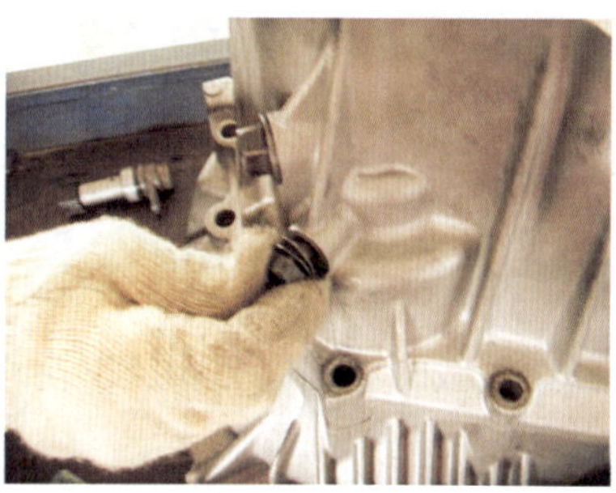	（22）按照规定扭矩拧紧倒挡惰轮轴螺栓。 提示： ◆ 规定扭矩： 倒挡惰轮轴螺栓：43 ~ 55 N · m（430 ~ 550 kgf · cm，32 ~ 41 lbf · ft）。
	（23）安装 5 挡 / 倒挡的换挡导轨菌形螺栓。

	（24）使用专用工具（09432—33300）安装输出轴齿轮。
	（25）安装后轴承、垫片、弹簧卡环和 5 挡齿轮接合套。
	（26）安装 5 挡齿轮、滚针轴承、同步器环和同步器花键毂。 提示： ◆ 把同步器花键毂的油槽朝向 5 挡齿轮。
	（27）安装止动板。

	（28）安装座圈。
	（29）同时安装 5 挡换挡拨叉和 5 挡同步器接合套。
	（30）重新组装锁止螺母。 1）把变速器挂入 3 挡和 5 挡。 2）按规定扭矩拧紧锁止螺母。 提示： ◆ 规定扭矩：140 ～ 160 N · m（1 400 ～ 1 600 kgf · cm，102 ～ 115 lbf · ft）。
	3）卷边锁紧锁止螺母。

	（31）使用专用工具（09414—11000）或销冲孔机安装弹簧销。 提示： ◆ 不要重复使用弹簧销。 ◆ 安装时，确定使弹簧销的狭缝对正换挡导轨的中心线。
	（32）在后盖上涂抹规定的密封胶，并安装后盖。 提示： ◆ 规定密封胶型号为 THREE BOND 1216。
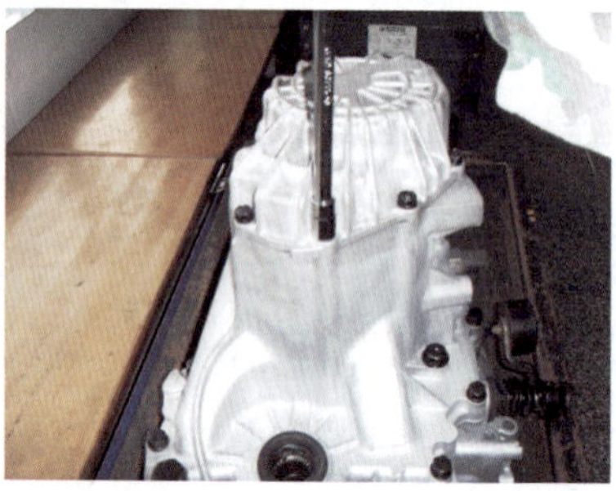	（33）安装后盖螺栓（8EA）和后盖。
	（34）安装车速表从动齿轮总成。 提示： ◆ 规定扭矩： 车速表从动齿轮：3 ~ 5 N·m (30 ~ 50 kgf·cm，2 ~ 4 lbf·ft)。

<table>
<tr><td></td><td>（35）安装倒车灯开关。
提示：
◆ 规定扭矩：
倒车灯开关：30 ~ 35 N·m（300 ~ 350 kgf·cm，22 ~ 25 lbf·ft）。</td></tr>
<tr><td></td><td>（36）安装换挡拉线支架。</td></tr>
</table>

考评标准表——手动变速器总成的拆装　时间：120 min

项目	分值	评分标准与指导	评价结果
正确使用工具	10	工具使用不当酌情扣分，并指正	
拆卸空气滤清器和进气软管	10	按要求酌情扣分，并指正	
拆卸离合器分泵、换挡拉线	10	按要求酌情扣分，并指正	
拆卸变速器	10	按要求酌情扣分，并指正	
分解手动变速器总成	20	按要求酌情扣分，并指正	
组装手动变速器总成	20	按要求酌情扣分，并指正	
零件、工具摆放是否整齐	10	按要求酌情扣分，并指正	
遵守相关安全操作规范	10	因违规操作发生人身和设备事故，终止考核，成绩按 0 分计 超时每分钟扣 1 分，超时 10 min 终止考核	
分数合计	100		

任务2　手动变速器操纵机构的拆装

实训目标

1. 了解变速器操纵机构的功用和类型。
2. 熟悉换挡锁装置的结构和工作原理。
3. 能够熟练拆卸和安装手动变速器操纵机构。

实训准备

1. 设备：整车2辆、举升机2台、常用工具2套、专用拆装工具2套。
2. 材料：柱式、剪式举升机使用说明手册各1套，配套学习材料每人1套。
3. 场地：汽车底盘拆装（一体化）实训室。

工作任务

一辆起亚福瑞迪轿车离合器技术状况良好，但挂挡时不能顺利挂入挡位，常发出齿轮撞击声。手动变速器有时会出现故障，本案例属于挂挡困难故障，导致挂挡困难故障的原因可能为：同步器故障；拨叉轴弯曲、锁紧弹簧过硬、钢球损伤；输入轴花键损伤或输入轴弯曲；齿轮油不足或过量，齿轮油不符合规格等。作为一名汽车维修工，应该怎样面对这样的问题？本任务要求学生了解手动变速器操纵机构的功用和类型，并在此基础上能够对手动变速器操纵机构进行拆装。

知识储备

一、变速器操纵机构的功用和类型

1. 变速器操纵机构的功用

手动变速器由变速传动机构和操纵机构两大部分组成。变速操纵机构的作用是保证驾驶员能准确、可靠地将变速器挂入所需要的挡位，并根据需要随时退至空挡。

2. 变速操纵机构的类型

变速操纵机构按照变速杆与变速器相对位置的不同，可分为直接操纵式和远距离操纵式两种类型。

二、换挡锁装置

为了保证变速器在任何情况下都能准确无误地换挡，并安全、可靠地工作，变速器操纵机构一般都具有换挡锁装置，包括自锁装置、互锁装置和倒挡锁装置。

1. 自锁装置

自锁装置用于防止变速器自动脱挡或挂挡，并保证轮齿以全齿宽啮合。大多数变速器的自锁装置都是采用自锁钢球对拨叉轴进行轴向定位锁止。

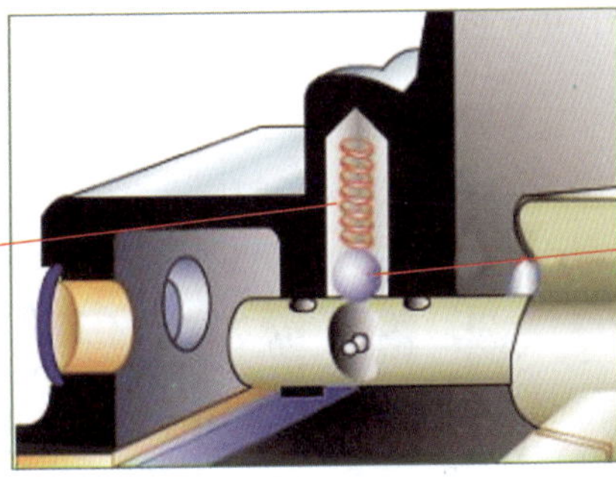

自锁装置

换挡拨叉轴上方有3个凹坑，上面有被自锁弹簧压紧的自锁钢球。当拨叉轴位置处于空挡或某一挡位置时，自锁钢球在弹簧的弹力下压向凹坑面。当任一根拨叉轴连同拨叉轴向移动到空挡或某一工作位置时，必有一个凹槽正好对准自锁钢球。于是，自锁钢球在弹簧压力下嵌入该凹槽内，拨叉轴的轴向位置即被固定，从而拨叉连同滑动齿轮（或接合套）也被固定在空挡或某一工作挡位的位置，不能自行脱出。

2. 互锁装置

互锁装置用于防止同时挂上两个挡位。互锁装置由互锁钢球和互锁销组成。每根拨叉轴朝向互锁钢球的侧表面上均制出一个深度相等的凹槽，任一拨叉轴处于空挡位置时，其侧面凹槽都正好对准互锁钢球。两个互锁钢球直径之和正好等于相邻两轴之间的距离加上一个凹槽的深度。中间拨叉轴上两个侧面凹槽之间有孔相通，孔中有一根可以移动的互锁销，销的长度等于拨叉轴的直径减去一个凹槽的深度。

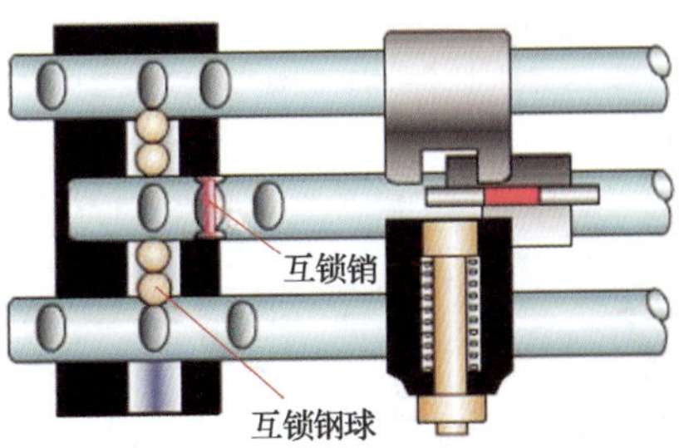

互销装置

3. 倒挡锁装置

倒挡锁装置用于防止误挂倒挡。当变速杆下端向倒挡拨叉轴移动时，必须向下压缩弹簧才能进入倒挡拨叉轴上的拨块槽中，防止在汽车前进时误挂倒挡而导致零件损坏，起到倒挡锁的作用。当倒挡拨叉轴移动挂挡时，另外两个拨叉轴被钢球锁住。

不同的车辆有不同的倒挡锁机构，但大多数汽车在挂入倒挡时，需要克服一定阻力，以起到提醒注意的作用，防止驾驶员误挂倒挡。

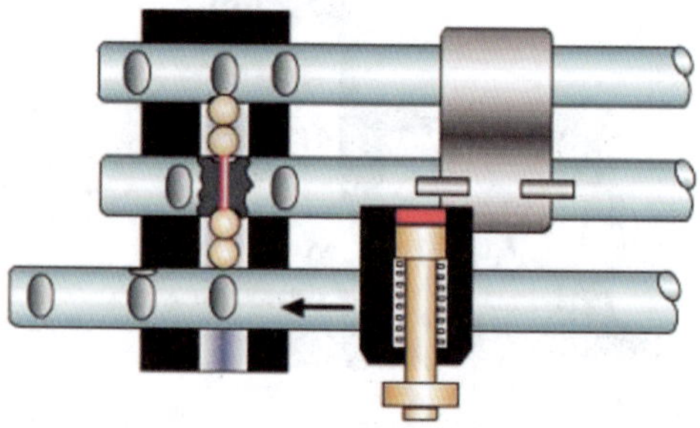

倒挡锁装置

任务实施

一、拆卸手动变速器操纵机构

	1．取下换挡固定卡销和插片。
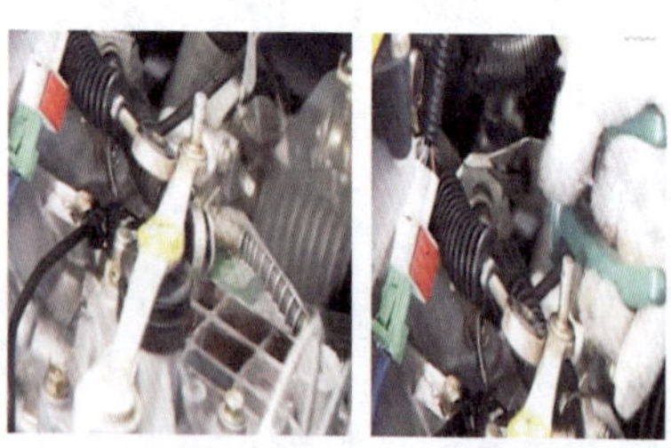	2．取下选挡拉索的固定卡销和插片。

	3．使手动拉锁与变速器总成分离。
	4．拆卸控制台盒。
 	5．取下选挡拉索与选挡连接架固定卡销。

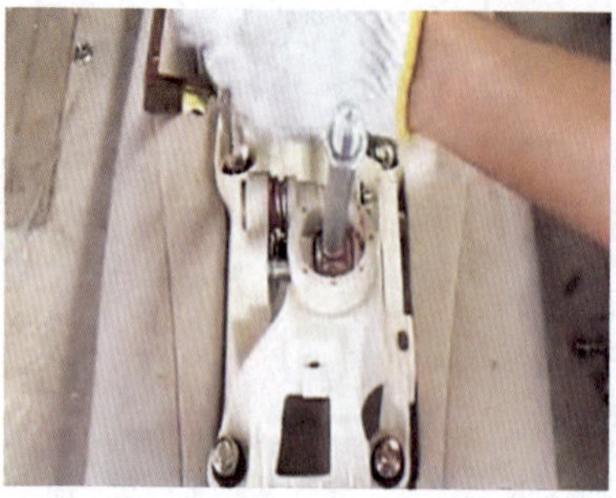	6．拧出紧固螺栓。
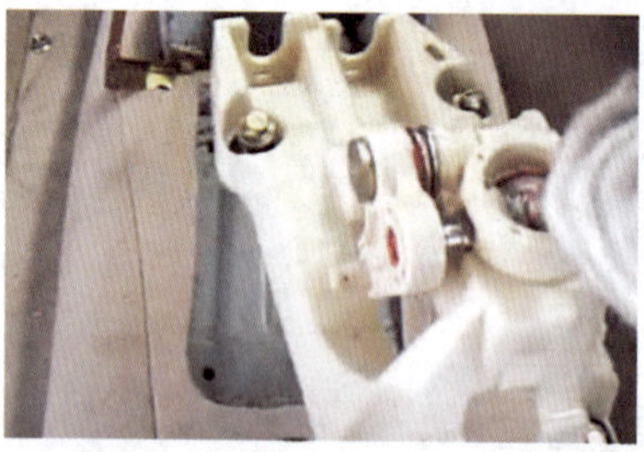	7．拆下手动换挡器总成。
	8．拧出换挡拉线总成固定架锁紧螺栓。
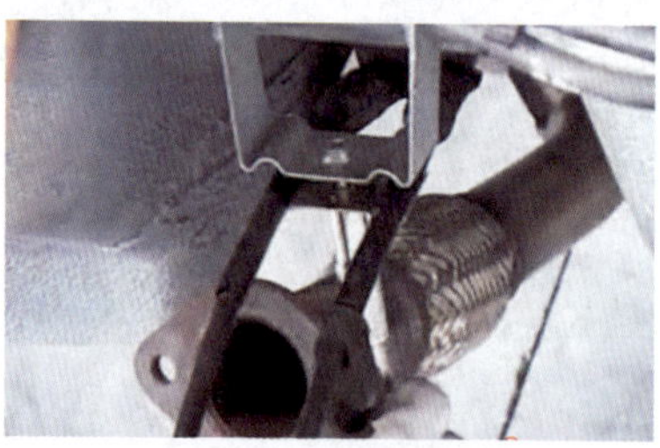	9．拆下换挡拉线总成固定螺栓。

	10．拆下换挡拉线总成。

二、安装手动变速器操纵机构

手动变速器操纵机构的安装按照与拆卸相反的步骤进行。安装前应做如下检查：

1．检查选择拉线是否适当工作，以及是否损坏。

2．检查换挡拉线是否适当工作，以及是否损坏。

3．检查保护罩的损坏情况。

4．检查保护罩的磨蚀、黏附、移动受限或损坏情况。

5．检查弹簧的弱化或损坏情况。

考评标准表——手动变速器操纵机构的拆装　　时间：30 min

项目	分值	评分标准与指导	评价结果
正确使用工具	10	工具使用不当酌情扣分，并指正	
拆卸换挡固定卡销和插片	10	按要求酌情扣分，并指正	
拆卸控制台盒	10	按要求酌情扣分，并指正	
拆卸手动换挡器总成	10	按要求酌情扣分，并指正	
拧出换挡拉线总成固定架锁紧螺栓	10	按要求酌情扣分，并指正	
拆下换挡拉线总成固定螺栓	10	按要求酌情扣分，并指正	
拆下换挡拉线总成	10	按要求酌情扣分，并指正	
安装手动变速器操纵机构	10	按要求酌情扣分，并指正	
零件、工具摆放是否整齐	10	按要求酌情扣分，并指正	
遵守相关安全操作规范	10	因违规操作发生人身和设备事故，终止考核，成绩按 0 分计 超时每分钟扣 1 分，超时 10 min 终止考核	
分数合计	100		

任务3　手动变速器传动机构的拆装

实训目标

1. 了解手动变速器传动机构的功用和基本结构。
2. 掌握手动变速器传动机构的拆装方法和步骤。
3. 能够熟练拆卸和安装手动变速器传动机构。

实训准备

1. 设备：整车 2 辆、举升机 2 台、常用工具 2 套、专用拆装工具 2 套。
2. 材料：柱式、剪式举升机使用说明手册各 1 套，配套学习材料每人 1 套。
3. 场地：汽车底盘拆装（一体化）实训室。

工作任务

一辆福瑞迪轿车行驶约 8 万公里，车主发现该车没有 4 挡，到 4S 店检查，维修人员发现该车离合器、变速器操纵机构工作正常，可能是变速器传动机构有问题，需对其进行更换。作为一名汽车维修工，应该怎样面对这样的问题？本任务要求学生了解手动变速器传动机构的功用和结构，并在此基础上能够对手动变速器传动机构进行拆装。

知识储备

一、手动变速器传动机构的功用

变速器传动机构是变速器的主体，主要由一系列相互啮合的齿轮副及其支承轴，以及作为基础件的壳体组成。其功用是改变转速、转矩和旋转方向。

两轴式手动变速器用于发动机前置前轮驱动的汽车，一般与驱动桥（前桥）合称为手动变速驱动桥。目前，我国常见的国产轿车多采用这种变速器。

二、手动变速器的结构

两轴式变速器变速传动机构主要由第一轴（即动力输入轴）、第二轴（即动力输出轴）、倒挡轴、各挡齿轮及变速器壳体组成。

两轴式变速器的特点：有输入轴和输出轴两根轴线固定的平行轴，动力直接由输入轴传递到输出轴；前进挡都是单级传动，传动效率比三轴变速器高(三轴变速器直接挡除外)，没有直接挡；输出轴直接与差速器减速齿轮相啮合，差速器安装在变速器壳体内。

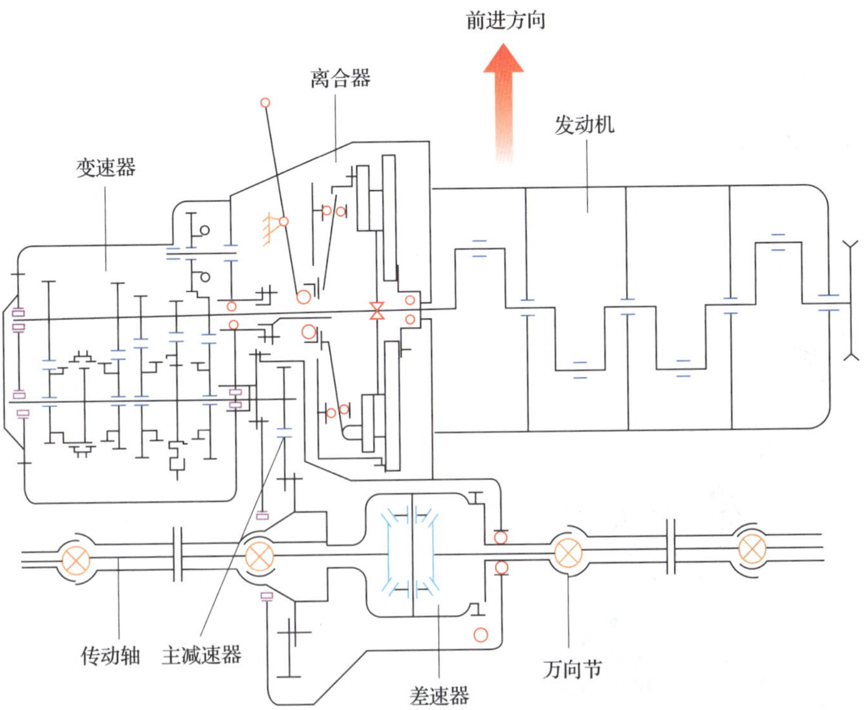

发动机前置前轮驱动的两轴式变速器传动示意图

任务实施

一、拆卸手动变速器传动机构

1．拆下手动变速箱的换挡杆轴壳体。

2．拆下输出轴尾端后盖。

提示：

◆ 输出轴尾端后盖较紧，可使用专用工具翘起。

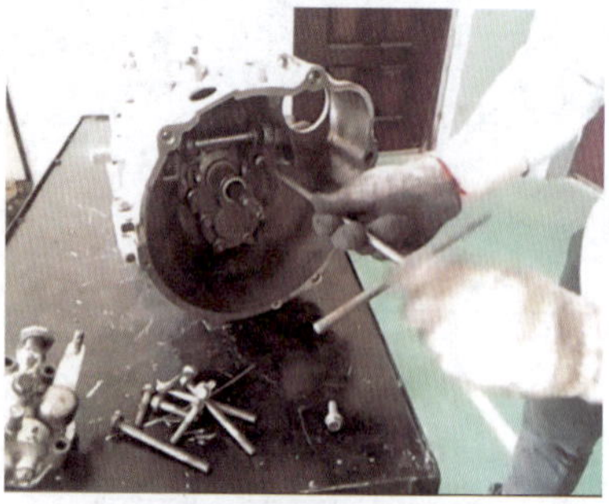	3．拆卸输出轴油封。 提示： ◆ 上端有 2 颗螺栓。
	4．拆卸手动变速器上端盖。 提示： ◆ 使用 12、13 套筒拆卸螺栓。
	5．拆卸输入轴油封螺栓。
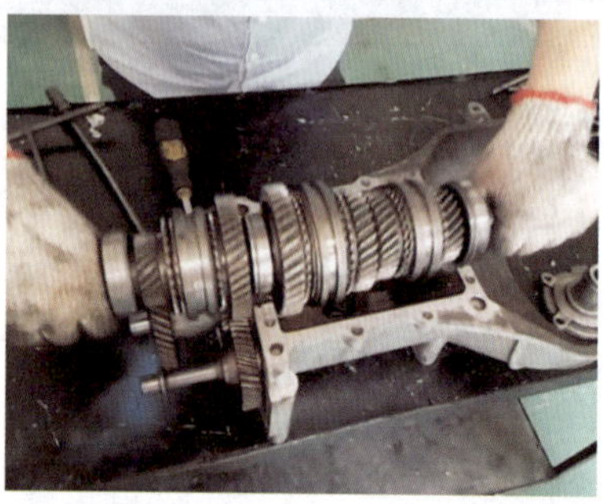	6．取下输入轴与输出轴总成。
	7．拆下输入轴。

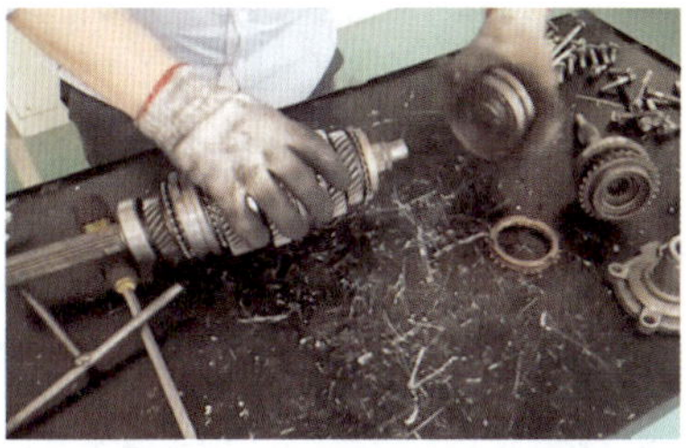	8．拆下同步器。
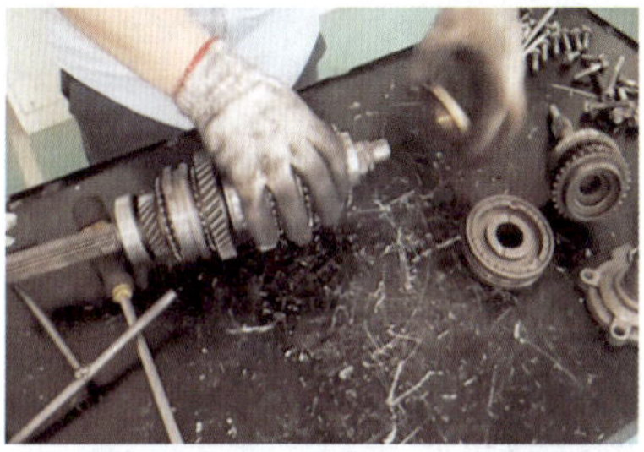	9．拆下同步环。
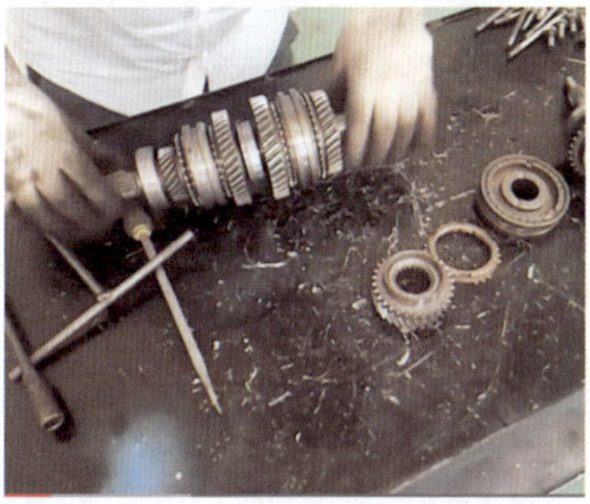	10．拆卸 3 挡齿轮。
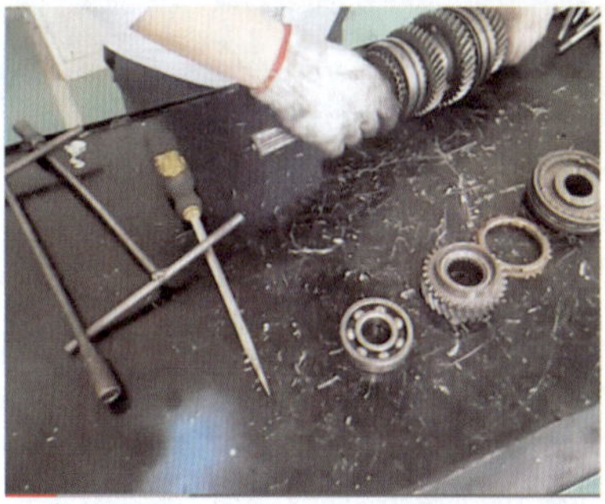	11．拆卸输出轴轴承。
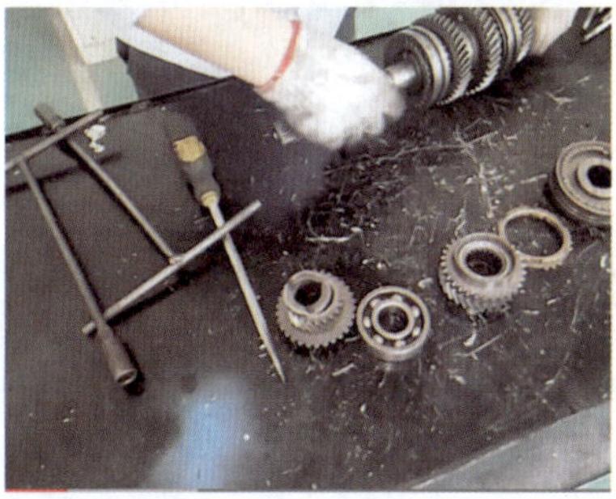	12．拆卸 5 挡齿轮。

	13．拆卸 5 挡同步环与同步器。
	14．拆卸倒挡同步器。 提示： ◆ 倒挡无同步环。
	15．拆卸倒挡垫圈及轴承。
	16．拆下 1 挡同步器与同步环。

	17．拆下 2 挡齿轮。
	18．拆解完毕后的零件展示。
二、安装手动变速器传动机构	
	1．装入轴承。
	2．装入 2 挡齿轮。

	3．安装2挡同步器与同步环。 提示： ◆ 安装时要小心放置。
	4．安装2挡同步器。
	5．安装1挡齿轮。
	6．安装垫圈。

	7．安装轴承。 提示： ◆ 轴承不要装反。
	8．安装倒挡齿轮。 提示： ◆ 倒挡齿轮上有 90° 角，所以倒挡齿轮无同步环。
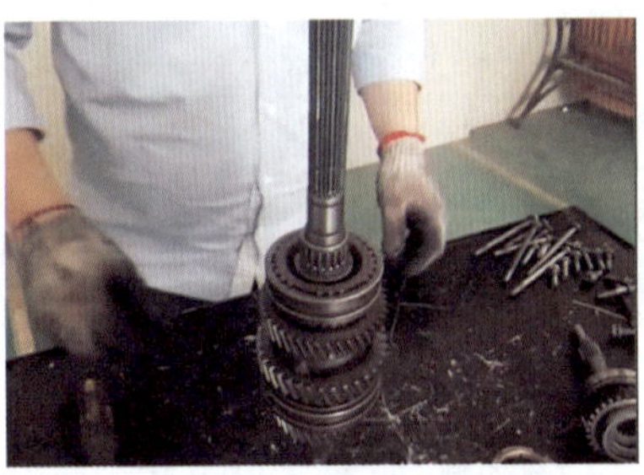	9．安装轴承。
	10．安装 5 挡齿轮。

	11．安装轴承垫片。
	12．安装轴承。
	13．安装 3 挡轴承。
	14．安装 3 挡齿轮。

	15．安装3挡同步器。
	16．装上输入轴齿轮。
	17．将输入轴、输出轴总成装入变速器底座。
	18．安装输入轴油封。

	19．安装 6 颗固定螺栓。
	20．安装变速箱上端盖。 提示： ◆ 需检查手动变速器 3 个拨杆是否在同一水平线上。
	21．用套筒工具将变速器上盖螺栓拧紧。
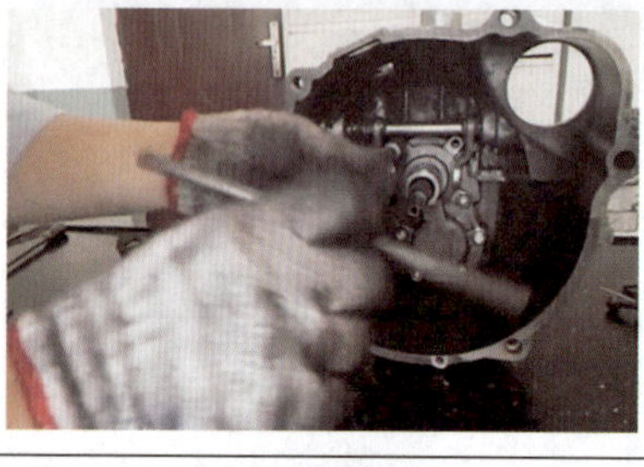	22．将油封上 2 颗上盖螺栓拧紧。
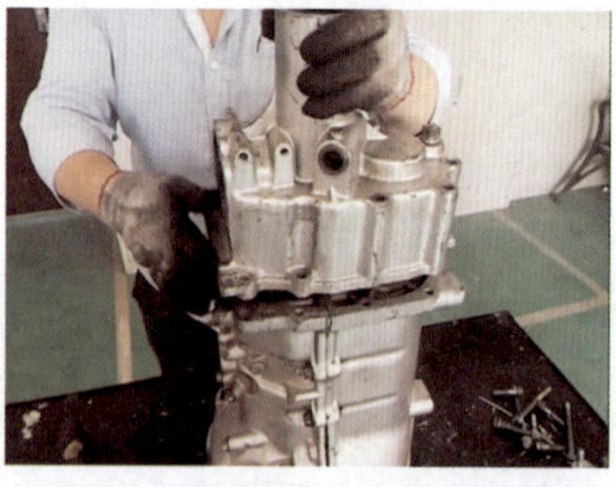	23．安装变速箱尾盖。

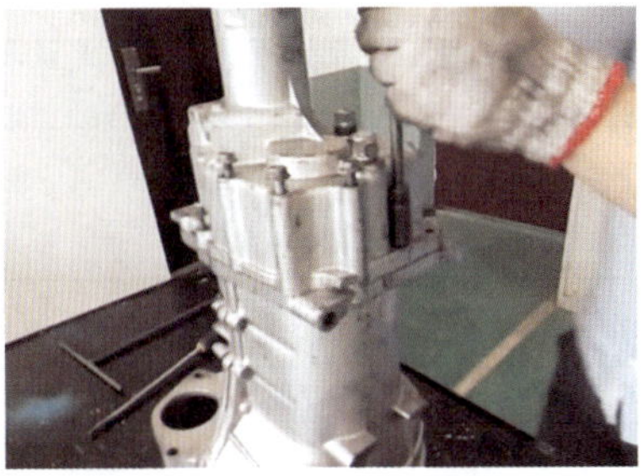	24．将尾盖上所有固定螺栓拧紧。
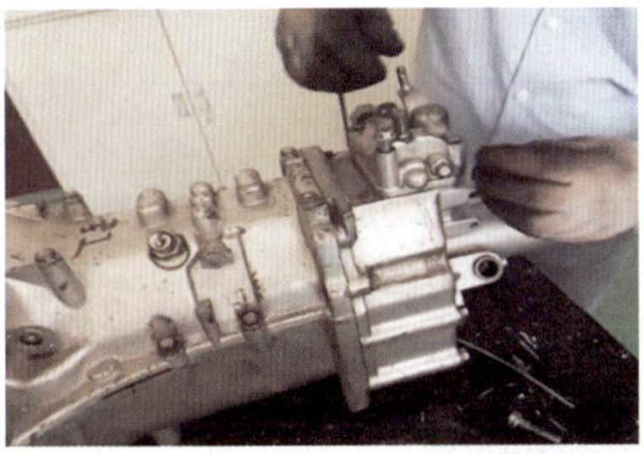	25．安装换挡杆拨叉。
	26．紧固换挡杆拨叉端盖上的螺栓。
	27．手动变速器安装完毕。

考评标准表——手动变速器传动机构的拆装　时间：45 min

项目	分值	评分标准与指导	评价结果
正确使用工具	10	工具使用不当酌情扣分，并指正	
拆卸换挡杆轴壳体	10	按要求酌情扣分，并指正	
拆卸手动变速器上端盖	10	按要求酌情扣分，并指正	

续表

项目	分值	评分标准与指导	评价结果
拆卸同步环、3挡齿轮、轴承、5挡齿轮、倒挡同步器	10	按要求酌情扣分，并指正	
拆卸1挡同步器、同步环、2挡齿轮	10	按要求酌情扣分，并指正	
安装2挡齿轮、同步器、同步环	10	按要求酌情扣分，并指正	
安装1挡、倒挡、5挡齿轮	10	按要求酌情扣分，并指正	
安装3挡轴承、齿轮、同步器	10	按要求酌情扣分，并指正	
零件、工具摆放是否整齐	10	按要求酌情扣分，并指正	
遵守相关安全操作规范	10	因违规操作发生人身和设备事故，终止考核，成绩按0分计 超时每分钟扣1分，超时10 min终止考核	
分数合计	100		

任务4　A4AF3自动变速器的拆装

实训目标

1. 了解A4AF3自动变速器的结构。
2. 掌握A4AF3自动变速器的拆装方法和步骤。
3. 能够熟练拆卸和安装A4AF3自动变速器。

实训准备

1. 设备：整车2辆、举升机2台、常用工具1套、起亚专用工具1套。
2. 材料：柱式、剪式举升机使用说明手册各1套，配套学习材料每人1套。
3. 场地：汽车底盘拆装（一体化）实训室。

工作任务

一辆起亚赛拉图轿车已经行驶了约8万公里，突然出现加速无力现象。起初维修人员认为是发动机出现问题，后经过检查发现是自动变速器出现故障，需要更换摩擦片。摩擦片在长期使用过程中会出现磨损，从而导致打滑，出现加速无力的状况。

要拆卸摩擦片必须对自动变速器进行拆卸。作为一名汽车维修工，应该怎样面对这样的问题？本任务要求学生了解 A4AF3 自动变速器的结构和组成，并在此基础上能够对 A4AF3 自动变速器进行拆装。

知识储备

一、A4AF3 自动变速器的结构

A4AF3 自动变速器是东风悦达起亚汽车有限公司专门为赛拉图轿车开发的一种高性能电子控制自动变速器，采用 4 个前进挡。该轿车自动变速器所采用的行星齿轮机构的类型是拉维娜式行星齿轮机构，由 4 组离合器、1 组制动器及 2 个单向离合器的不同组合，实现 4 个前进挡位和 1 个倒挡。自动变速器的电液式控制系统和发动机控制系统共用一个电脑。

1. 结构图（1）

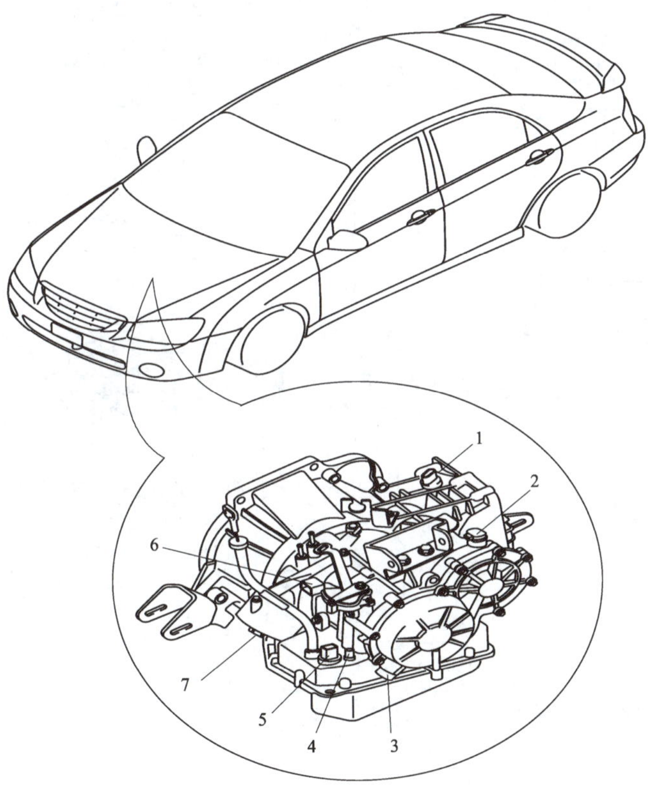

A4AF3 自动变速器的结构（1）

1—车速传感器　2—输出轴速度传感器　3—输入轴速度传感器　4—油温传感器
5—电磁阀　6—挡位开关　7—强制降挡伺服机构开关

2. 结构图（2）

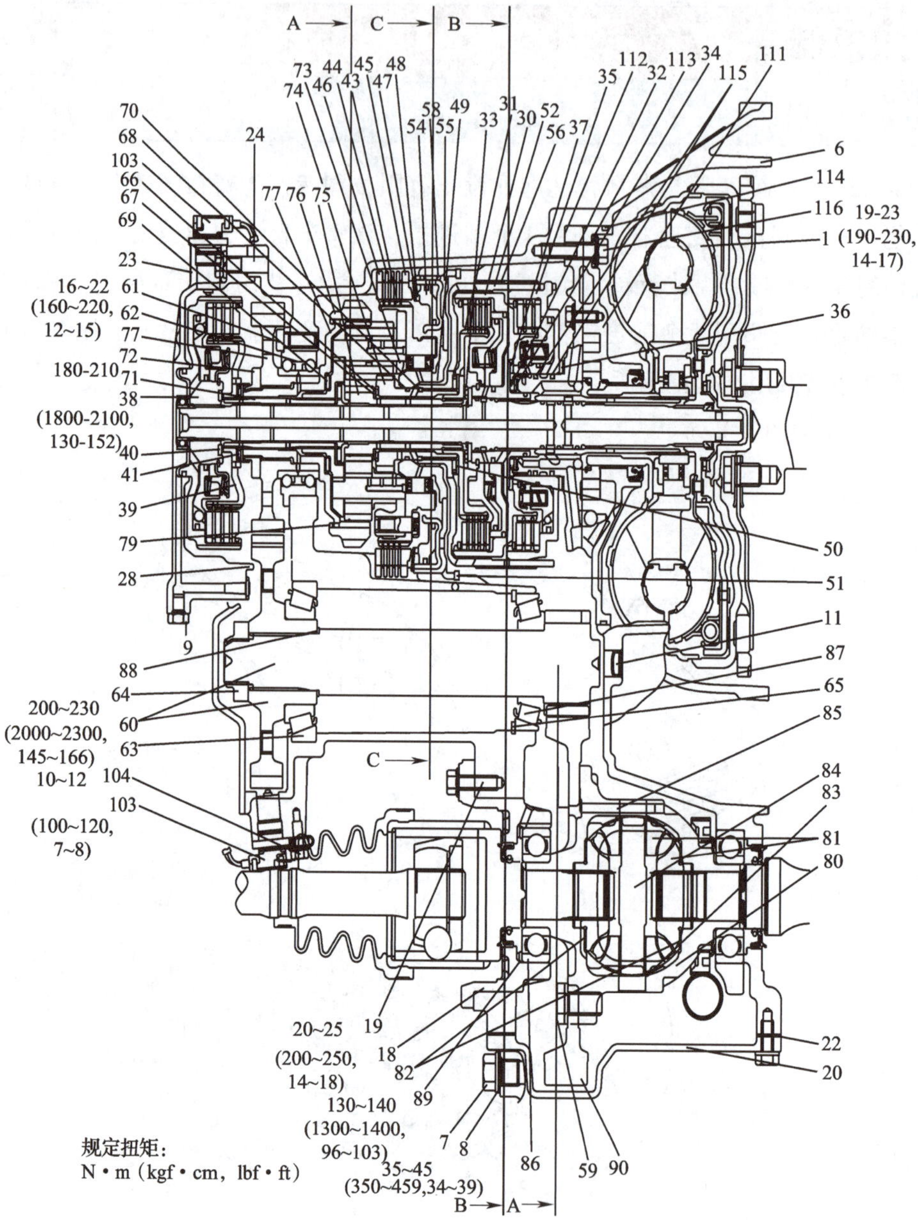

A4AF3 自动变速器的结构（2）

（图中并未画出所有零部件）

1. 液力变矩器	2. 变速器支架	3. 螺栓垫圈
4. 前滚动支架	5. 螺栓垫圈	6. 变速器壳
7. 排放塞	8. 衬垫	9. 压力检验塞
10. 机油冷却器连接器	11. 密封环盖	12. 油底壳
13. 磁体	14. 油底壳衬垫	15. 螺栓
16. 调整螺钉	17. 螺母	18. 差速器轴承挡圈
19. 凸缘螺栓（8×25）	20. 差速器盖	21. 螺栓垫圈
22. 差速器盖衬垫	23. 端盖	24. 凸缘螺栓
25. 后滚动支架	26. 密封螺栓	27. 螺栓（10×20）
28. O 形环	29. 通风盖	30. 后离合器
31. 后离合器毂	32. 止推轴承	33. 止推轴承
34. 止推座圈	35. 前离合器	36. 止推垫圈
37. 止推垫圈	38. 末端离合器	39. 末端离合器毂
40. 止推垫圈	41. 止推轴承	42. 弹簧卡环
43. 制动盘	44. 制动板	45. 制动器压力板
46. 制动器反作用板	47. 回位弹簧	48. 波状弹簧
49. 止推轴承	50. 止推座圈	51. 弹簧卡环
52. 强制降挡鼓	53. 密封垫	54. 低挡 / 倒挡制动器活塞
55. 中央支架	56. 强制降挡箍带	57. 强制降挡伺服机构和弹簧活塞
58. 强制降挡伺服开关	59. 飞轮螺栓	60. 分动器从动齿轮组
61. 螺栓	62. 双列向心推力球轴承	63. 滚锥轴承
64. 锁止螺母	65. 弹簧卡环	66. 止推轴承
67. 止推座圈	68. 密封环	69. 止推轴承
70. 弹簧卡环	71. 末端离合器轴	72. 锁止螺母（M38）
73. 行星架	74. 倒挡太阳轮	75. 前进挡太阳轮
76. 内齿轮	77. 分动器主动齿轮	78. 输出轴凸缘
79. 弹簧卡环	80. 差速器壳	81. 差速器齿轮
82. 差速器齿轮垫片	83. 垫圈	84. 小齿轮轴
85. 锁销	86. 滚珠轴承	87. 侧向轴承
88. 垫片	89. 垫片	90. 差速器主动齿轮
91. 车速表从动齿轮	92. 止动板	93. 楔木杆支撑架
94. 凸缘螺栓（8×25）	95. 螺母	96. 弹簧垫圈
97. 手控杆	98. O 形环	99. 螺栓
100. 手控杆	101. 螺钉	102. 密封环垫圈
103. 脉冲发生器	104. 凸缘螺栓（6×14）	105. 挡位开关
106. 凸缘螺栓	107. 换挡拉线支架	108. 凸缘螺栓
109. 弹簧夹	110. 弹簧卡环	111. 机油泵
112. 机油泵衬垫	113. 密封垫圈	114. O 形环
115. 密封环	116. 密封螺栓	117. 阀体
118. 油温传感器	119. 螺栓（6×26）	120. 螺栓（6×36）
121. 螺栓（6×41）	122. 机油滤清器	123. 凸缘螺栓（6×12）
124. 车速表从动齿轮衬套	125. 凸缘螺栓（6×14）	126. 油位表和加油管
127. 凸缘螺栓（8×16）	128. 油位表	

二、A4AF3 自动变速器零部件的拆装注意事项

1．旧的衬垫、油封和橡胶部件禁止再使用，每次重新组装时一定要用新品更换衬垫、油封和橡胶部件。

2．不需要更换油尺的 O 形环。

3．禁止使用凡士林油或工业凡士林以外的润滑脂。

4．安装前，应在摩擦部件、转动部件和滑动部件上涂抹自动变速器油。

5．安装前，应把新离合器片浸入自动变速器油中至少 2 h。

6．禁止在衬垫上涂抹密封胶或黏合剂。

7．分解和重新组装过程中不要使用车间毛巾。

8．要及时更换冷却器中的机油。

任务实施

一、拆卸 A4AF3 自动变速器

	1．清洁变速器外部。 2．拆卸排放塞，并排出自动变速器油。
	3．拆卸液力变矩器。

<table>
<tr>
<td></td>
<td>4．分解前要测量输入轴轴向间隙。

在分解前测量输入轴轴向间隙，通常表示需要变化止推垫圈（除了更换主要部件时）。止推垫圈一般位于反作用轴支撑架和后离合器挡圈之间，以及反作用轴支撑架和前离合器挡圈之间。

在变矩器壳上安装一个千分表，确定千分表柱塞定位于输入轴末端。检查轴向间隙时，用钳子拉出或推入输入轴，小心不要划伤输入轴。记录千分表读数，以备重新组装变速器时参考。</td>
</tr>
<tr>
<td>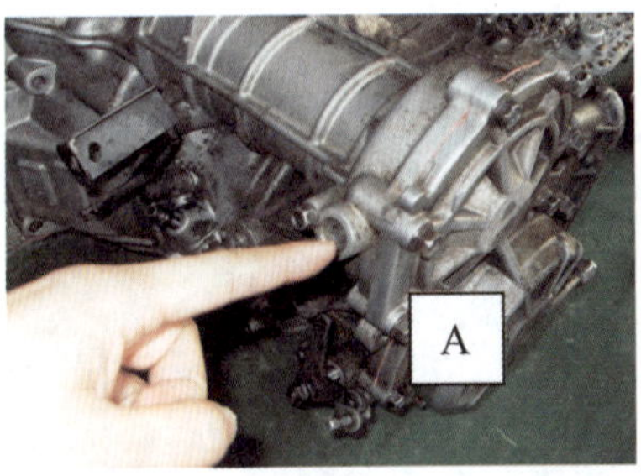

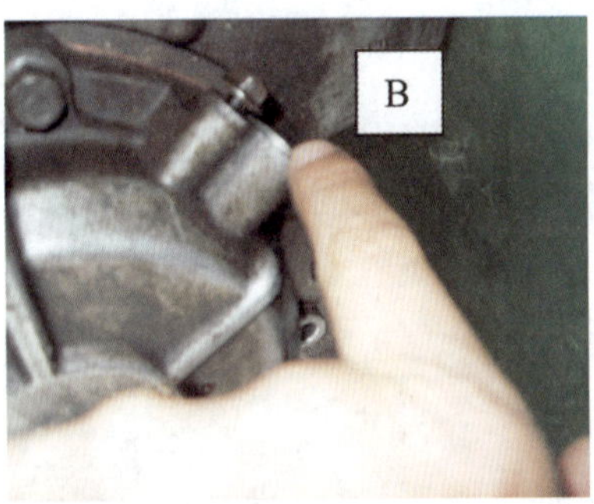
</td>
<td>5．拆卸脉冲发生器“A”和“B”。</td>
</tr>
<tr>
<td></td>
<td>6．拆卸手动控制杆，然后拆卸变速器挡位开关。</td>
</tr>
</table>

<table>
<tr><td>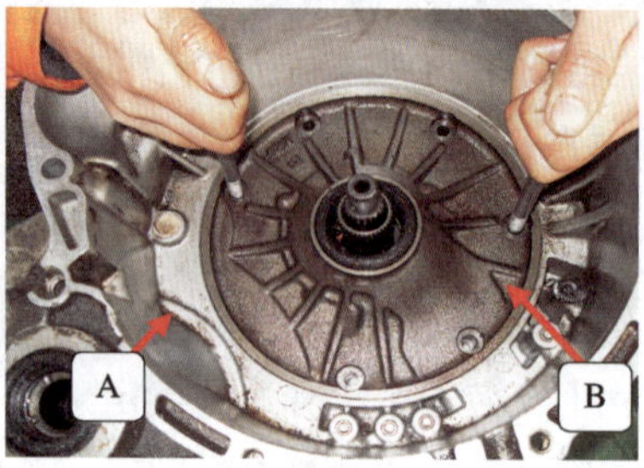
</td><td>7．拧下6个螺栓，连接专用工具（09452—21100），并拆卸机油泵总成。
提示：
◆ 拆卸机油泵总成时，一定要遵守下面的说明，避免损坏变速器壳。
（1）同时且均一地转动两个专用维修工具的旋钮，不要倾向（B）侧。
（2）转动专用维修工具时，如有必要，用橡胶锤或塑料锤轻叩机油泵的（A）侧。</td></tr>
<tr><td></td><td>8．拆卸纤维止推垫圈。</td></tr>
<tr><td></td><td>9．向上拉输入轴，同时拆卸前离合器总成和后离合器总成。</td></tr>
<tr><td></td><td>10．拆卸止推轴承。</td></tr>
</table>

	11．拆卸离合器毂。
	12．拆卸止推座圈和轴承。
	13．拆卸强制降挡鼓。
	14．拆卸强制降挡箍带。

	15．拆卸弹簧卡环。
	16．在中央支撑架上附着专用工具（09453—21310）。握住工具的把手，垂直向上拉中央支撑架。
 	17．同时拆卸倒挡太阳轮和前进挡太阳轮。

	18．拆卸行星架总成和止推轴承。
	19．拆卸波状弹簧、回位弹簧、反作用板、制动盘和制动板。
	20．拆卸端盖。
	21．拆卸末端离合器总成。

	22．拆卸止推板。
	23．拆卸末端离合器毂和止推轴承。
	24．拉出末端离合器轴。
	25．拆卸油底壳和衬垫。

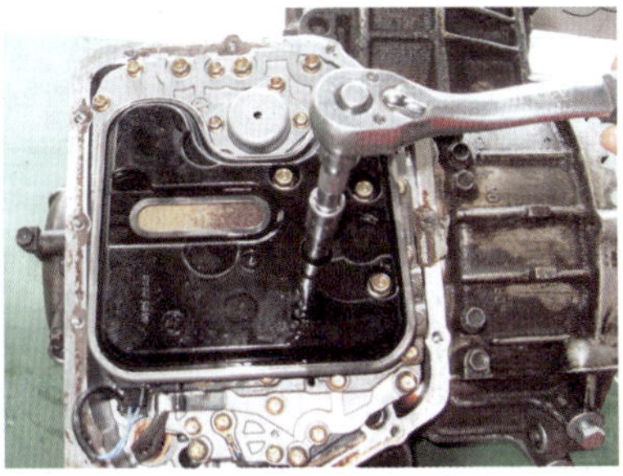	26．从阀体上拆卸机油滤清器。
	27. 拧下油温传感器安装螺栓。 提示： ◆ 在从支架上拧下后，从连接器上拉出。
	28．拆卸电磁阀线束绝缘圈的夹箍后将其拉出。
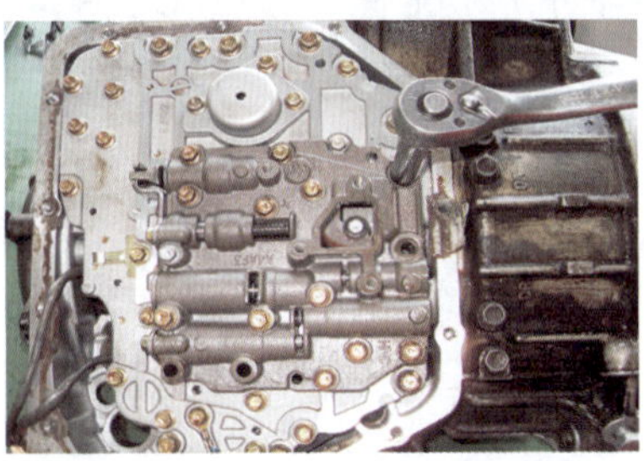 	29．拧下 9 个阀体螺栓，拆卸阀体。

	30．拆卸强制降挡伺服弹簧卡环。
	31．拆卸强制降挡活塞总成。
二、组装 A4AF3 自动变速器	
	1．在止推轴承 #12 上涂抹一层凡士林，并把止推轴承 #12 附着到行星架上。
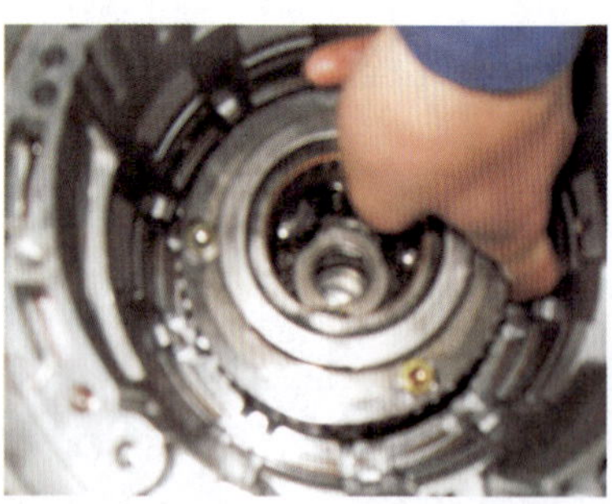	2．把行星架安装到壳上。

<table>
<tr><td>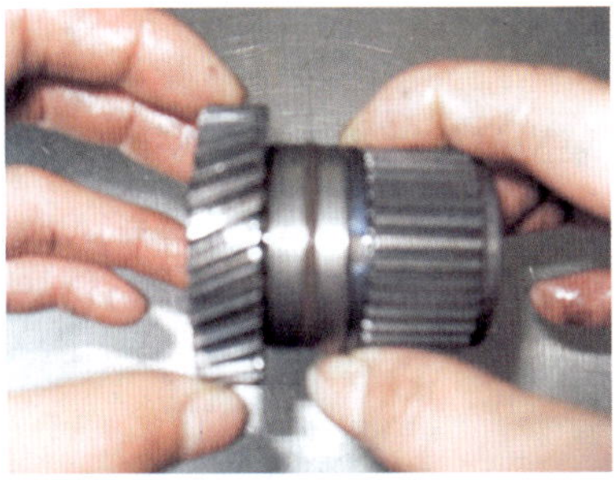
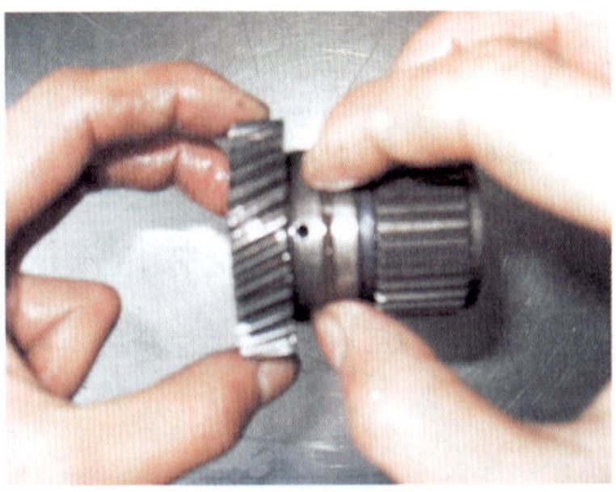</td><td>3．按下列顺序装配倒挡太阳轮和前进挡太阳轮。
（1）把密封环和弹簧卡环附着到倒挡太阳轮上。执行此操作时，应挤压密封环。
（2）把止推垫圈 #10 附着到前进挡太阳轮上。</td></tr>
<tr><td>
</td><td>（3）把止推垫圈 #9 附着到前进挡太阳轮上。
（4）装配倒挡太阳轮，然后装配前进挡太阳轮。</td></tr>
</table>

	4．把以前装配过的两个太阳轮安装到行星架内。
	5．在波状弹簧上涂抹一层凡士林，并把波状弹簧附着到中央支撑架上。
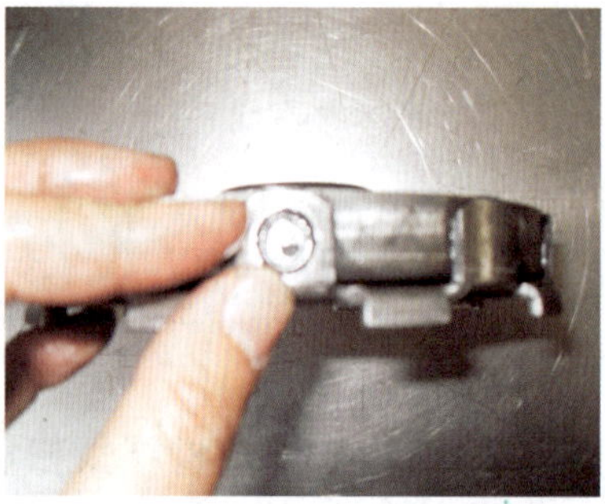	6．在中央支撑架上安装两个新的 O 形环。
	7．在 O 形环上涂抹一层 ATF 后，在中央支撑架上安装专用工具（09453—21310），并将 O 形环安装到壳内。 提示： ◆ 确定波状弹簧位于适当的位置。

	8．安装弹簧卡环。
	9．在强制降挡伺服活塞上装配新的密封环（大直径）和 D 形环（小直径），并在衬套周围的凹槽内安装新的 O 形环。 把强制降挡伺服弹簧、活塞和衬套装配到变速器壳内。按压强制降挡伺服机构和衬套，并安装弹簧卡环。
	10．安装末端离合器轴。一定要使较长的花键朝向前方。 11．把末端离合器毂安装到末端离合器上。 12．使用石油把止推轴承 #13 附着到末端离合器毂上。

  	13．安装末端离合器总成。 14．在末端离合器盖上附着新的 O 形环和 D 形环。 提示： ◆ 安装时避免扭曲 D 形环。 ◆ 应在轴承上涂抹足量的自动变速器油。
	15．附着端盖，并用螺栓紧固。 提示： ◆ 安装端盖时，一定要正确对正螺纹孔。如果在安装后转动端盖进行对正螺纹孔的操作，则会扭曲 D 形环。

 	16．在强制降挡鼓的花键与太阳轮啮合的情况下，安装强制降挡鼓。 提示： ◆ 把强制降挡箍带放到强制降挡鼓上，并拧紧强制降挡伺服调整螺钉，定位强制降挡箍带。
	17．在止推轴承 #8 上涂抹一层凡士林，然后把止推轴承 #8 附着到强制降挡鼓上。
	18．在止推座圈 #7 上涂抹一层凡士林，然后把止推座圈 #7 附着到后离合器毂上。

<table>
<tr><td>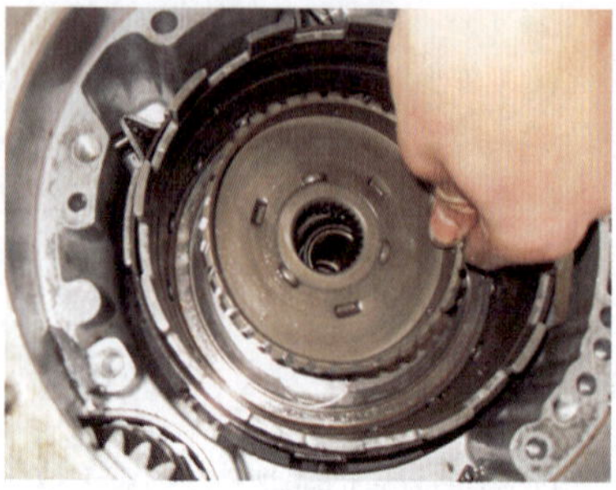</td><td>19．把离合器毂安装到太阳轮花键上。</td></tr>
<tr><td></td><td>20．用凡士林把止推轴承 #6 附着到离合器毂上。</td></tr>
<tr><td></td><td>21．在止推垫圈 #2 和止推轴承 #4 上涂抹一层凡士林，然后附着到后离合器总成上。
22．合并后离合器和前离合器总成。
23．安装末端离合器总成。
24．用凡士林在前离合器上附着复用止推垫圈 #1。</td></tr>
<tr><td></td><td>25．用凡士林在机油泵上附着复用止推座圈 #3。</td></tr>
</table>

<table>
<tr>
<td></td>
<td>26．安装新的机油泵衬垫和机油泵总成。
27．在机油泵壳的凹槽内安装新的 O 形环，并在 O 形环的外表面上轻轻涂抹自动变速器油。
28．均匀拧紧 6 个螺栓，安装机油泵总成。注意将止推垫圈保持在适当位置。
29．检查输入轴轴向间隙，如有必要重新调整。
提示：
◆ 标准值：0.3 ～ 1.0 mm（0.012 ～ 0.040 in）。</td>
</tr>
<tr>
<td></td>
<td>30．在阀体总成（制动器机油压力通道）的顶部中央位置安装 O 形环，并把阀体总成安装到壳上。
31．用新品更换电磁阀连接器 O 形环。
32．用 10 ～ 12 N · m（100 ～ 120 kgf · cm，7 ～ 9 lbf · ft）的扭矩，拧紧阀体总成固定螺栓。
33．安装机油滤清器。
用 5 ～ 7 N · m（50 ～ 70 kgf · cm，4 ～ 5 lbf · ft）的扭矩，拧紧 4 个机油滤清器固定螺栓。</td>
</tr>
<tr>
<td></td>
<td>34．在油底壳内的 5 个凹陷位置安装 5 个磁体。</td>
</tr>
</table>

35．安装新的油底壳衬垫和油底壳。

用 10 ~ 12 N · m(100 ~ 120 kgf · cm，7 ~ 9 lbf · ft）的扭矩拧紧 12 个螺栓。

36．在强制降挡伺服开关上安装新的 D 形环，压入壳内，并使用适当的弹簧卡环固定。

37．安装变速器挡位开关和手控杆，并调整变速器挡位开关。

38．安装脉冲发生器“A”和“B”。

39．清洁自动变速器表面。

考评标准表——A4AF3 自动变速器的拆装　时间：60 min

项目	分值	评分标准与指导	评价结果
正确使用工具	10	工具使用不当酌情扣分，并指正	
拆卸液力变矩器	10	按要求酌情扣分，并指正	
拆卸脉冲发生器“A”和“B”	5	按要求酌情扣分，并指正	
拆卸手动控制杆，拆卸变速器挡位开关	5	按要求酌情扣分，并指正	
拆卸制动器上制动拉线的回位弹簧	5	按要求酌情扣分，并指正	
拆卸离合器毂	5	按要求酌情扣分，并指正	
拆卸行星架总成和止推轴承	5	按要求酌情扣分，并指正	
组装 A4AF3 自动变速器	35	按要求酌情扣分，并指正	
零件、工具摆放是否整齐	10	按要求酌情扣分，并指正	
遵守相关安全操作规范	10	因违规操作发生人身和设备事故，终止考核，成绩按 0 分计 超时每分钟扣 1 分，超时 10 min 终止考核	
分数合计	100		

课题四 万向传动装置的拆装

任务1 传动轴的拆装

实训目标

1. 了解万向传动装置的作用与组成。
2. 了解传动轴的分类与组成。
3. 能够熟练拆卸和安装传动轴总成。

实训准备

1. 设备：整车2辆、举升机2台、常用工具2套、专用拆装工具2套。
2. 材料：柱式、剪式举升机使用说明手册各1套，配套学习材料每人1套。
3. 场地：汽车底盘拆装（一体化）实训室。

工作任务

一辆起亚福瑞迪轿车累计行驶约8万公里。车主在正常行驶过程中突然发现汽车传动异响，决定将车送4S店修理，经初步检查后发现是传动轴的问题。作为一名汽车维修工，应该怎样面对这样的问题？本任务要求学生了解传动轴的结构和组成，并在此基础上能够对传动轴总成进行拆装。

知识储备

一、万向传动装置的作用与组成

万向传动装置的作用是能在轴间夹角及相对位置经常发生变化的转轴之间传递动力。万向传动装置由万向节、传动轴和伸缩节等组成。对于传动距离较远的分段式传动轴，为了提高传动轴的刚度，还设置有中间支承。

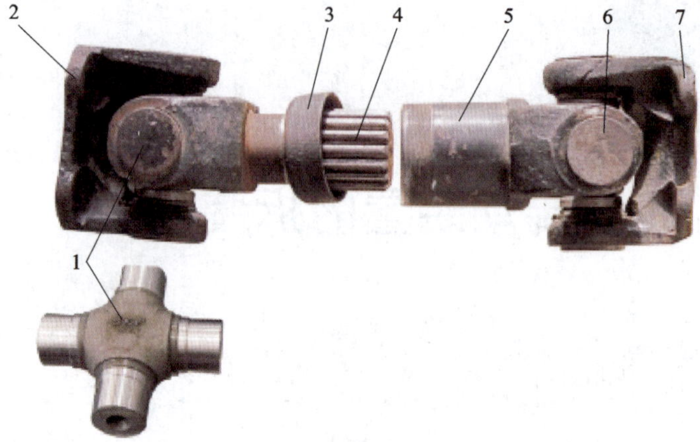

万向传动装置

1、6—十字轴　2、7—万向节叉　3—圆螺母　4—伸缩节（花键轴、滑动套）　5—传动轴

二、传动轴的分类与组成

传动轴用于在不同轴心的两轴间，甚至在工作过程中相对位置不断变化的两轴间传递动力。

1. 传动轴的分类

传动轴按万向节在扭转的方向上是否有明显的弹性，可分为刚性万向节传动轴和挠性万向节传动轴。前者靠零件的铰链式连接来传递动力，后者靠弹性零件来传递动力，并具有缓冲减振作用。

2. 传动轴的组成

传动轴由轴管、伸缩套、中间支承和万向节等组成。伸缩套能自动调节变速器与驱动桥之间的距离变化。

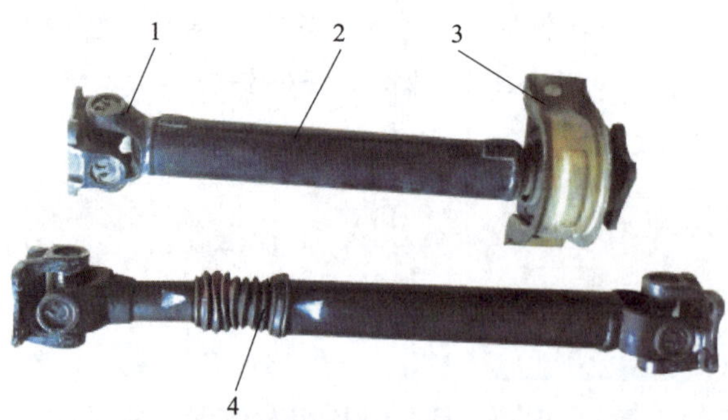

传动轴总成

1—万向节　2—轴管　3—中间支承　4—伸缩套

除万向节以外，传动轴另外一个重要的组成部分是滑动花键副，它由内、外花键（矩形、渐开线）组成，用于传递长度的变化。传动轴的万向节摆角和滑动花键副的最大伸缩量是根据整车布置时进行的传动轴跳动校核而确定的。传动轴轴管一般由低碳钢板卷制后焊接而成，对大规格的轴管，也有采用冷拔无缝管的。轴管的外径和壁厚（或内径）是根据传动轴所传递的最大工作转矩、最高工作转速等条件确定的。空心轴管具有较小的质量，能传递较大的转矩，并且比相同外径的实心轴具有更高的临界转速。

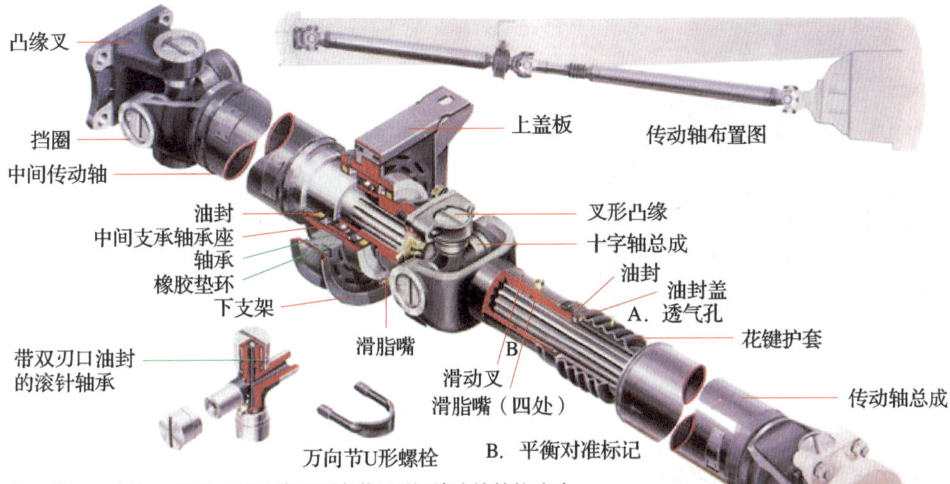

注：① 1984年起，图示叉形凸缘及万向节U形螺栓连接结构改为凸缘和凸缘叉连接结构。
② 1987年起，图示传动轴总成的花键轴结构变化，相应取消了花键护套。

汽车传动轴的结构

任务实施

一、拆卸传动轴总成

1. 举升汽车，将车轮拆下。

	2. 用工具拆卸内等速万向节与变速器万向法兰固定螺钉。
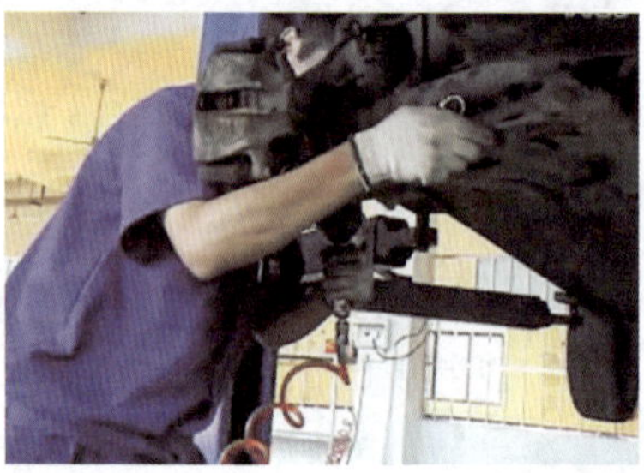	3. 拆卸下摆臂球头螺栓。
	4. 拆卸连接车轮轴承套与减振器的紧固螺栓。
	5. 用顶杆将传动轴与制动器分离。

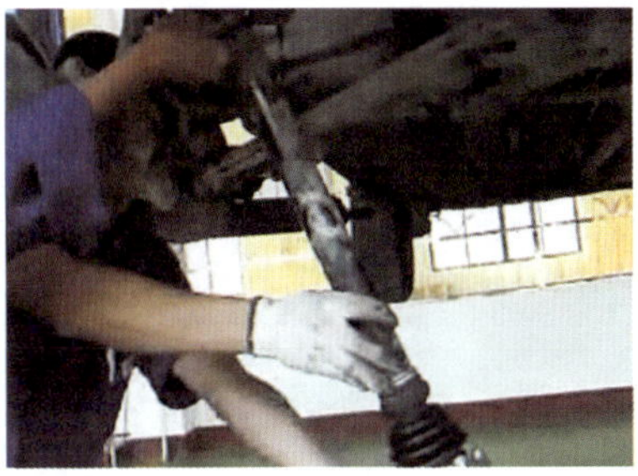	6．取出传动半轴。
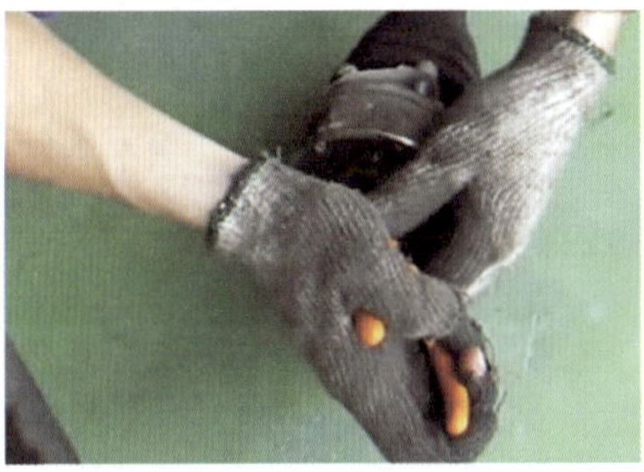	7．用卡环钳将卡环取出。
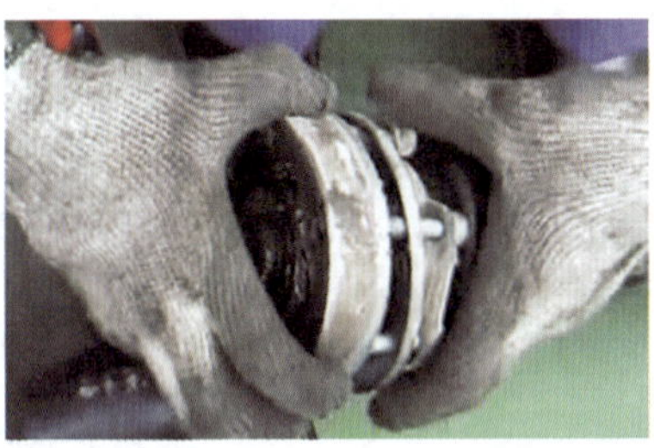	8．将防尘套与内等速万向节分离。
	9．取出内等速万向节。

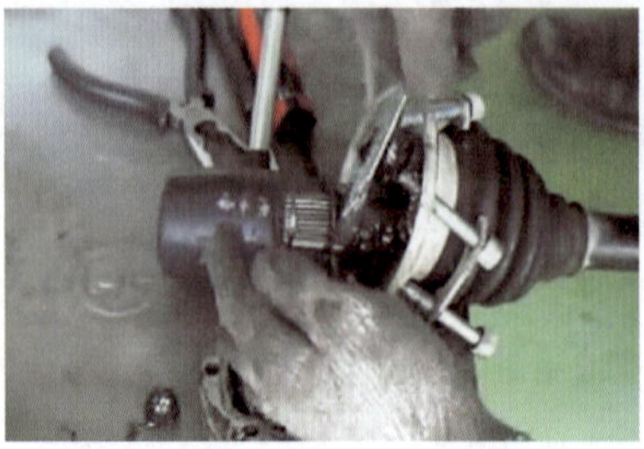	10．取出碟形弹簧。
	11．取出螺钉。
	12．取出防尘套。
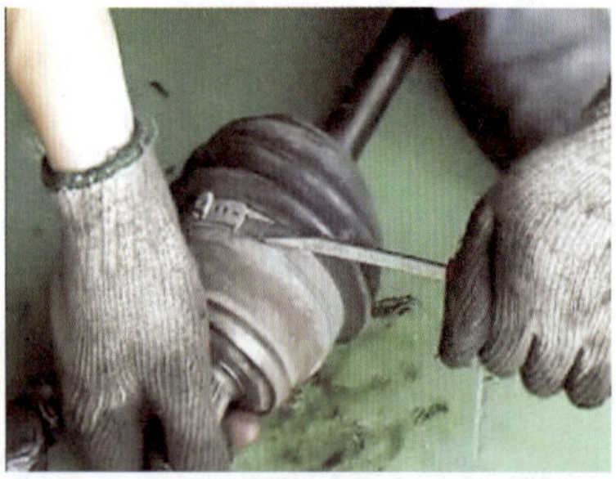	13．用工具拆卸防尘套夹箍。

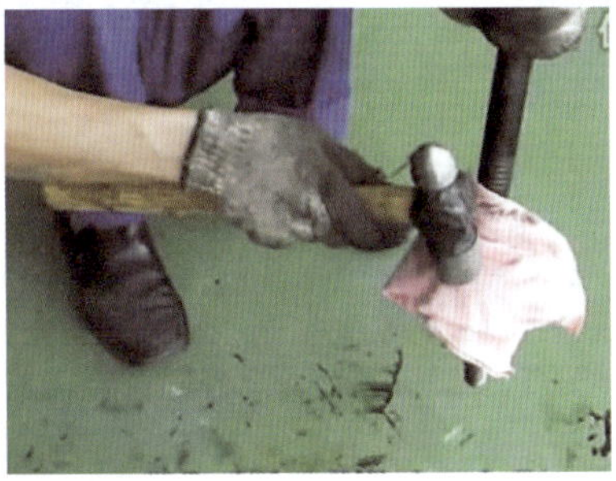	14．用锤子敲出外等速万向节。
	15．取出传动轴上的轴向止推环。
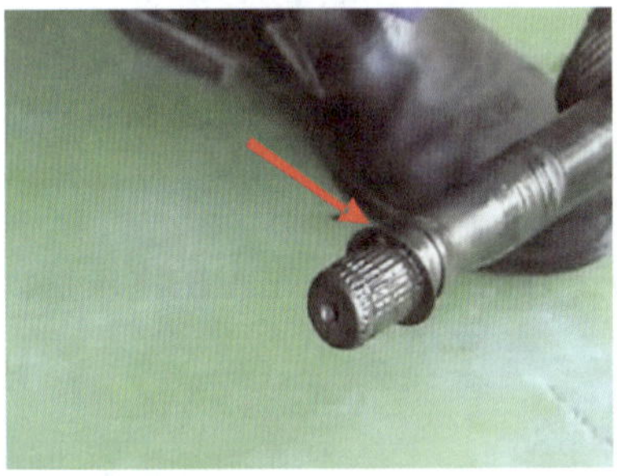	16．取出传动轴上的碟形弹簧。
	17．将内等速万向节清洗干净，检查滚珠、防尘套及零部件有无损坏。

<table>
<tr><th colspan="2">二、安装传动轴总成</th></tr>
<tr><td></td><td>1．将滚珠逐个装入内等速万向节座内，并上下推动，应运动自如。</td></tr>
<tr><td></td><td>2．将传动轴两端及防尘套口涂上润滑油并装复。</td></tr>
<tr><td></td><td>3．向外等速万向节内压入适量的润滑脂。</td></tr>
<tr><td>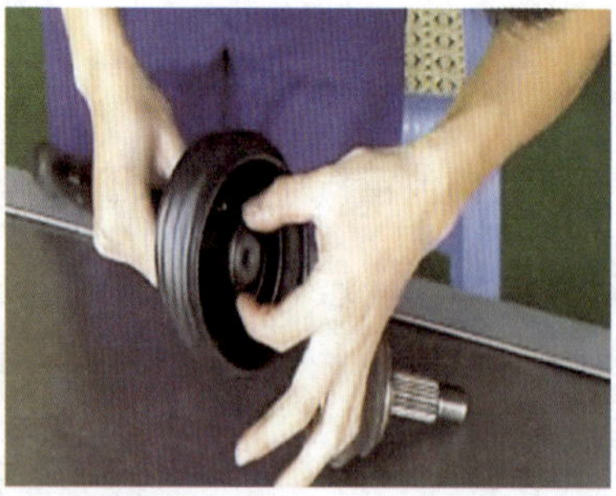</td><td>4．装上碟形弹簧。</td></tr>
</table>

	5．装上外等速万向节，并将压入的润滑脂搅拌均匀。
	6．用力摆动外等速万向节，应运动自如，无运动干涉。
	7．将两个旧的夹箍换成新品，并用卡环钳将其夹紧。
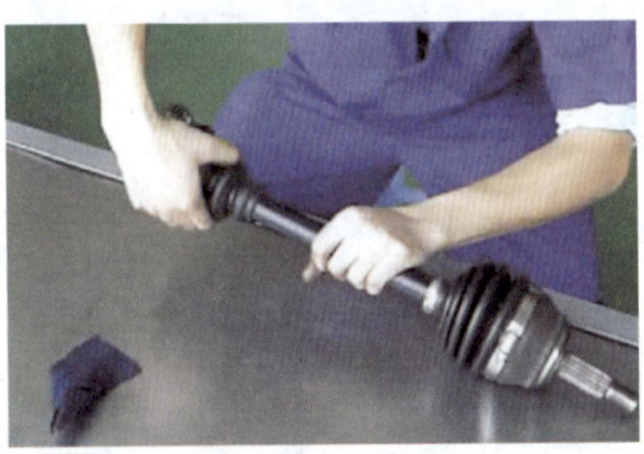	8．将内等速万向节的防尘套安装复位。
	9．装上碟形弹簧。

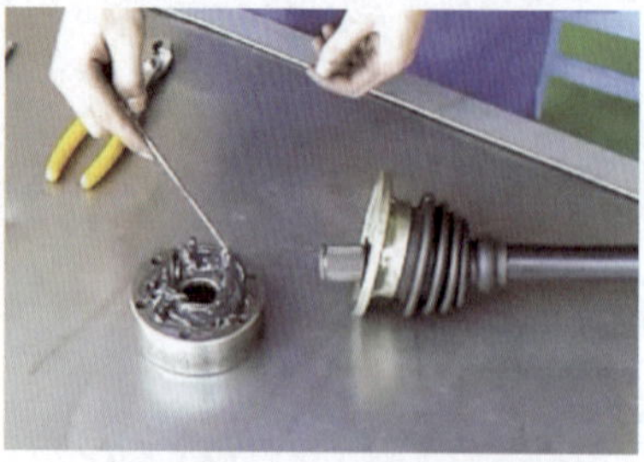	10．向内等速万向节中压入适量的润滑脂，并搅拌均匀。
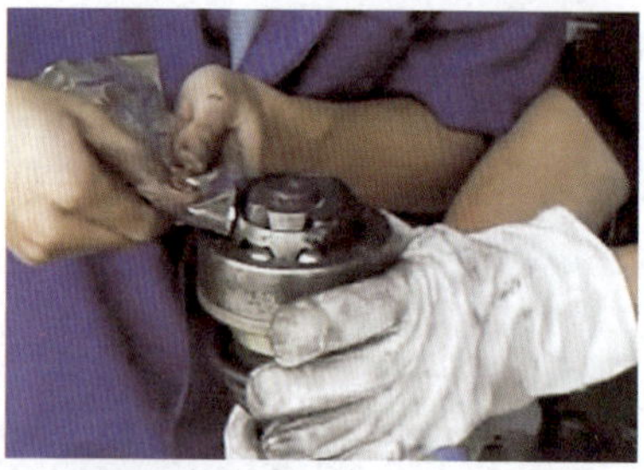	11．装上内等速万向节，使其上下运动自如，然后压入适量的润滑脂。
	12．装上新密封垫。
	13．将剩余的润滑脂压入内等速万向节内。
	14．装上连接用紧固螺栓。

	15．将传动轴的两个万向节连接定位。先将内等速万向节与变速器万向法兰连接，然后将外等速万向节与轮毂轴承连接。
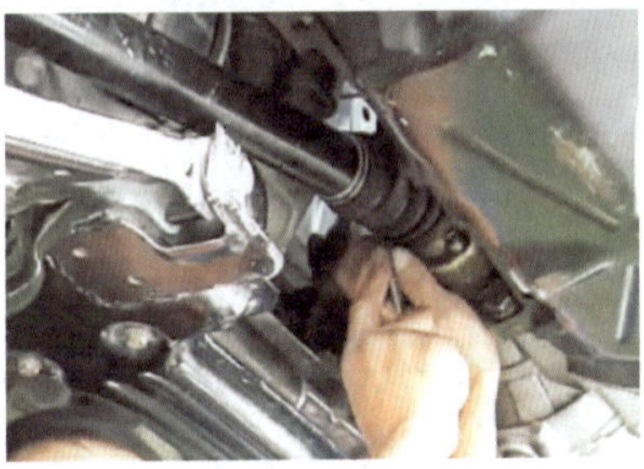	16．拧紧连接变速器万向法兰与内等速万向节的紧固螺栓。
	17．将下摆臂球头安装复位，并拧紧紧固螺栓。
	18．装上转向轴球头，并拧紧自锁螺母。
	19．将车轮轴承的锁紧螺母拧紧。

考评标准表——传动轴的拆装　　时间：45 min

项目	分值	评分标准与指导	评价结果
正确使用工具	10	工具使用不当酌情扣分，并指正	
拆卸下摆臂球头螺栓	10	按要求酌情扣分，并指正	
拆卸连接车轮轴承套与减振器的紧固螺栓	10	按要求酌情扣分，并指正	
拆卸防尘套夹箍，取出防尘套	10	按要求酌情扣分，并指正	
将滚珠装入内等速万向节座内，上下推动，应运动自如	10	按要求酌情扣分，并指正	
安装内等速万向节，使其上下运动自如	10	按要求酌情扣分，并指正	
将传动轴两端及防尘套口涂上润滑油并装复	10	按要求酌情扣分，并指正	
装上转向轴球头，并拧紧自锁螺母	10	按要求酌情扣分，并指正	
零件、工具摆放是否整齐	10	按要求酌情扣分，并指正	
遵守相关安全操作规范	10	因违规操作发生人身和设备事故，终止考核，成绩按 0 分计 超时每分钟扣 1 分，超时 10 min 终止考核	
分数合计	100		

任务 2　万向节的拆装

实训目标

1. 了解万向节的功用、分类、结构和组成。
2. 能够熟练拆卸和安装万向节总成。

实训准备

1. 设备：多功能套筒扳手 1 套、双头两用扳手 1 套、钳子、旋具、桑塔纳 2000 轿车专用工具 1 套、桑塔纳整车 1 台、CA1091 整车 1 台。

2. 材料：球笼式、十字轴式万向节若干，配套学习材料每人 1 套。

3. 场地：汽车底盘拆装（一体化）实训室。

工作任务

一辆赛拉图轿车的车主来到4S店，车辆在正常行驶过程中，底盘发出连续的“嗡嗡”声，且车速越快声音越大，减速后响声也不消失，感觉响声来自于座椅后下方。维修人员对汽车底盘传动系进行初步检查后，发现是万向节有问题，需对其进行更换。作为一名汽车维修工，应该怎样面对这样的问题？本任务要求学生了解万向节的结构与组成，并在此基础上能够对万向节总成进行拆装。

知识储备

一、万向节的功用与分类

1. 万向节的功用

万向节是万向传动装置中实现变角度传动的主要部件。

2. 万向节的分类

万向节按其刚度大小，可分为刚性万向节和柔性万向节。

刚性万向节又可分为不等速万向节（如十字轴式万向节）、准等速万向节（如双联式万向节、三销轴式万向节）和等速万向节（如球笼式万向节、球叉式万向节）。等速与不等速是以从动轴在随着主动轴转动时，两者的转动角速率是否相等来区分的。主动轴和从动轴的平均转速是相等的。目前，在汽车上应用较多的是十字轴式刚性万向节和等速万向节。

二、万向节的结构与组成

1. 十字轴式刚性万向节

十字轴式刚性万向节由万向节叉、传动轴叉、十字轴、滚针轴承等组成。

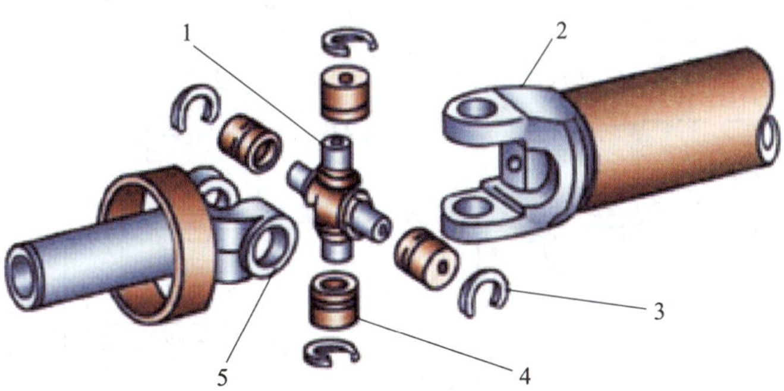

十字轴式刚性万向节

1—十字轴　2—传动轴叉　3—卡环　4—轴承　5—万向节叉

2. 等速万向节

等速万向节的基本原理是传力点永远位于两轴交点的平分面上。

等速万向节有球笼式、球叉式等结构形式，其中球笼式等速万向节又分为固定型球笼式万向节和伸缩型球笼式万向节。

（1）固定型球笼式万向节

固定型球笼式万向节由星形套、球形壳、保持架（球笼）、钢球等组成。

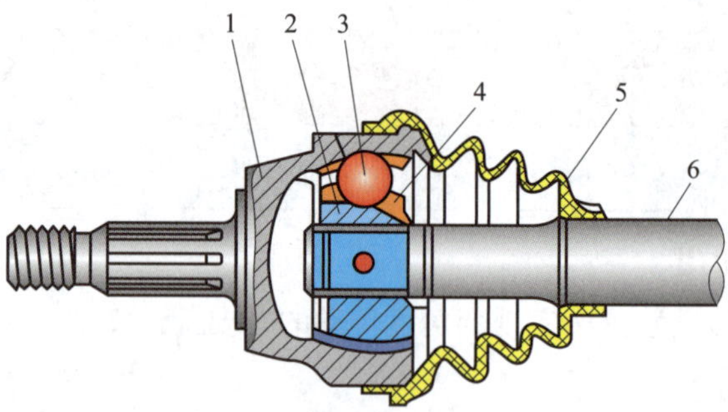

固定型球笼式万向节

1—球形壳（外滚道） 2—星形套（内滚道） 3—钢球
4—保持架 5—防尘罩 6—传动轴

（2）伸缩型球笼式万向节

伸缩型球笼式万向节的内、外滚道是圆筒形的，在传递转矩的过程中，星形套与筒形壳体可以沿轴向相对移动，故可省去其他万向传动装置中必须有的滑动花键。

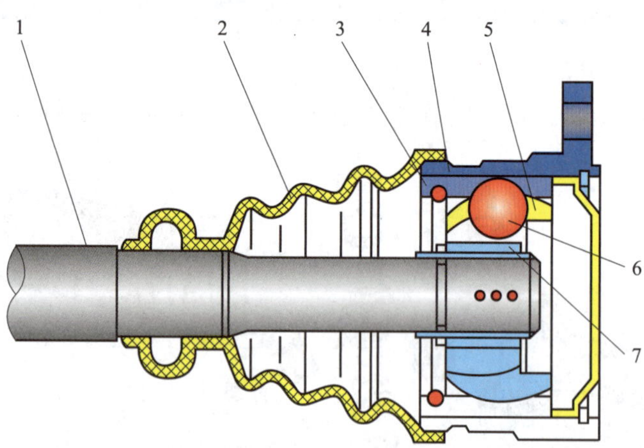

伸缩型球笼式万向节

1—传动轴 2—防尘罩 3—筒形壳（外滚道） 4—外壳
5—保持架 6—钢球 7—星形套（内滚道）

任务实施

一、拆卸万向节总成

	1．把半轴从车上拆下来。
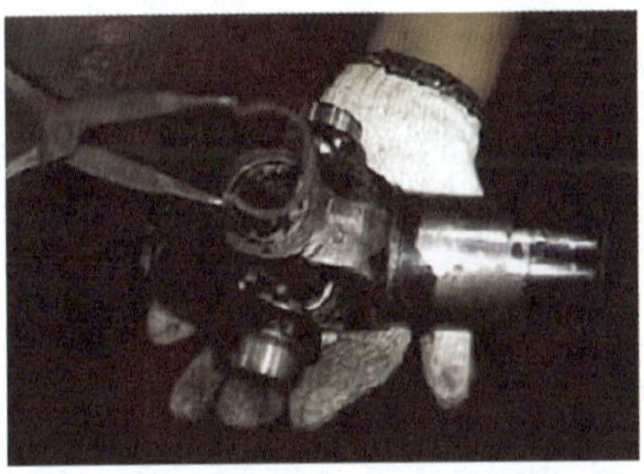	2．将传动万向节卡环拆下来。
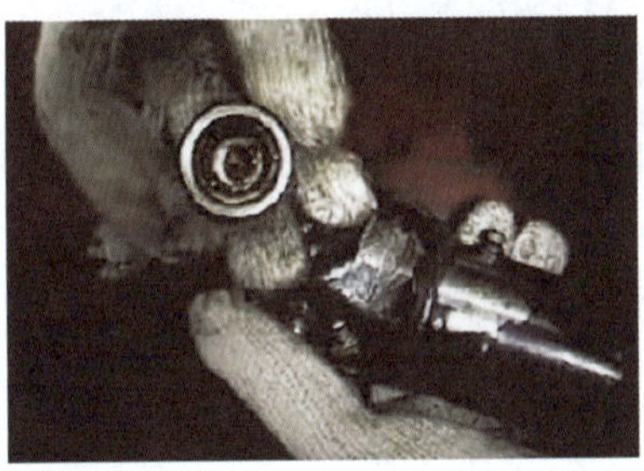	3．拆卸滚针轴承总成，取下凸缘叉。
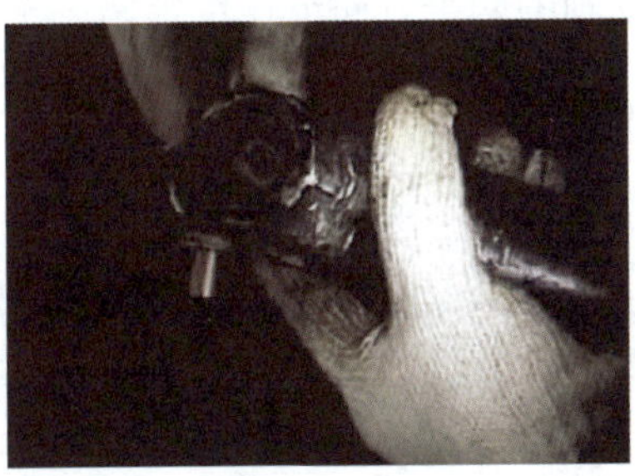	4．取出十字轴。

二、安装万向节总成	
	1．装回十字轴。
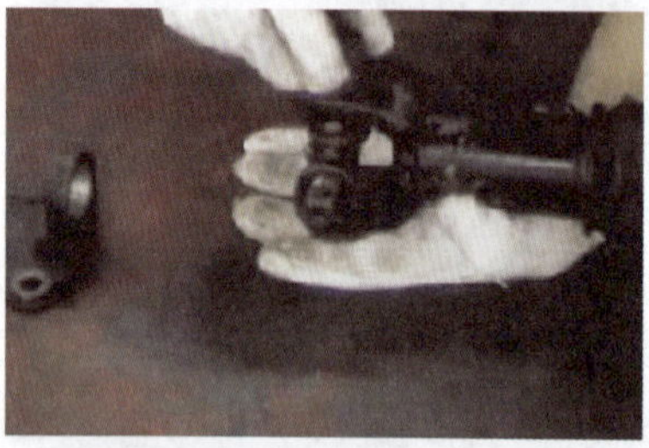	2．装回滚针轴承总成及凸缘叉。
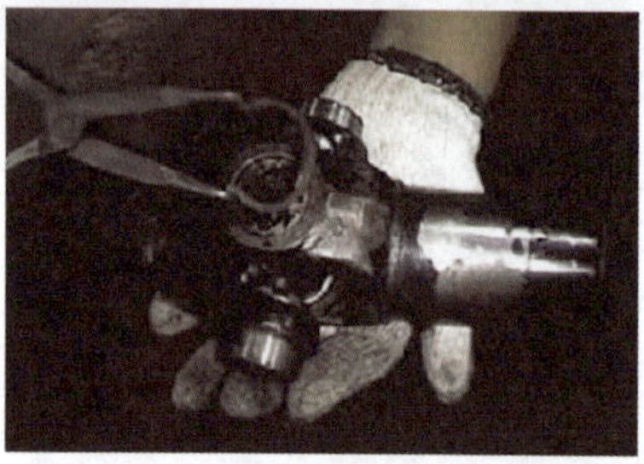	3．装回卡环。
	4．将万向节装复好。
	5．将传动轴的两个万向节连接定位。先将内等速万向节与变速器万向法兰连接，然后将外等速万向节与轮毂轴承连接。 6．其余步骤参见课题四任务一“安装传动轴总成”第 16 步～第 19 步。 7．安装完毕。

考评标准表——万向节的拆装　　　时间：45 min

项目	分值	评分标准与指导	评价结果
正确使用工具	10	工具使用不当酌情扣分，并指正	
拆卸半轴	10	按要求酌情扣分，并指正	
拆卸传动万向节卡环	10	按要求酌情扣分，并指正	
拆卸滚针轴承总成，取下凸缘叉	10	按要求酌情扣分，并指正	
安装十字轴、滚针轴承总成及凸缘叉	10	按要求酌情扣分，并指正	
安装卡环和万向节	10	按要求酌情扣分，并指正	
安装下摆臂球头和转向轴球头	10	按要求酌情扣分，并指正	
安装车轮轴承的锁紧螺母	10	按要求酌情扣分，并指正	
零件、工具摆放是否整齐	10	按要求酌情扣分，并指正	
遵守相关安全操作规范	10	因违规操作发生人身和设备事故，终止考核，成绩按 0 分计 超时每分钟扣 1 分，超时 10 min 终止考核	
分数合计	100		

课题五 驱动桥装置的拆装

任务1 主减速器的拆装

实训目标

1. 了解驱动桥的组成及分类。
2. 了解主减速器的作用及类型。
3. 能够熟练拆卸和安装主减速器总成。

实训准备

1. 设备：整车2辆、举升机2台、常用工具2套、专用拆装工具2套。
2. 材料：柱式、剪式举升机使用说明手册各1套，配套学习材料每人1套。
3. 场地：汽车底盘拆装（一体化）实训室。

工作任务

一辆桑塔纳2000轿车在行驶时发生驱动桥异响故障，经维修人员初步检查，判断其是由减速器主动、从动齿轮啮合印痕不当引起的故障，必须更换主减速器。作为一名汽车维修工，应该怎样面对这样的问题？本任务要求了解主减速器的结构和组成，并在此基础上能够对主减速器总成进行拆装。

知识储备

一、驱 动 桥

驱动桥是传动系的最后一个总成，主要由主减速器、差速器、半轴和桥壳等组成，其功用是将万向传动装置传来的动力传给驱动车轮，并实现降速和增大转矩的目的，而且可使左、右驱动车轮以不同的转速旋转。

驱动桥一般有非断开式和断开式两种。

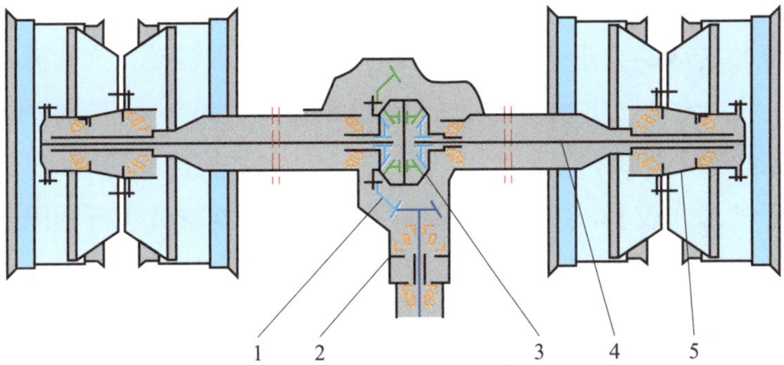

非断开式驱动桥

1—主减速器　2—驱动桥外壳　3—差速器　4—半轴　5—轮毂

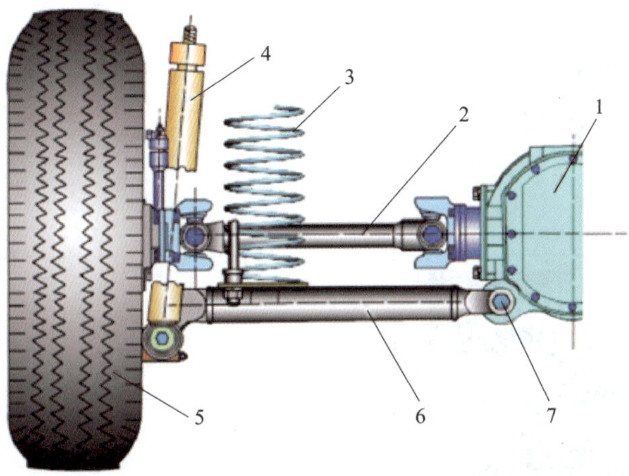

断开式驱动桥

1—主减速器　2—半轴　3—弹性元件　4—减振器　5—车轮　6—摆臂　7—摆臂轴

二、主减速器

1. 主减速器的作用

汽车主减速器最主要的作用是降低转速，增大转矩。发动机的输出功率是一定的，根据功率的计算公式 $W=Fv$（功率 = 转矩 × 速度）可知，当通过主减速器将传动速度降下来以后，能获得比较高的输出转矩，从而得到较大的驱动力。主减速器的作用就是减速，其减速比一般在 5 ~ 7 之间，即输入 5 ~ 7 r，输出 1 r，减速的基本原理就是利用小齿轮（主动锥齿轮）带动大齿轮（从动锥齿轮）转动，从而实现减速。将主减速器布置在动力向驱动轮分流之前的位置，有利于减小其前面传动部件（如离合器、变速器、传动轴等）所传递的转矩，从而减小这些部件的尺寸和质量。

另外，在纵置式发动机中，主减速器还具有改变转矩方向的作用。变速器输出的是一个绕纵轴转动的力矩，而车轮必须绕车辆的横轴转动，这就需要有一个装置来改变动力的传输方向，主减速器可以起到这种作用。

2. 主减速器的类型

主减速器的形式较多，按不同的使用要求，其结构形式也不相同。按参与减速传动的齿轮副数目不同可分为单级主减速器和双级主减速器两种。

任务实施

一、拆卸主减速器总成

	1. 举升车辆，将驱动桥总成拆下。
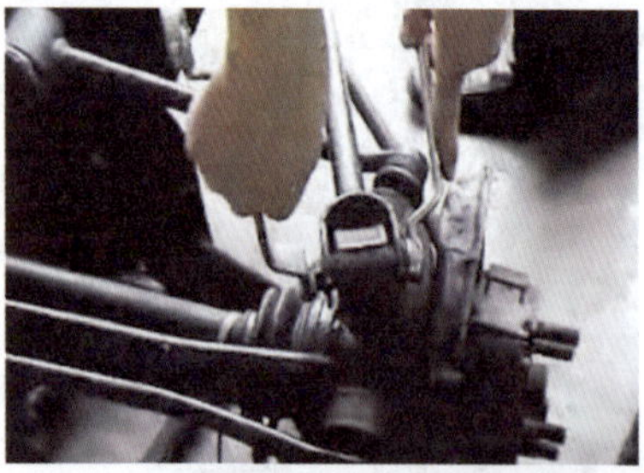	2. 用套筒扳手工具将驱动桥纵拉杆拆下。
	3. 将驱动桥纵拉杆的固定螺栓拆下。
	4. 用套筒扳手工具拆卸驱动桥横拉杆。

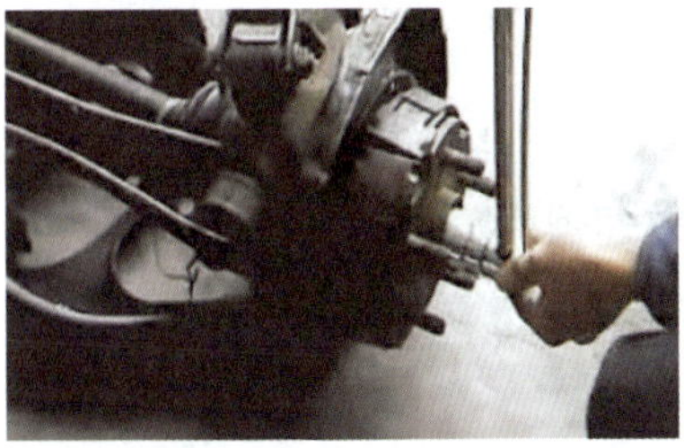	5．用扭力扳手拆下左、右传动轴万向节总成。
	6．拆卸主减速器壳体上的固定螺栓。
	7．取出主减速器总成。
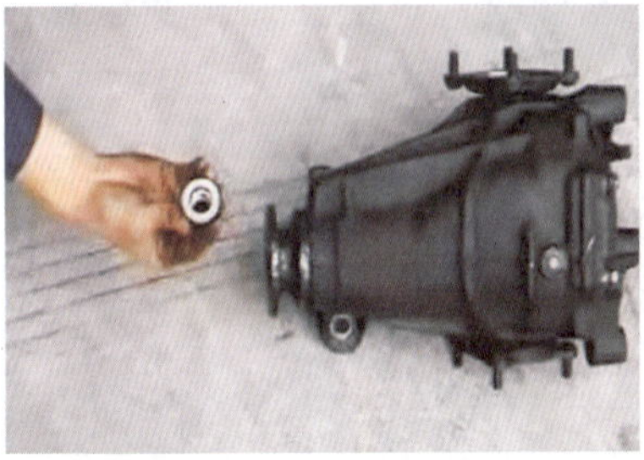	8．拆卸主传动轴固定螺栓。
	9．取下凸缘。

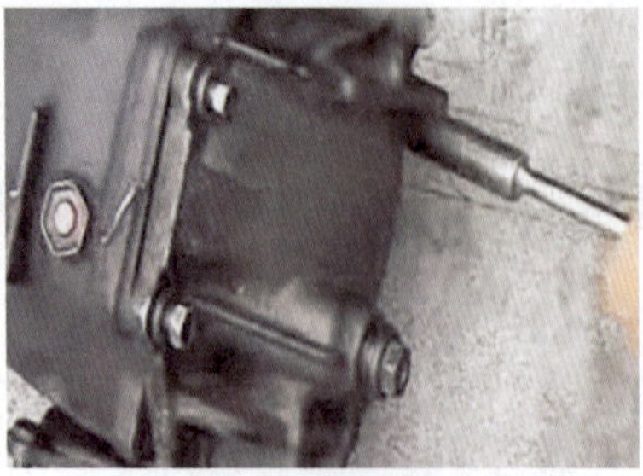	10．拆卸差速器底盖。
	11．拆卸差速器左、右轴承盖。
	12．拆卸差速器左、右凸缘。
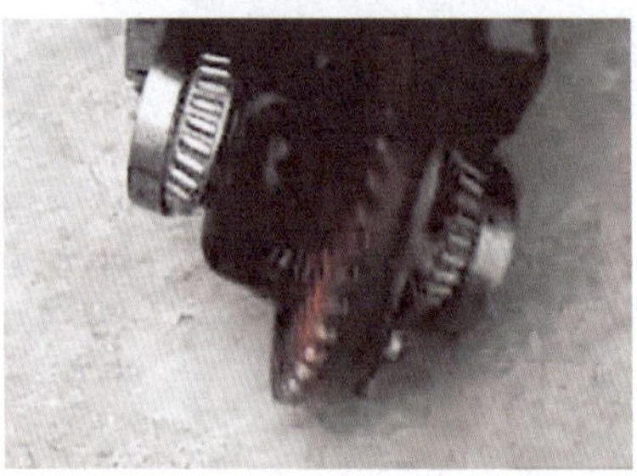	13．取出差速器总成。
	14．取出调整垫片。

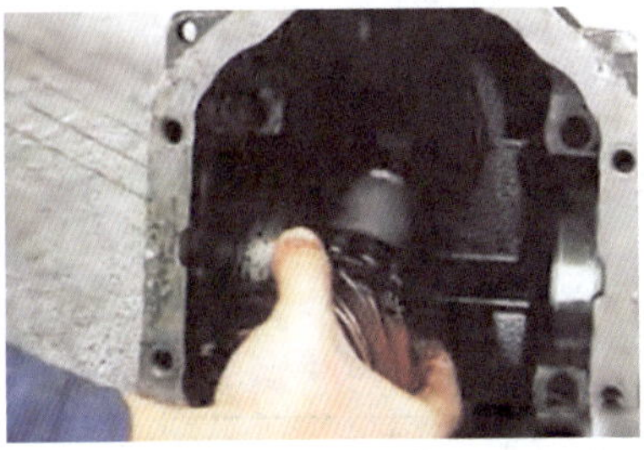	15．取出主传动轴。
	16．拆卸完毕。
二、安装主减速器总成	
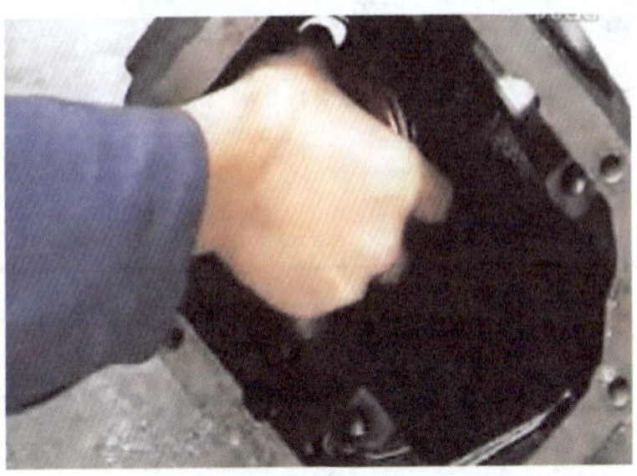	1．将主传动轴装回壳体。
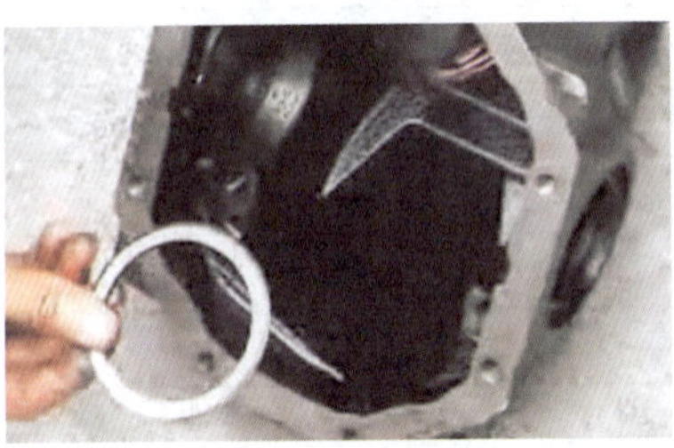	2．安装调整垫片。
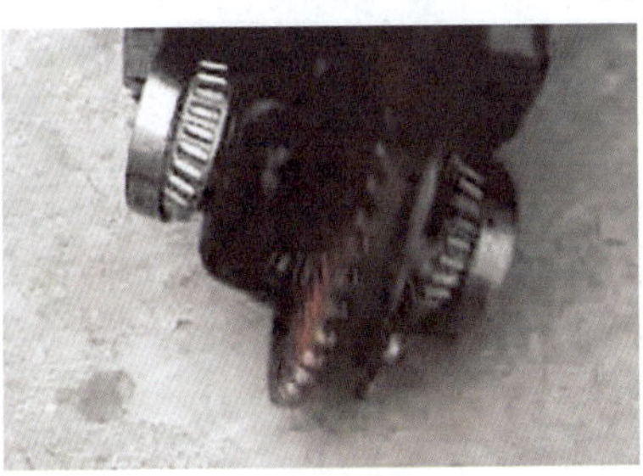	3．安装差速器总成。

	4．安装凸缘。
	5．安装主传动轴螺栓。
	6．安装主减速器固定螺栓。

考评标准表——主减速器的拆装　　时间：60 min

项目	分值	评分标准与指导	评价结果
正确使用工具	10	工具使用不当酌情扣分，并指正	
拆卸驱动桥总成	10	按要求酌情扣分，并指正	
拆卸驱动桥纵拉杆	5	按要求酌情扣分，并指正	
拆卸驱动桥横拉杆	5	按要求酌情扣分，并指正	
拆卸左右传动轴万向节总成	10	按要求酌情扣分，并指正	
拆卸主减速器总成	10	按要求酌情扣分，并指正	
拆卸差速器总成	10	按要求酌情扣分，并指正	
安装差速器总成	10	按要求酌情扣分，并指正	
安装主减速器总成	10	按要求酌情扣分，并指正	
零件、工具摆放是否整齐	10	按要求酌情扣分，并指正	
遵守相关安全操作规范	10	因违规操作发生人身和设备事故，终止考核，成绩按 0 分计 超时每分钟扣 1 分，超时 10 min 终止考核	
分数合计	100		

任务 2　差速器的拆装

实训目标

1. 了解差速器的作用类型及组成。
2. 能够熟练拆卸和安装差速器总成。

实训准备

1. 设备：整车 2 辆、举升机 2 台、常用工具 2 套、专用拆装工具 2 套。
2. 材料：柱式、剪式举升机使用说明手册各 1 套，配套学习材料每人 1 套。
3. 场地：汽车底盘拆装（一体化）实训室。

工作任务

一辆起亚福瑞迪轿车累计行驶约 8 万公里。车主在行驶过程中发现汽车动力不足，驱动轮打滑，将车辆送汽车修理厂进行诊断和维修。维修人员在故障诊断后判断为差速器故障。作为一名汽车维修工，应该怎样面对这样的问题？本任务要求学生了解差速器的作用、类型及组成，并在此基础上能够对差速器总成进行拆装。

知识储备

一、差速器的作用与类型

1. 差速器的作用

汽车转弯时，内侧车轮和外侧车轮的转弯半径不同，外侧车轮的转弯半径要大于内侧车轮的转弯半径，这就要求在转弯时外侧车轮的转速要高于内侧车轮的转速。差速器的作用就是满足汽车转弯时两侧车轮转速不同的要求。当汽车转弯行驶或在不平路面上行驶时，差速器使左右车轮以不同转速滚动，调整左右车轮的转速差，保证两侧驱动车轮作纯滚动运动。

2. 差速器的类型

差速器按用途不同，可分为轮间差速器和轴间差速器；按工作特性不同，可分为普通圆锥齿轮差速器和防滑差速器。

二、差速器的组成

载重汽车常用的差速器主要由差速器壳、2 个圆锥半轴齿轮、4 个圆锥行星齿轮和行星齿轮轴等组成。

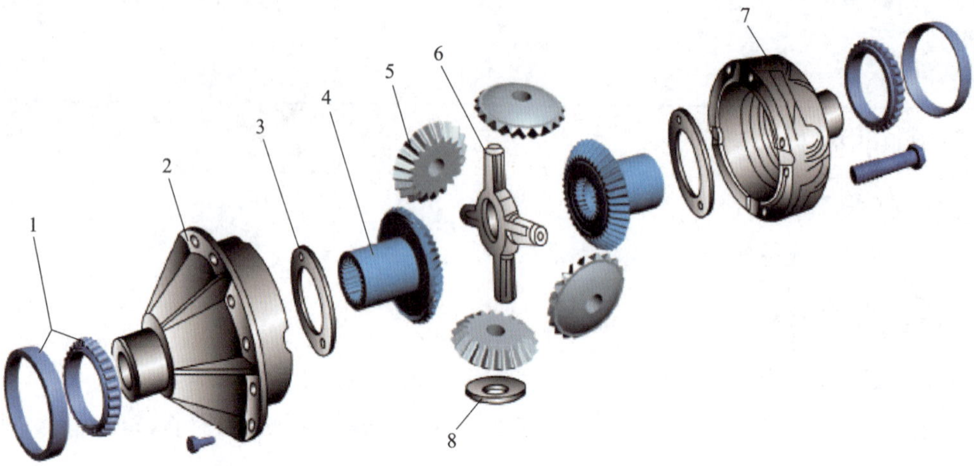

常用汽车差速器的组成

1—圆锥滚子轴承　2—差速器壳（左）　3—半轴齿轮垫片　4—半轴齿轮　5—行星齿轮
6—行星齿轮轴（十字轴）　7—差速器壳（右）　8—行星齿轮垫片

任务实施

一、拆卸差速器总成

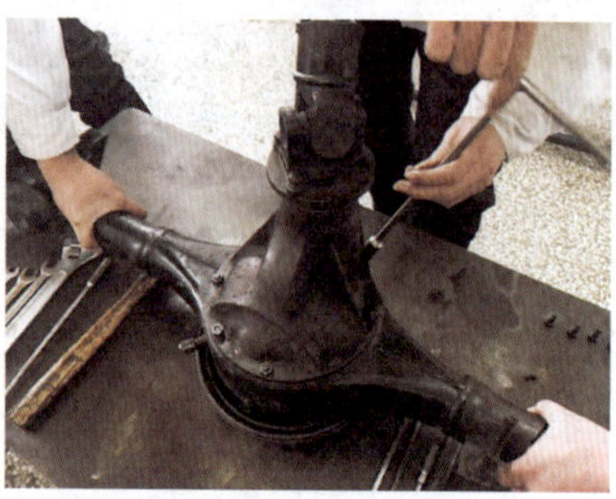	1．将驱动桥壳体垂直放置，用套筒工具拆卸 8 颗固定螺栓。
	2．将主减速器壳体拆下。

	3．将主减速器放在平台上。
	4．拆下主减速器固定盖上的连接紧固螺栓。
	5．拆下左右两侧固定端盖。

	6．用粉笔在主减速器壳体上做好标记。
	7．用粉笔在调整螺母固定端两侧做好标记。
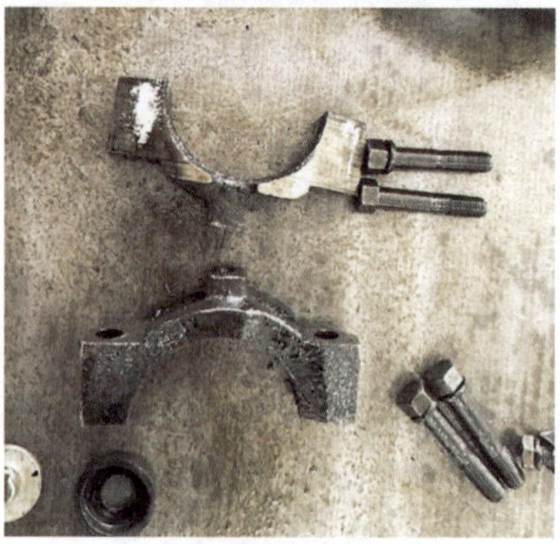	8．将两端的固定端盖拆下并保管好。
	9．取出调整螺栓。

	10．将主减速器的凸缘端固定螺栓拆下。
	11．将固定盘取下。
	12．用手锤和专用工具将主减速器总成上的定位销拆下。

<table>
<tr><td>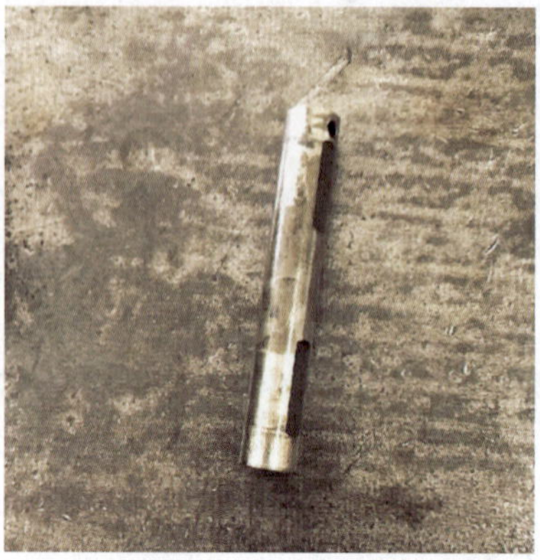</td><td>13．取下定位销。</td></tr>
<tr><td></td><td>14．取下差速齿轮。</td></tr>
<tr><td></td><td>15．取出差速齿轮垫片。</td></tr>
<tr><td></td><td>16．取出行星齿轮。</td></tr>
</table>

	17．取出行星齿轮垫片。
	18．差速器总成拆卸完毕。
二、安装差速器总成	
	1．分别将差速齿轮和行星齿轮装入差速器壳体中。

<table>
<tr><td></td><td>2．安装法兰盘。</td></tr>
<tr><td></td><td>3．安装轴套。</td></tr>
<tr><td></td><td>4．将差速器总成装入差速器壳体内。</td></tr>
</table>

<table>
<tr><td></td><td>5．安装差速器固定轴承。</td></tr>
<tr><td></td><td>6．安装固定端轴瓦盖。</td></tr>
<tr><td></td><td>7．安装调整螺母。
注意：
◆ 此时应根据需要对差速器的啮合齿轮间隙进行调整并紧固。</td></tr>
<tr><td></td><td>8．将差速器壳体上的螺栓紧固。</td></tr>
</table>

	9．差速器总成装配完毕。

考评标准表——差速器的拆装　　　时间：60 min

项目	分值	评分标准与指导	评价结果
正确使用工具	10	工具使用不当酌情扣分，并指正	
拆卸主减速器壳体、凸缘端	10	按要求酌情扣分，并指正	
拆卸差速齿轮、垫片和行星齿轮	10	按要求酌情扣分，并指正	
安装差速齿轮和行星齿轮	10	按要求酌情扣分，并指正	
安装法兰盘	10	按要求酌情扣分，并指正	
安装差速器总成	10	按要求酌情扣分，并指正	
安装差速器固定轴承	10	按要求酌情扣分，并指正	
安装差速器调整螺母	10	按要求酌情扣分，并指正	
零件、工具摆放是否整齐	10	按要求酌情扣分，并指正	
遵守相关安全操作规范	10	因违规操作发生人身和设备事故，终止考核，成绩按 0 分计 超时每分钟扣 1 分，超时 10 min 终止考核	
分数合计	100		

任务 3　半轴与桥壳的拆装

实训目标

1. 了解半轴与桥壳的作用、类型及结构。
2. 掌握从整车上拆下传动轴总成的方法。
3. 熟练掌握半轴总成的拆装步骤。

实训准备

1. 设备：整车 2 辆、举升机 2 台、常用工具 2 套、专用拆装工具 2 套。
2. 材料：柱式、剪式举升机使用说明手册各 1 套，配套学习材料每人 1 套。
3. 场地：汽车底盘拆装（一体化）实训室。

工作任务

一辆起亚福瑞迪轿车累计行驶约 8 万公里。车主在正常行驶过程中突然发现动力中断，将车辆拖回汽车修理厂进行诊断和维修。维修人员进行故障诊断后得出的故障结论是：半轴内部有故障，要对其进行检修的前提是拆卸半轴与桥壳。作为一名汽车维修工，应该怎样面对这样的问题？本任务要求学生了解半轴与桥壳的作用、类型及结构，并在此基础上能够对半轴与桥壳进行拆装。

知识储备

一、半　轴

1. 半轴的作用

半轴的作用是将差速器传来的动力传给驱动轮。因其传递的转矩较大，常制成实心轴。

2. 半轴的分类

半轴根据其支承形式的不同，可分为全浮式和半浮式两种。

(1) 全浮式半轴

全浮式半轴广泛应用于各种货车上。这种半轴只在两端承受转矩，不承受其他任何反力和弯矩，所以称为全浮式半轴，所谓“浮”是对卸除半轴的弯曲载荷而言。

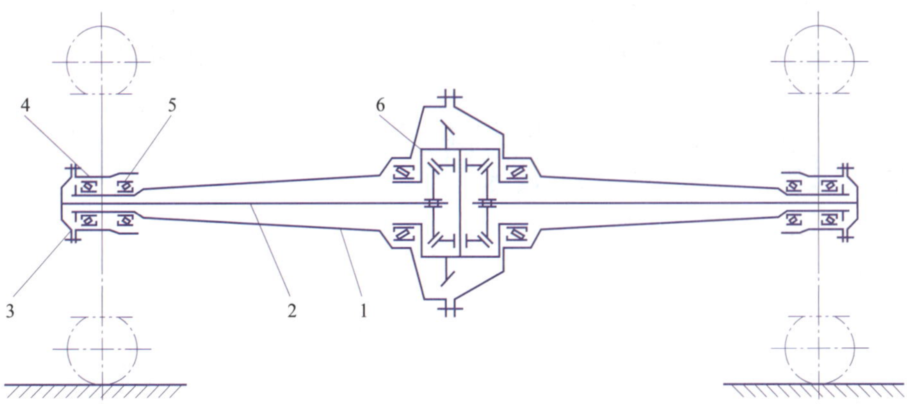

全浮式半轴支承示意图

1—桥壳　2—半轴　3—半轴凸缘　4—轮毂　5—轴承　6—主减速器

全浮式半轴便于拆装，只需拧下半轴凸缘上的轮毂螺栓，即可将半轴抽出，而车轮和桥壳照样能支撑住汽车。

(2) 半浮式半轴

这种半轴外端不仅要承受转矩，还要承受各种反力及其形成的弯矩。半轴内端通过花键与半轴齿轮连接，不承受弯矩，故称这种支承形式为半浮式半轴支承。

半浮式半轴结构简单，但半轴的受力情况复杂，且拆装不便，多用于反力、弯矩较小的各类轿车上。

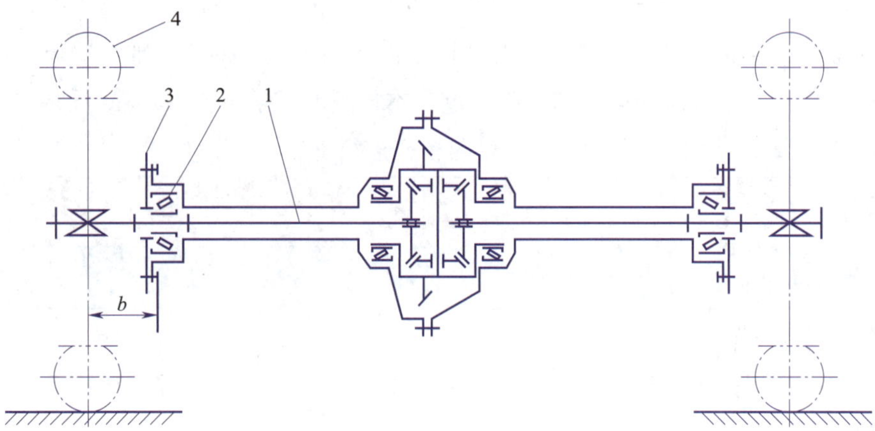

半浮式半轴支承示意图

1—半轴　2—圆锥滚子轴承　3—轴承盖　4—车轮

3. 半轴的结构

半轴的结构因驱动桥结构形式的不同而异。整体式驱动桥中的半轴为一刚性整轴，而转向驱动桥和断开式驱动桥中的半轴则分段，并用万向节连接。半轴内端一般制有外花键与半轴齿轮连接。半轴外端有的直接在轴端锻造出凸缘盘；有的制成花键与单独制成的凸缘盘滑动配合；还有的制成锥形，并通过键和螺母与轮毂固定连接。

二、桥　　壳

1. 桥壳的作用

驱动桥壳的主要作用是支撑汽车质量，承受由车轮传来的路面的反力和反力矩，并经悬架传给车架（或车身）；同时，它又是主减速器、差速器、半轴的装配基体。

2. 桥壳的类型

驱动桥桥壳按照结构形式不同，可分为整体式桥壳和分段式桥壳两种。

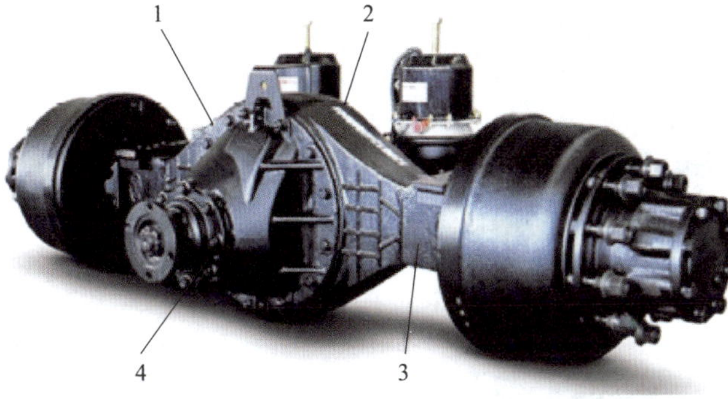

整体式桥壳

1—空心梁　2—后盖　3—半轴套管　4—主减速器壳

分段式桥壳

驱动桥桥壳按照制造工艺不同，可分为冲焊桥壳和铸造（铸铁、铸钢）桥壳等。传统的铸造桥壳具有刚度大、变形小、成本低等优点，但是制造周期长、工艺复杂、效率较低。冲焊桥壳具有外观好、质量小、清洁度高、故障率低等优点，冲焊技术正在逐步替代铸造技术。

任务实施

一、拆卸半轴与桥壳

1．举升汽车，将车轮拆下。

	2．用工具拆卸内等速万向节与变速器万向法兰固定螺钉。
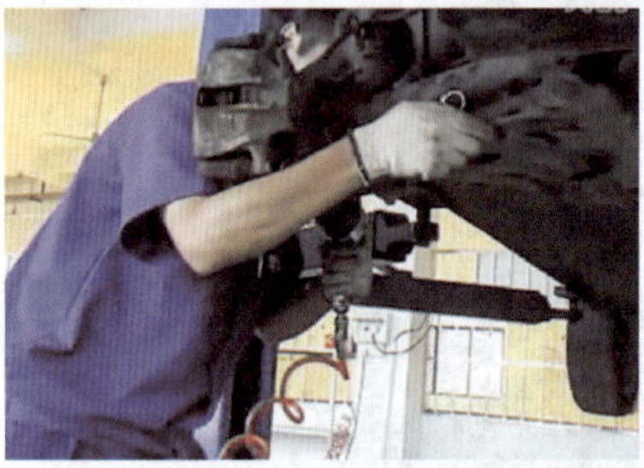	3．拆卸下摆臂球头螺栓。
	4．拆卸车轮轴承套与减振器的连接紧固螺栓。
	5．用顶杆将传动轴与制动器分离。
	6．将驱动桥总成放置在工作台上。

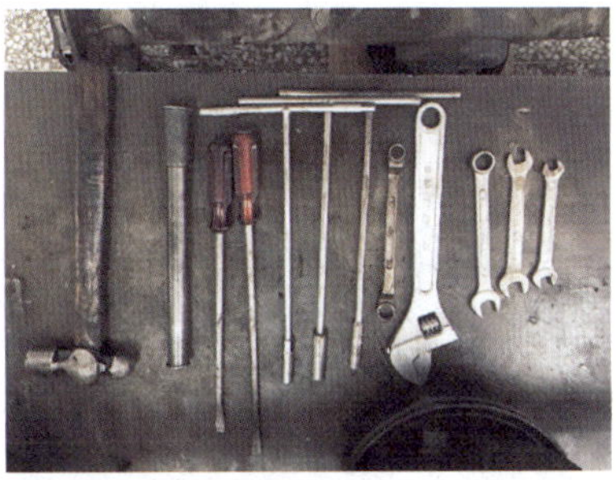	7. 准备好拆卸工具。
	8. 将制动器外壳体拆下。
	9. 将制动蹄片拆下。
	10. 将制动主缸拆下。
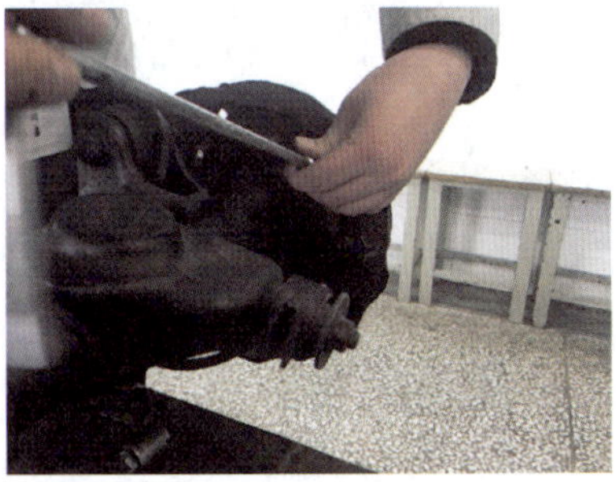	11. 用套筒扳手将制动主缸后端的 2 颗固定螺栓拆下。

	12．取下制动主缸。
	13．拆卸制动器固定底板。
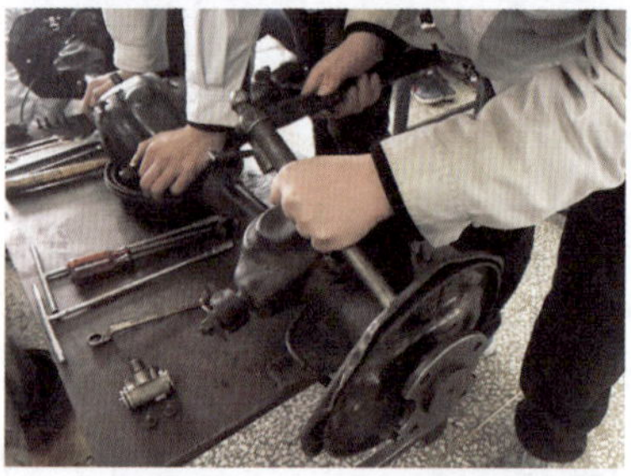	14．用锤子敲出制动器固定底板。
	15．取出半轴总成。
	16．将半轴总成带有花键的一端搭在平台上。

<table>
<tr><td>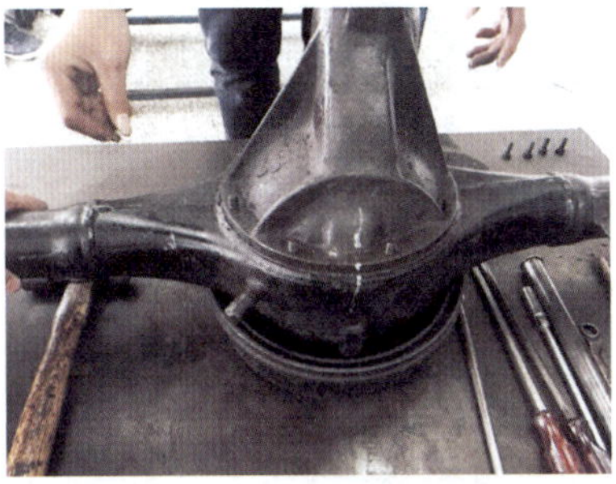</td><td>17. 用粉笔在驱动桥桥壳中间位置做一个标记。</td></tr>
<tr><td>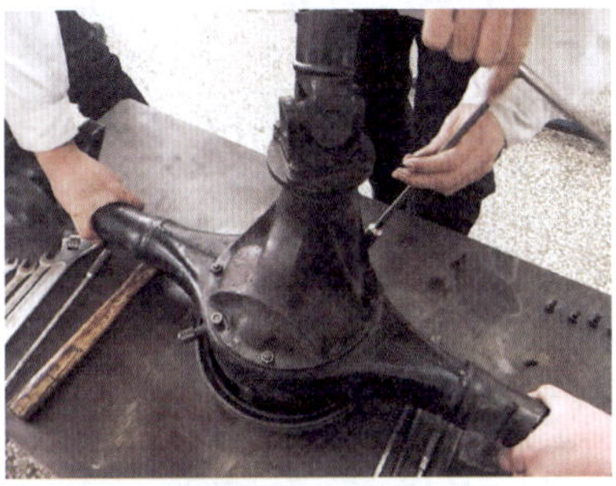</td><td>18. 将驱动桥桥壳垂直放置，用套筒工具拆卸 8 颗固定螺栓。</td></tr>
<tr><td></td><td>19. 将主减速器壳体拆下。</td></tr>
<tr><td>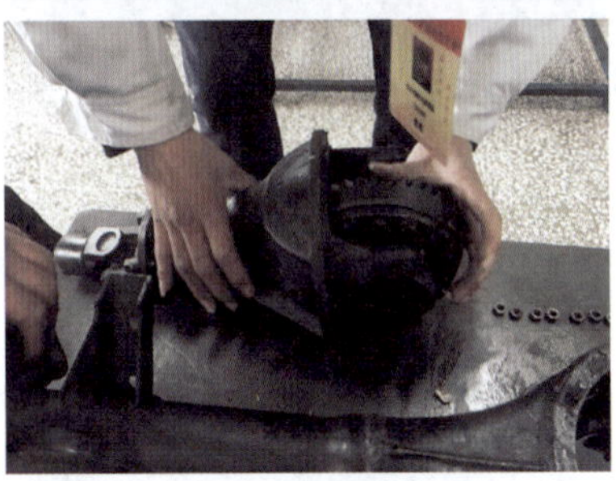</td><td>20. 将主减速器总成拆下。</td></tr>
<tr><td>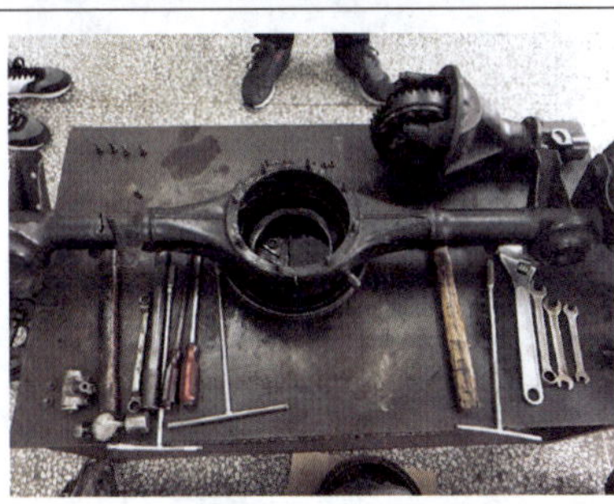</td><td>21. 桥壳总成拆卸完毕。</td></tr>
</table>

二、安装半轴与桥壳	
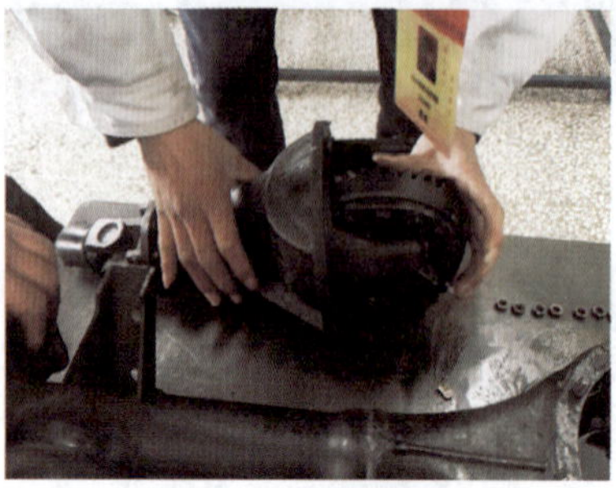	1．将主减速器总成装入桥壳内。
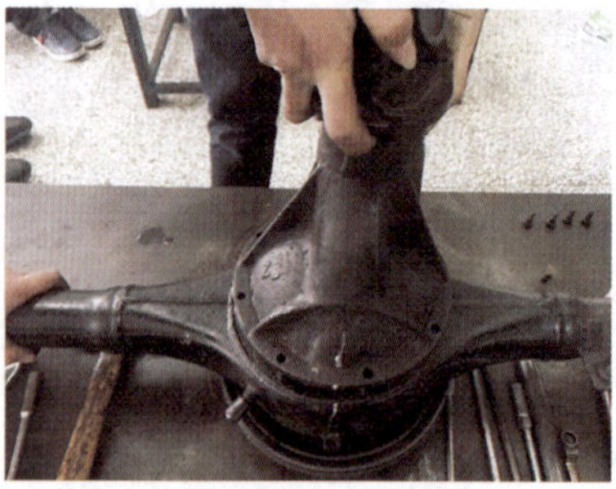	2．装复主减速器壳体。
	3．紧固 8 颗固定螺栓。
	4．用套筒工具将螺栓拧紧。

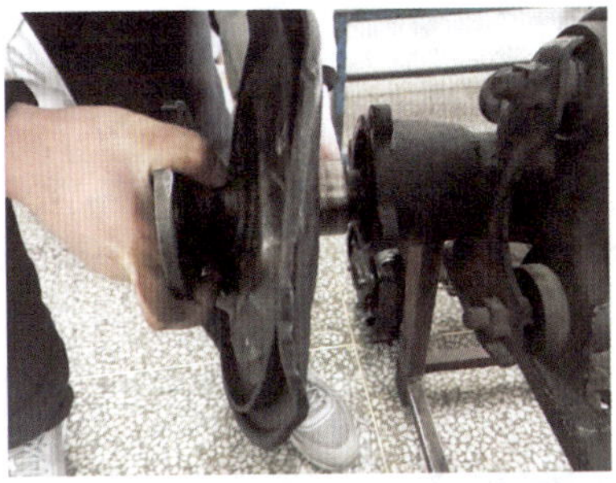	5．将半轴总成连同制动器固定踏板安装到驱动桥桥壳中。
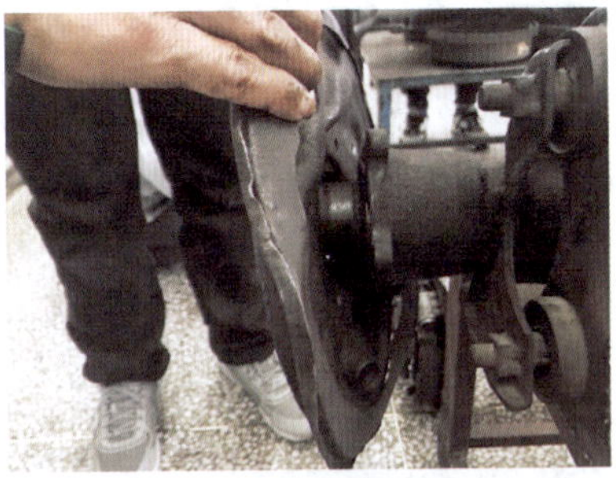	6．用力摆动外等速万向节，应运动自如，无运动干涉。
	7．在装复制动主缸之前，将固定底板螺栓孔对正。
	8．用专用套筒将制动器固定底板上的螺栓按规定力矩拧紧。
	9．安装液压主缸。

	10．将液压主缸上的固定螺栓拧紧。
	11．将制动蹄片总成安装在半轴上。
	12．将传动轴的 2 个万向节连接定位，先将内等速万向节与变速器万向法兰连接，同时将外等速万向节与轮毂轴承连接。
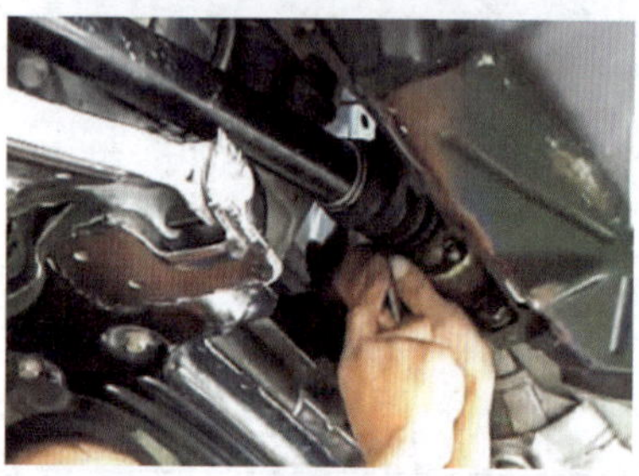	13．拧紧变速器万向法兰与内等速万向节的连接紧固螺栓。
	14．将下摆臂球头安装复位，并拧紧紧固螺栓。

	15．装上转向轴球头，并拧紧自锁螺母。
	16．将车轮轴承的锁紧螺母拧紧。
	17．将车轮轮辋上的螺栓孔套在轮胎螺栓上。 提示： ◆ 轮胎拆装后必须进行动平衡检测。可以先将最上面一个轮胎螺母旋上数周，防止车轮掉下。 18．适当旋紧螺栓，确保轮胎螺母进入轮辋锥形孔。 19．放下千斤顶，按规定力矩依次、交叉拧紧轮胎螺母。

考评标准表——半轴与桥壳的拆装　　时间：60 min

项目	分值	评分标准与指导	评价结果
正确使用工具	10	工具使用不当酌情扣分，并指正	
拆卸内等速万向节与变速器万向法兰固定螺栓	10	按要求酌情扣分，并指正	
拆卸下摆臂球头、制动器	10	按要求酌情扣分，并指正	
拆卸半轴总成和驱动桥桥壳	10	按要求酌情扣分，并指正	
拆卸主减速器总成	10	按要求酌情扣分，并指正	
安装主减速器总成	10	按要求酌情扣分，并指正	
安装驱动桥桥壳和半轴总成	10	按要求酌情扣分，并指正	
安装制动器和下摆臂球头	10	按要求酌情扣分，并指正	
零件、工具摆放是否整齐	10	按要求酌情扣分，并指正	
遵守相关安全操作规范	10	因违规操作发生人身和设备事故，终止考核，成绩按 0 分计 超时每分钟扣 1 分，超时 10 min 终止考核	
分数合计	100		

课题六 行驶装置的拆装

任务1 车轮和轮胎的拆装

实训目标

1. 了解车轮和轮胎的组成、类型及作用。
2. 了解轮胎拆装机的结构、使用及保养方法。
3. 能够熟练拆卸和安装车轮和轮胎。

实训准备

1. 设备：整车2辆、千斤顶2个、常用工具1套、轮胎拆装机2台。
2. 材料：轮胎拆装机使用说明手册1套、配套学习材料每人1套、轮胎专用润滑剂若干（可使用肥皂水代替）。
3. 场地：汽车底盘拆装（一体化）实训室。

工作任务

一辆赛拉图行驶约7万公里，在一次高速行驶过程中，突然右后轮爆胎，造成一死两伤的惨重事故。事故后，经过检查发现，是因为轮胎安装不正确导致了这起事故。作为一名汽车维修工，应该怎样面对这样的问题？本任务要求学生了解车轮及轮胎的结构、组成及作用，并在此基础上能够对车轮和轮胎进行拆装。

知识储备

一、车　轮

1. 车轮的作用与组成

汽车车轮的作用是安装轮胎、连接半轴或转向节，并承载汽车重量，传递半轴或转向节传来的力矩。车轮由轮毂、轮辋和轮盘等组成。轮毂通过轴承支承在半轴套管或转向节轴上，轮辋用来安装轮胎，轮盘用来连接轮毂和轮辋。

2. 轮毂

轮毂用于连接制动鼓、轮盘和半轴凸缘，一般由圆锥滚柱轴承套装在半轴套管或转向节轴颈上。

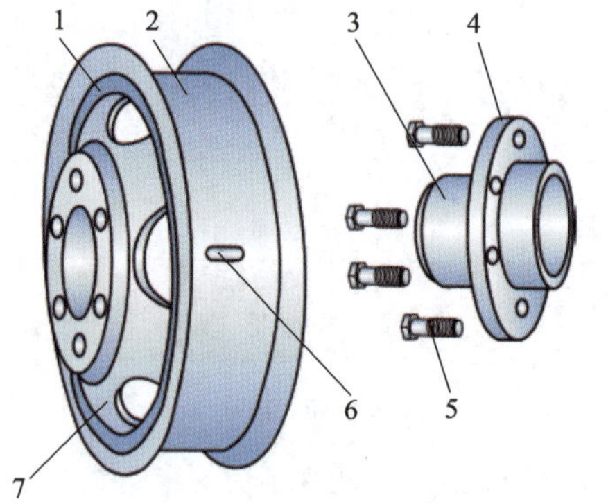

车轮的组成

1—挡圈　2—轮辋　3—轮毂　4—凸缘　5—螺栓　6—气门孔　7—辐盘

3. 轮盘

轮盘一般可分为辐板式和辐条式两种。

辐条式车轮是用几根辐条将轮辋和轮毂组装在一起，辐条与轮毂可铸造制成一体，也可用螺栓连接。辐条有钢丝辐条和铸造辐条两种结构，钢丝辐条式车轮一般用于赛车和某些高级轿车；铸造辐条式车轮，其辐条与轮毂铸造制成一体，用于装载质量较大的重型汽车。

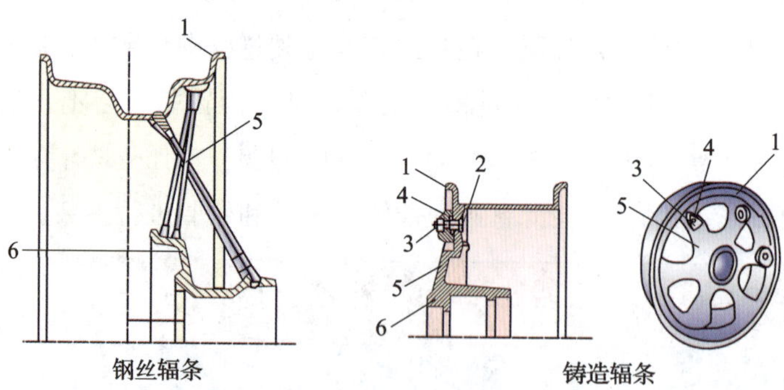

辐条式车轮的类型和结构

1—轮辋　2—配合锥面　3—螺栓　4—衬块　5—辐条　6—轮毂

4. 轮辋

轮辋俗称钢圈，用来安装和固定轮胎，由挡圈和锁圈等组成。按其结构特点，可分为深槽式轮辋、平底式轮辋和可拆式轮辋三种形式。

为了保持车轮动平衡，有些车轮在轮辋边缘夹装平衡块。若拆装或维修车轮，则会破坏原有的平衡状态，应进行动平衡试验，以重新确定平衡块的质量和夹装位置。

轮辋需与轮胎配装，原则上每种轮胎只配用一种标准轮辋，如果轮辋与轮胎配合不当，会造成轮胎过早损坏。不得已时也可配用与标准轮辋近似的允许轮辋。

二、轮　胎

1. 轮胎的作用

轮胎安装在轮辋上，直接与路面接触。它的作用是：支撑汽车的全部质量；传递驱动力和制动力；轮胎直接与路面接触，要与路面附着良好，以提高汽车的动力性、制动性和通过性；与悬架系统共同作用，缓和吸收汽车行驶时受到的冲击和振动，保证汽车有良好的乘坐舒适性和行驶平顺性。

2. 轮胎的类型

根据轮胎结构不同，充气轮胎可分为有内胎轮胎和无内胎轮胎两种。根据胎体内帘线排列方向的不同，又可分为普通斜交轮胎和子午线轮胎。

（1）普通斜交轮胎

帘布层和缓冲层各相邻层帘线交叉，且与胎中心线呈小于90°角排列的充气轮胎，称为普通斜交轮胎。普通斜交轮胎的外胎由胎圈、缓冲层、胎面和帘布层等组成。

帘布层是外胎的骨架，用以保持外胎的形状和尺寸，通常由成双数的多层帘布用橡胶贴合而成。帘布的帘线与轮胎子午断面的交角（胎冠角）一般为52°～54°，相邻层帘线相交排列。帘布层数越多，强度越大，但弹性降低。在外胎表面上通常标注有帘布层数。

普通斜交轮胎的优点是：轮胎噪声小，外胎面柔软，制造容易，价格也较子午线轮胎便宜。其缺点是：转向行驶时，接地面积小，胎冠滑移大，抗侧向力能力差；高速行驶时稳定性差，滚动阻力较大，油耗偏高，承载能力也不如子午线轮胎。

（2）子午线轮胎

子午线轮胎的帘布层帘线排列的方向与轮胎的子午断面一致。这种排列方式使帘线的强度能得到充分利用，因此子午线轮胎的帘布层数一般比普通斜交轮胎可减少约40%～50%。其胎体较柔软，弹性好。

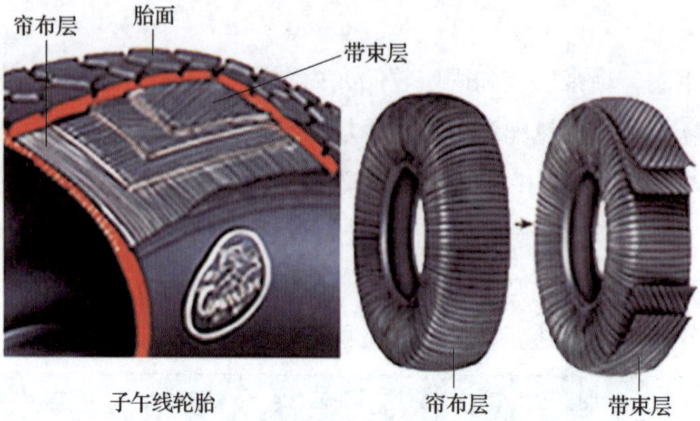

子午线轮胎的结构

三、轮胎拆装机

1. 轮胎拆装机的功用与结构

轮胎拆装机主要用于无内胎轮胎的拆装，它由脚踏板控制系统、升降杆、锁紧杠杆、夹爪、工作转盘、胎唇拆卸器、操纵杆系统、自动定心卡盘等组成。

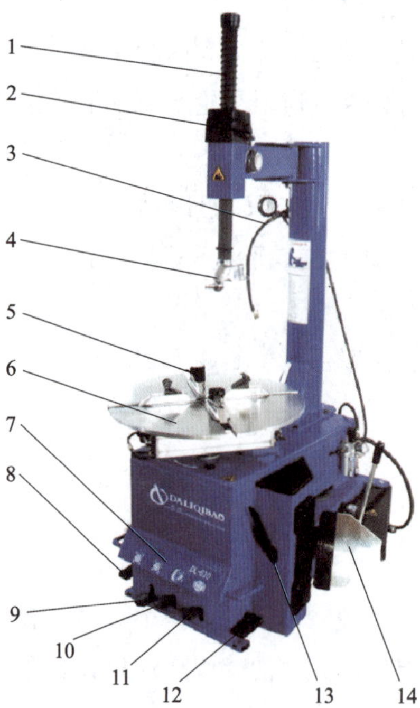

轮胎拆装机的结构

1—升降杆　2—锁紧杠杆　3—带表充气枪　4—拆装机头　5—夹爪　6—工作转盘
7—前列标志　8—正、反转踏板　9—卡爪闭合踏板　10—卡爪开启踏板
11—撑夹踏板　12—压胎踏板　13—胎撬　14—风压铲

2. 轮胎拆装机的保养

为了保证机器的效率和正常功能，应认真做好清洁和定期保养工作。注意：在进行清洁或保养工作之前，一定要先断开电源。

（1）保持转动零件的清洁，定期清洗，并涂上润滑油。

（2）检查机器中的油面高度，必要时加注液体油料。

（3）定期清除空气过滤器内形成的冷凝水。

（4）检查机器传送带的弹性张力。

（5）定期校正轮胎气压表。

3. 轮胎拆装机的技术参数

轮胎拆装机的技术参数

项目	参数值	项目	参数值	项目	参数值
工作压力	8 ～ 10 bar	额定电压	220 ～ 380 V	最大车轮直径	960 mm
电动机功率	0.75 kW/1.1 kW	转盘转数	7 r/min	轮辋外锁定尺寸	10″ ～ 18″
工作温度	0 ～ 45 ℃	最大车轮宽度	320 mm	轮辋内锁定尺寸	13″ ～ 22″

任务实施

一、拆卸车轮

1．在水平地面上旋松汽车轮胎螺母。

提示：

◆ 应防止旋松轮胎螺母时车轮旋转，汽车不顶起。

◆ 按对角顺序旋松轮胎螺母。

2．用千斤顶顶起车身，使车轮离地。

提示：

◆ 千斤顶应顶在允许的部位。

3．用快速扳手旋下轮胎螺母（4 只）。

	4．卸下车轮。
二、车轮分解操作前的调试	
	1．踩下轮胎拆装机的卡爪开启踏板，打开工作转盘上的夹爪。
	2．踩下卡爪闭合踏板，闭合工作转盘上的夹爪。
	3．踩下压胎踏板，风压铲动作。

	4．松开压胎踏板，风压铲复位。
三、拆胎前的准备工作	
	1．取下气门帽，用气门芯扳手拆下气门芯，放尽轮胎中的空气。
	2．检查轮胎，清除胎面上的泥土和胎面花纹中夹着的金属、石子等异物。
	3．用轮胎平衡锤将轮辋外缘的旧平衡块全部卸掉。

	4．开启空压机，给轮胎拆装机通气。开启轮胎拆装机的电源。
四、开 启 胎 唇	
	1．将车轮竖起立在地上，左手稳住车轮，右手用毛刷蘸水盒中的润滑剂（可用浓肥皂水代替）润滑胎缘一周。 用同样的方法润滑车轮的另一侧。 提示： ◆ 应润滑胎缘整圈，包含内外两侧。
	2．将车轮置于风压铲和橡胶板之间，使风压铲置于轮缘与轮胎之间，离轮辋边缘约 1 cm 处。左手稳住车轮，右手稳住风压铲的手柄，左脚踩下压胎踏板，使风压铲慢慢开启胎唇。 提示： ◆ 转动车轮，在轮胎其他部分重复上述操作，使整圈胎唇完全脱离轮辋。
	3．换到车轮的另一面，重复上述动作，开启车轮另一侧的胎唇。

五、拆 卸 轮 胎

<table>
<tr><td></td><td>1．选择好锁定方式后，松开锁紧杠杆，使升降杆松开。踩踏卡爪闭合踏板，使卡爪缩回于内锁定位置。</td></tr>
<tr><td></td><td>2．把车轮平放在工作转盘上，使车轮轮辋的凸面向上，并稍加按压，使之放平。踩踏卡爪开启踏板，将车轮锁紧在工作转盘上。
外锁定：将撑夹踏板踩下，使 4 个夹爪张开，将车轮放在夹爪上，踩踏撑夹踏板回原位（此时应为点点松开），直至锁紧轮辋为止。
内锁定：将轮胎放在转盘上，然后将撑夹踏板踩下，即可锁住轮辋。
注意：
◆ 对胎口较紧的轮胎推荐采用内锁定。</td></tr>
<tr><td></td><td>3．左手压下升降杆，使拆装机头靠近轮辋边缘，右手转动锁紧杠杆，锁住拆装机头。此时升降杆会略微升高，在拆装机头内锥滚离轮辋，自动形成约 2 mm 的间隙，可避免划伤轮缘。
提示：
◆ 拆装机头的角度在出厂时已经按标准轮辋调校完毕，如遇特大或特小轮辋时，应重新调整好拆装机头的角度，以免对轮胎造成损伤。</td></tr>
<tr><td></td><td>4．用毛刷在胎口处和拆装机头上涂刷少许润滑剂。</td></tr>
</table>

	5．用胎撬将胎缘撬在拆装机头上。以拆装器作支点，将胎撬的舌形弯头放入撬缝，撬起外胎的胎缘，使之搭在拆装机头上。拔出胎撬，将其放回原位。 提示： ◆ 如果有内胎，为避免损坏内胎，在进行这步操作时，建议将轮胎气门嘴离开拆装机头右边10 cm 左右。
	6．点踩转盘转动踏板，使转盘顺时针慢慢转动，直到胎缘脱落为止。 提示： ◆ 在拆胎过程中如有受阻现象，应立即停车检查。用脚面上抬转盘的正、反转踏板，让转盘逆时针转动，消除障碍。 ◆ 在操作过程中，不要把手指放到轮胎和拆装机头之间，尽可能使手和身体其他部位远离动作件。另外，佩戴项链、手镯及穿宽松的衣服对操作人员来说是极其危险的。
	7．重复步骤5、步骤6，拆下另一侧胎缘。这时，轮胎和轮辋完全分离。 提示： ◆ 如果车轮有内胎，应先取出内胎后，再重复以上步骤，拆下另一侧胎缘。
	8．松开锁紧杠杆，使升降杆升高，移开升降杆，取下轮胎。

<table>
<tr><td></td><td>9．踩踏卡爪闭合踏板，闭合卡爪，取下轮毂。</td></tr>
<tr><td>
</td><td>10．关闭空压机和轮胎拆装机的电源，切断轮胎拆装机的气路。</td></tr>
<tr><td colspan="2">六、清洁轮胎和轮辋</td></tr>
<tr><td></td><td>用除锈剂或钢丝刷除去轮辋和轮胎上的锈迹等缺陷。
提示：
◆ 轮辋和轮胎如有破损，要先进行修复。</td></tr>
<tr><td colspan="2">七、装 复 轮 胎</td></tr>
<tr><td>
</td><td>1．开启空压机，给轮胎拆装机通气。开启轮胎拆装机的电源。</td></tr>
</table>

<table>
<tr><td></td><td>2．将轮毂装上，踩踏卡爪开启踏板，将轮毂锁定在工作转盘上。
提示：
◆ 安装轮胎之前，先检查轮胎和轮辋尺寸是否一致。</td></tr>
<tr><td></td><td>3．用毛刷在胎唇一周涂刷少许润滑剂。用毛刷在轮毂上侧边缘一周和拆装器上涂少许润滑剂。
提示：
◆ 装胎前要仔细检查胎里和胎圈是否有损伤或夹进杂物；胎里、胎圈若有损伤，则应先修理后再装胎。</td></tr>
<tr><td></td><td>4．双手将轮胎放到轮辋上。</td></tr>
<tr><td></td><td>5．水平转动升降杆将拆装机头置于轮毂边缘上。左手压下升降杆，直至拆装机头接触轮毂上边缘。右手转动锁紧手柄，锁住升降杆。
提示：
◆ 此时拆装机头与轮辋间自动形成约 2 mm 的间隙。</td></tr>
</table>

	6．将轮胎的下胎唇套在轮毂上边缘，使远身侧一段胎唇置于拆装机头之上，近身侧一段胎唇置于拆装机头之下。
	7．双手顺时针转动轮胎，使轮胎的近身侧尽可能多（约占整个圆周的 1/3）地进入轮毂中部的凹槽处。
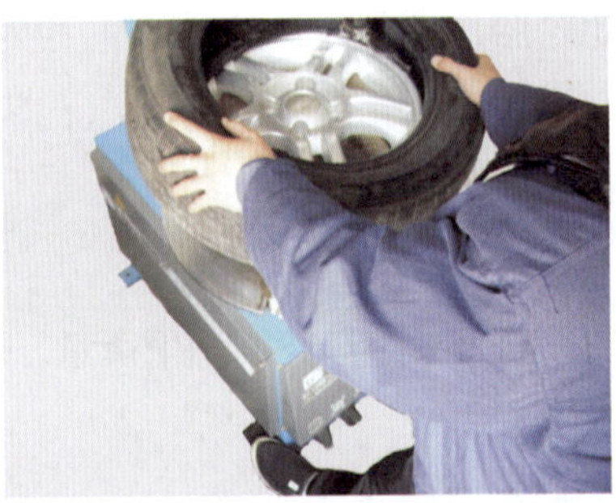	8．点踩转盘转动踏板，使工作转盘顺时针慢慢转动，直至轮胎下边缘完全进入轮辋的上边缘为止。 提示： ◆ 如有内胎，应将其套在轮辋上。 ◆ 不要把手指放到轮胎和拆装机头之间，避免造成人身伤害。
	9．将轮胎的上胎唇套在轮毂上边缘，使远身侧一段胎唇置于拆装机头之上，近身侧一段胎唇置于拆装机头之下。 双手顺时针转动轮胎，使轮胎的近身侧尽可能多（约占整个圆周的 1/3）地进入轮毂中部的凹槽处。

<table>
<tr><td></td><td>10．点踩转盘转动踏板，使工作转盘顺时针慢慢转动，直至轮胎上边缘完全进入轮辋的上边缘为止。
提示：
◆ 必须点踩转盘转动踏板，使工作盘顺时针慢慢转动，边转边用手压轮胎边缘，确保近身侧的轮边进入轮毂凹槽。</td></tr>
<tr><td></td><td>11．松开锁紧手柄，使升降杆升高，移开拆装器。</td></tr>
<tr><td></td><td>12．双手转动轮胎，调整轮胎与轮辋的相对位置，使轮胎平衡点位置（箭头所指）与气门嘴约呈 180° 角安装。
提示：
◆ 调整位置的目的是减小车轮的不平衡量。</td></tr>
<tr><td colspan="2">八、给轮胎充气</td></tr>
<tr><td></td><td>1．检查气门芯与气门嘴是否配合平整，擦净灰尘，安装气门芯。</td></tr>
</table>

2．用带表充气枪给轮胎充气，气压为220 kPa。充气后检查是否漏气，并将气门帽拧紧。

提示：

◆ 在给轮胎充气时，要检查轮辋和胎圈接触的部位、气门嘴与轮辋接触的部位、气门芯等处是否有漏气的现象。

注意事项：

（1）给轮胎充气要特别小心，集中精力，让手和身体尽量远离轮胎。

（2）要严格按规程操作。因为若轮胎发生意外爆炸时，轮胎拆装机上没有保护操作人员（或机器旁其他人）的装置。

（3）认真检查轮辋与轮胎是否是同一尺寸，并检查轮胎的磨损情况，确认轮胎在充气前没有损坏。

（4）轮胎拆装机配有带表充气枪，在给轮胎充气时应慢慢地压充气枪数次，确定压力表显示的值不超过生产厂家所注明的范围。

（5）充入的空气不得含有水分和油雾。

3．踩踏卡爪闭合踏板，闭合卡爪，双手取下车轮。

4．关闭空压机和轮胎拆装机的电源，切断轮胎拆装机的气路。

九、车轮的装车

1．将车轮轮辋上的螺栓孔套于轮胎螺栓上。先将最上一个轮胎螺母旋上数周，防止车轮掉下。

提示：

◆ 轮胎拆装后必须进行动平衡检测。

	2．适当旋紧螺母，确保轮胎螺母进入轮辋锥形孔。
	3．放下千斤顶，按规定力矩依次交叉拧紧轮胎螺母。 提示： ◆ 轮胎螺母的拧紧力矩为 90 ~ 110 N·m。 拧紧顺序为：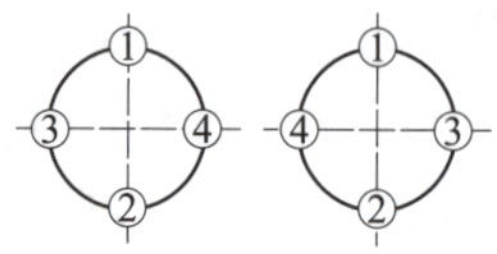

考评标准表——车轮和轮胎的拆装　　时间：45 min

项目	分值	评分标准与指导	评价结果
正确使用工具	10	工具使用不当酌情扣分，并指正	
拆卸车轮	10	按要求酌情扣分，并指正	
操作前轮胎拆装机的调试	10	按要求酌情扣分，并指正	
开启胎唇	10	按要求酌情扣分，并指正	
拆卸轮胎	10	按要求酌情扣分，并指正	
清洁轮胎和轮辋	10	按要求酌情扣分，并指正	
装复轮胎	10	按要求酌情扣分，并指正	
轮胎的充气和车轮装车	10	按要求酌情扣分，并指正	
零件、工具摆放是否整齐	10	按要求酌情扣分，并指正	
遵守相关安全操作规范	10	因违规操作发生人身和设备事故，终止考核，成绩按 0 分计 超时每分钟扣 1 分，超时 10 min 终止考核	
分数合计	100		

任务 2　前悬架总成的拆装

实训目标

1. 了解悬架系统的作用、组成、类型及结构。
2. 掌握前悬架总成拆装工具的使用方法。
3. 能够熟练拆卸与安装前悬架总成。

实训准备

1. 设备：整车 2 辆、千斤顶 2 个、常用工具 1 套、轮胎拆装机 2 台。
2. 材料：柱式、剪式举升机使用说明手册各 1 套，配套学习材料每人 1 套。
3. 场地：汽车底盘拆装（一体化）实训室。

工作任务

一辆赛拉图汽车在行驶过程中，驾驶员和乘客都感觉车身振动，影响了乘坐者的舒适度，且汽车行驶不平稳。经过检查发现是汽车前悬架故障导致的。作为一名汽车维修工，应该怎样面对这样的问题？本任务要求学生了解汽车前悬架的功用、类型、组成及结构，并在此基础上能够对前悬架总成进行拆装。

知识储备

一、悬架系统的作用与组成

1. 悬架的作用

汽车悬架是车架（或车身）与车轴（或车轮）之间的弹性连接装置的统称。它的作用是弹性地连接车桥和车架（或车身），缓和行驶中车辆受到的冲击力，保证货物完好和人员舒适；衰减由于弹性系统引起的振动，使汽车在行驶中保持稳定的姿势，改善操纵稳定性；悬架系统承担着传递垂直反力、纵向反力（牵引力和制动力）和侧向反力，以及这些力所造成的力矩到车架（或车身）上的作用，以保证汽车行驶平顺；当车轮相对车架跳动时，特别是在转向时，车轮运动轨迹要符合一定的要求，因此悬架还能起到使车轮按一定轨迹相对车身跳动的导向作用。

2. 悬架的组成

汽车悬架由弹性元件、阻尼元件、导向元件和横向稳定装置等构成。这些元件共同承担着传递车轮与车架之间各种力的任务，分别起着缓冲、减振、导向和传递力及力矩的作用。

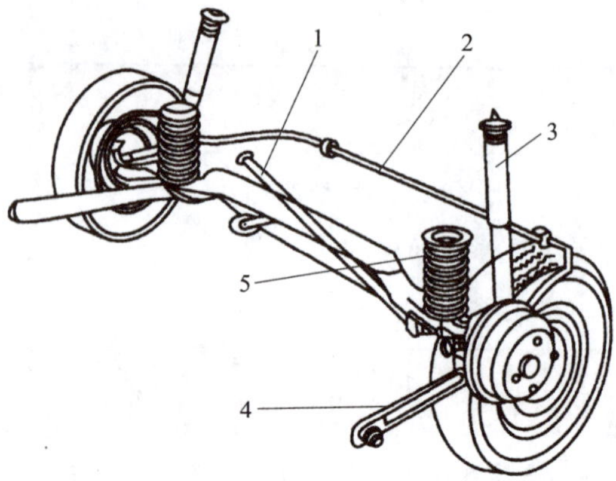

汽车悬架系统

1—横向推力杆 2—横向稳定器 3—减振器 4—纵向推力杆 5—弹性元件

悬架的弹性元件使车架（或车身）与车桥（或车轮）之间实现弹性连接，它是行驶系中除弹性充气轮胎之外的另一个主要弹性环节，两者共同承担缓和地面冲击的任务。

弹性的悬架系统受到冲击会使车身产生垂直振动，乘员对振动的耐受力取决于振动强度的大小。振动越剧烈，耐受时间越短。因此，为有效地降低振动强度，悬架还应具有能起到减振作用的阻尼装置，通过阻尼装置让汽车的振动得以迅速衰减。减振器便是悬架系统中的阻尼元件。

弹性的悬架在给衰减振动带来好处的同时，也使车轮出现了相对跳动，跳动的结果必然会改变车轮定位角度。这种改变应当受到严格的控制，否则原已设计好的车轮运动关系将会遭到破坏，使汽车的转向和操纵性能变坏，加剧轮胎磨损。在车轮上下跳动过程中约束其运动的任务由悬架导向元件完成。

二、悬架的类型

根据汽车悬架结构的不同，通常将悬架分为独立悬架和非独立悬架两大类。

1. 独立悬架

独立悬架是两侧车轮分别独立地与车架（或车身）弹性地连接，当一侧车轮受冲击，其运动不直接影响到另一侧车轮。独立悬架所采用的车桥是断开式的，这样使得发动机可放低安装，有利于降低汽车重心，并使结构紧凑。独立悬架允许前轮有大的跳动空间，有利于转向，便于选择软的弹簧元件使平顺性得到改善。同时，独立悬架非簧载质量（即不由弹簧支承的质量）小，悬架所受冲击载荷小，可提高汽车车轮的附着性，从而保证行驶车身的相对稳定性。这种悬架广泛应用于轿车和小客车上。

2. 非独立悬架

非独立悬架的特点是两侧车轮安装于一整体式车桥，当一侧车轮受冲击力时会直接影响到另一侧车轮，当车轮上下跳动时定位参数变化小。若采用钢板弹簧作弹性元件，它可兼起导向作用，使结构大为简化，降低成本。非独立悬架目前广泛应用于货车和大客车上，有些轿车的后悬架也有采用。非独立悬架由于非簧载质量比较大，高速行驶时悬架受到的冲击载荷比较大，因此平顺性较差。但这种悬架结构简单、制造方便，故载货汽车普遍采用。

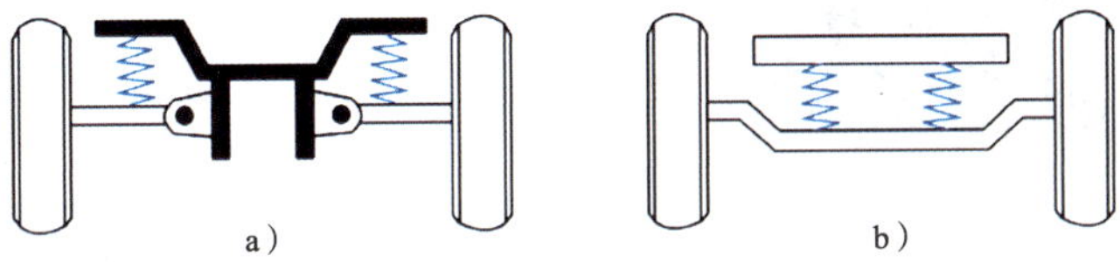

悬架的分类
a）独立悬架　b）非独立悬架

按弹性元件不同，悬架又可分为螺旋弹簧悬架、钢板弹簧悬架、扭杆弹簧悬架和气体弹簧悬架等；按悬架系统参数是否可实现自调节，可分为被动悬架、半主动悬架和主动悬架（自适应悬架）等；此外，按悬架所处车桥类型不同，又可分为转向桥悬架、驱动桥悬架和随动桥悬架等。

三、前悬架系统的结构

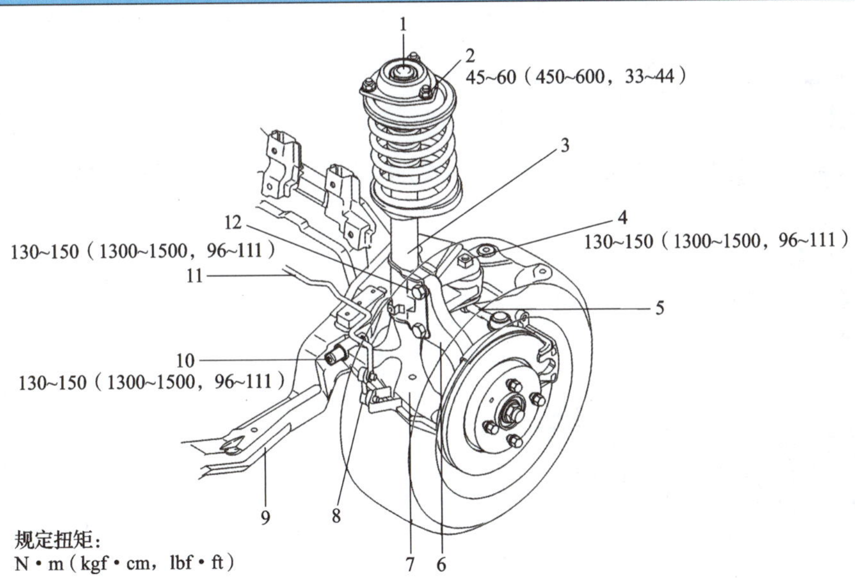

前悬架系统的结构

1—支撑杆支架防尘盖　2—前支撑杆上固定螺母　3—前支撑杆总成　4—下臂轴套（G）固定螺栓　5—转向横拉杆　6—转向节总成　7—下臂　8—前稳定杆连杆　9—副架　10—下臂轴套（G）　11—前稳定杆　12—前支撑杆下固定螺栓

任务实施

一、拆卸前悬架总成

1．将赛拉图轿车开上举升机。

2．对角旋松左前轮胎螺母。

提示：

◆ 为防止旋松轮胎螺母时车轮旋转，先不顶起车轮。

◆ 车轮螺母的拧松顺序为：

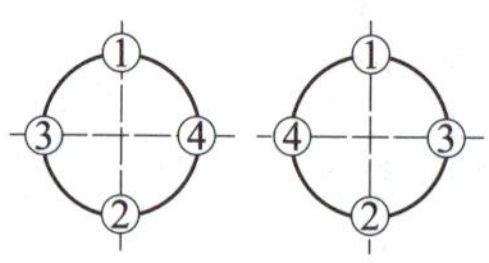

3．调整举升机，在举升机上的规定部位安放橡胶块（4 只）。

4．慢慢举升，在车身底部接触橡胶块前，需要再次检查橡胶块的位置。

	5．举升汽车，使车轮悬空。 提示： ◆ 举升过程中，在车身接触橡胶块前需再次检查橡胶块的位置。
	6．拧下轮胎螺母（4只），拆下车轮。
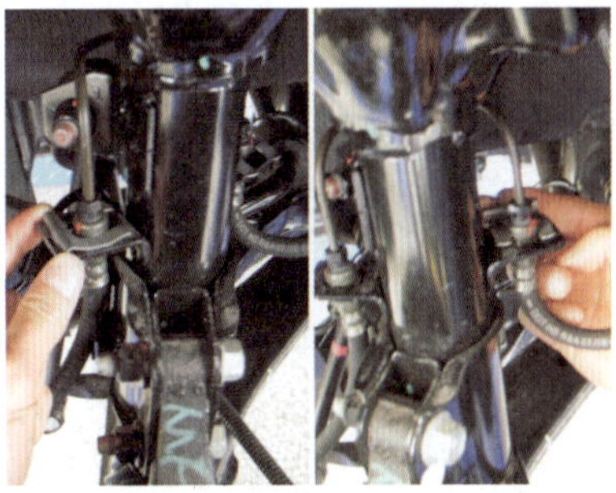	7．从前支撑杆总成上拆卸制动软管的固定卡子（2只）。
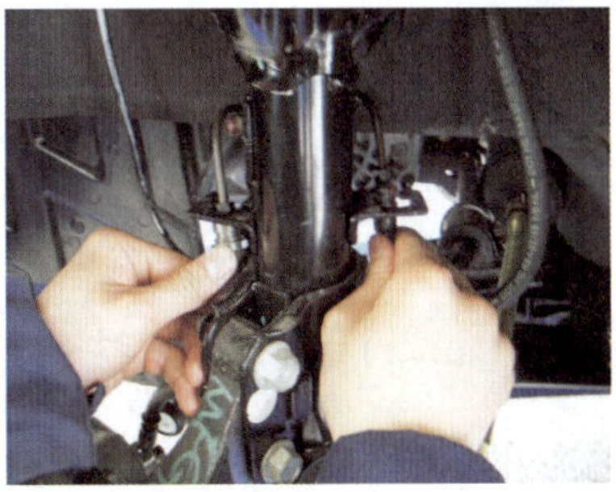	8．从前支撑杆总成上拆卸制动软管。 提示： ◆ 不要给部件施加过大的力。

	9．车辆配备防抱死制动系统，从转向节上拆卸轮速传感器。
	10．打开发动机舱盖，将发动机舱盖用支架支好。
	11．拧下支撑杆上部固定螺母（3 只）。 提示： ◆ 拧紧力矩为 45 ～ 60 N • m。
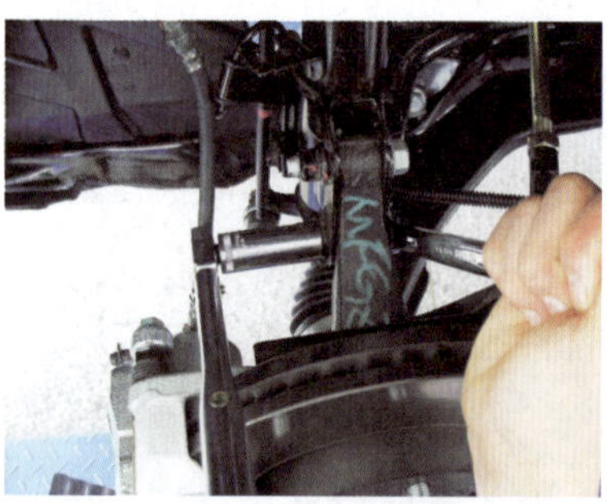	12．从支撑杆总成上拧下前支撑杆下固定螺栓（2 只）。 提示： ◆ 拧紧力矩为 130 ～ 150 N • m。

13．拆卸支撑杆总成。

提示：

◆ 前悬架支撑杆总成安装后，需检查前轮定位情况。

二、安装前悬架总成

（安装顺序与拆卸顺序相反）

考评标准表——前悬架总成的拆装　　时间：45 min

项目	分值	评分标准与指导	评价结果
正确使用工具	10	工具使用不当酌情扣分，并指正	
对角旋松左前轮胎螺母	10	按要求酌情扣分，并指正	
调整举升机，在举升机上规定部位安放橡胶块（4 只）	10	按要求酌情扣分，并指正	
拆卸车轮	10	按要求酌情扣分，并指正	
拆卸制动软管和轮速传感器	10	按要求酌情扣分，并指正	
拆卸前支撑杆下固定螺栓	10	按要求酌情扣分，并指正	
拆卸支撑杆总成	10	按要求酌情扣分，并指正	
安装车轮轴承的锁紧螺母	10	按要求酌情扣分，并指正	
零件、工具摆放是否整齐	10	按要求酌情扣分，并指正	
遵守相关安全操作规范	10	因违规操作发生人身和设备事故，终止考核，成绩按 0 分计 超时每分钟扣 1 分，超时 10 min 终止考核	
分数合计	100		

任务3　后悬架总成的拆装

实训目标

1. 了解后悬架系统的结构和功用。
2. 掌握后悬架总成拆装工具的使用方法。
3. 能够熟练拆卸与安装后悬架总成。

实训准备

1. 设备：整车 2 辆、千斤顶 2 个、常用工具 1 套、轮胎拆装机 2 台。
2. 材料：柱式、剪式举升机使用说明手册各 1 套，配套学习材料每人 1 套。
3. 场地：汽车底盘拆装（一体化）实训室。

工作任务

一辆赛拉图汽车在行驶过程中，驾驶员和乘客感觉车身振动，影响了乘坐者的舒适度，且汽车行驶不平稳。经过检查发现是汽车后悬架故障导致的。作为一名汽车维修工，应该怎样面对这样的问题？本任务要求学生了解汽车后悬架的结构和功用，并在此基础上能够对后悬架总成进行拆装。

知识储备

一、螺旋弹簧非独立后悬架

螺旋弹簧非独立后悬架的左右两个下控制杆 1、3 的前端通过带橡胶的支承销与车身做铰链连接，后端与轮毂相连，中部与后桥焊接成一体。左右两个下控制杆可以传递纵向力及力矩。整个后桥、纵向控制杆与车轮可以绕支承销的铰接点相对于车身上下摆动。螺旋弹簧 6 的上端通过弹簧上座与车身相连，下端支承在车轴上，只能承受垂直力。

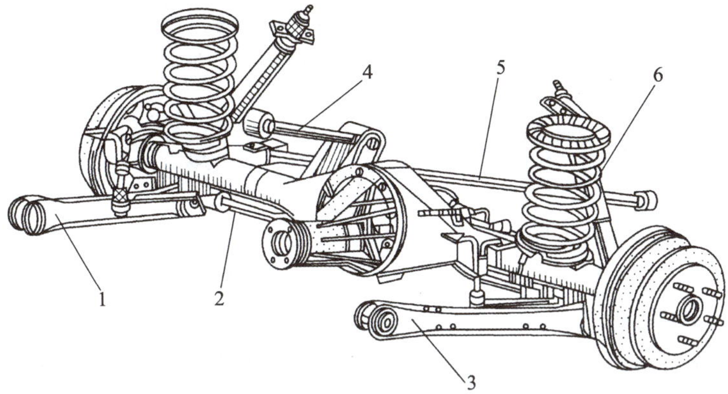

丰田皇冠轿车螺旋弹簧非独立后悬架

1、3—下控制杆　2—横向稳定杆　4—上控制杆　5—横控制杆　6—螺旋弹簧

二、后悬架系统的结构

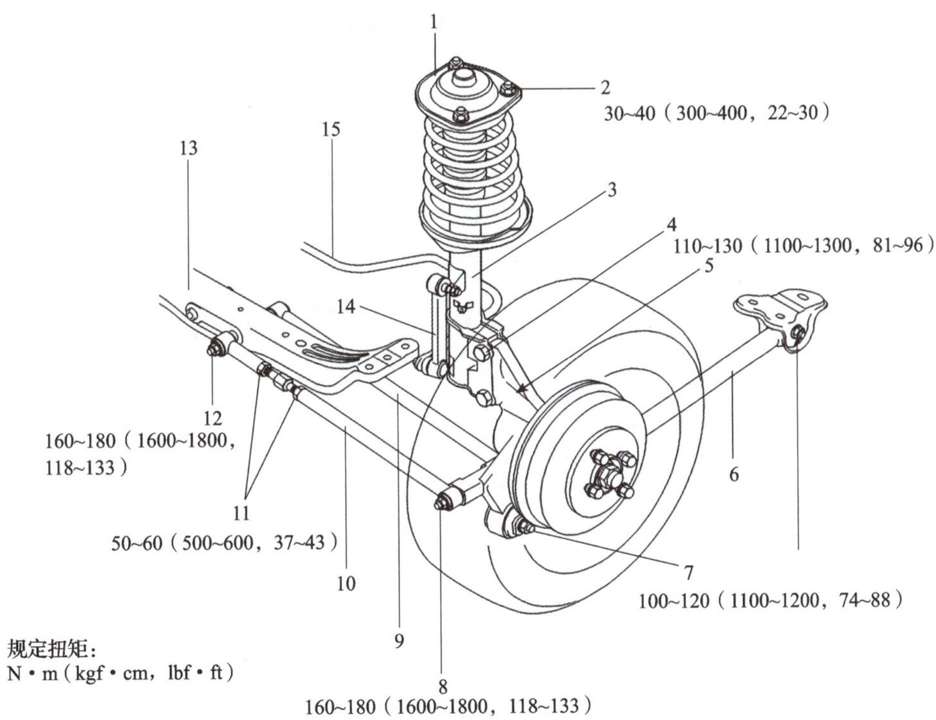

后悬架系统的结构

1—后支撑杆支架　2—后支撑杆上固定螺母　3—后支撑杆总成　4—后支撑杆下固定螺栓　5—托架总成　6—纵臂　7—纵臂托架固定螺栓　8—后悬架臂托架固定螺栓　9—后悬架前臂　10—后悬架后臂　11—转向横拉杆调整螺母　12—后悬架臂横梁固定螺栓　13—后横梁　14—后稳定连杆　15—后稳定杆

三、后悬架臂的结构

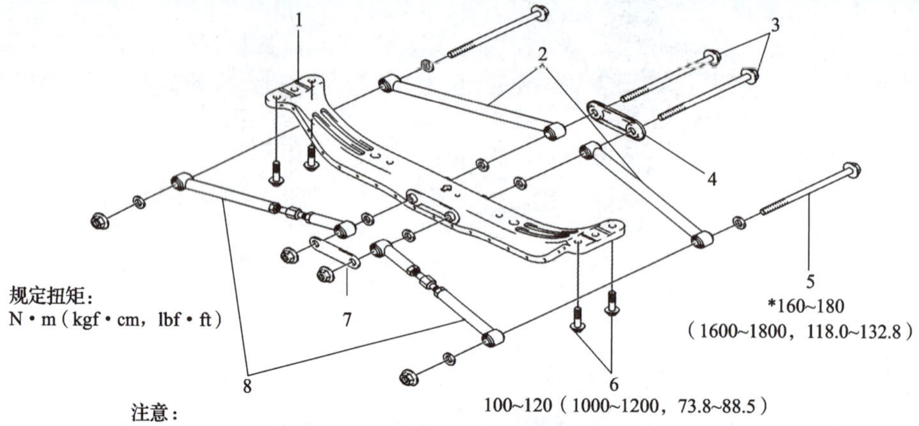

注意：

应暂时拧紧标记为*1的部件，然后在车辆位于地面上且无负载的情况下完全拧紧。

后悬架臂的结构

1—后横梁　2—后悬架前臂　3—后悬架臂到横梁螺栓　4—罩

5—后悬架臂到托架螺栓　6—后横梁固定螺栓　7—支架　8—后悬架后臂

四、后支撑杆的结构

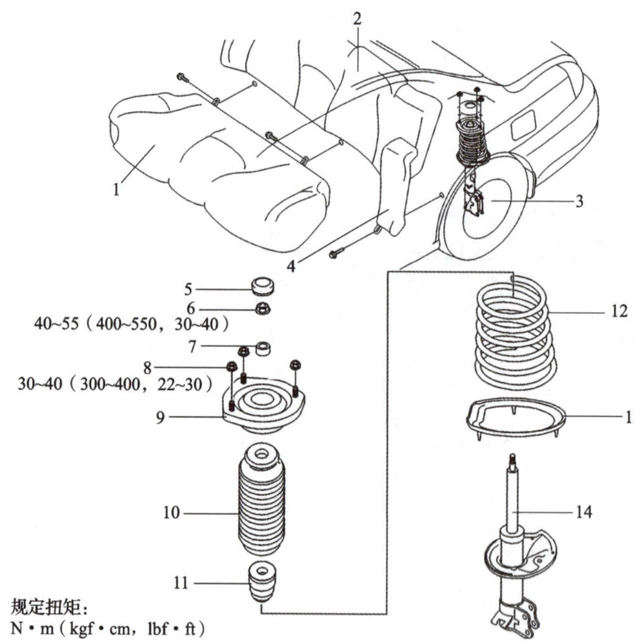

后支撑杆的结构

1—后坐垫　2—后座椅靠背　3—后车轮和轮胎　4—后侧座椅靠背　5—支架防尘盖　6—自锁凸缘螺母

7—管　8—后支撑杆上固定螺母　9—后支撑杆支架　10—后支撑杆防尘盖　11—橡胶缓冲块

12—弹簧　13—弹簧下衬垫　14—后支撑杆总成

任务实施

一、拆卸后悬架总成

	1. 将赛拉图汽车开上举升机。 2. 调整举升机，在举升机上规定部位安放橡胶块（4只）。 3. 举升汽车至合适的高度。 提示： ◆ 举升过程中，在车身接触橡胶块前需再次检查橡胶块的位置。
	4. 拧下把纵臂固定在后托架上的螺栓。 提示： ◆ 拧紧力矩为 100 ～ 120 N・m。
	5. 拧下把后悬架臂固定在后托架上的螺栓。 提示： ◆ 拧紧力矩为 160 ～ 180 N・m。
	6. 在另一侧执行与步骤4所述相同的操作。

	7．在另一侧执行与步骤5所述相同的操作。
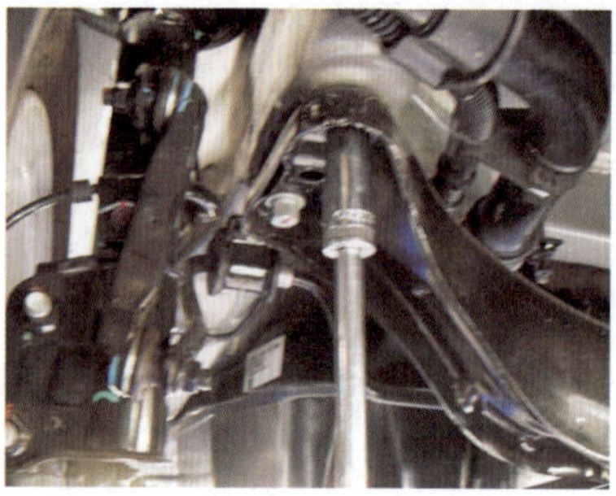	8．拧下后横梁左侧固定螺栓（2个）。 提示： ◆ 拧紧力矩为100～120 N·m。
	9．在另一侧执行与步骤8所述相同的操作。 提示： ◆ 调整举升机的高度。为方便拆卸和防止后横梁掉下，此步骤需要两人协同操作，同时用肩膀顶住后横梁。
	10．将后横梁和后悬架臂作为一个总成来拆卸。

<table>
<tr><td>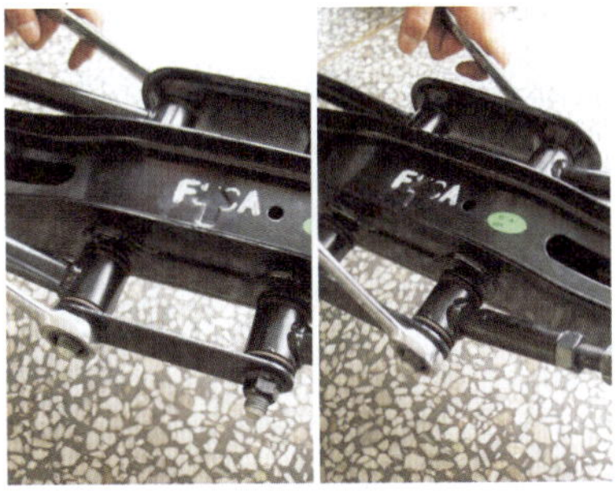</td><td>11．分别拧下左右 2 个后悬架臂到横梁的螺栓。
提示：
◆ 拧紧力矩为 160 ~ 180 N · m。</td></tr>
<tr><td>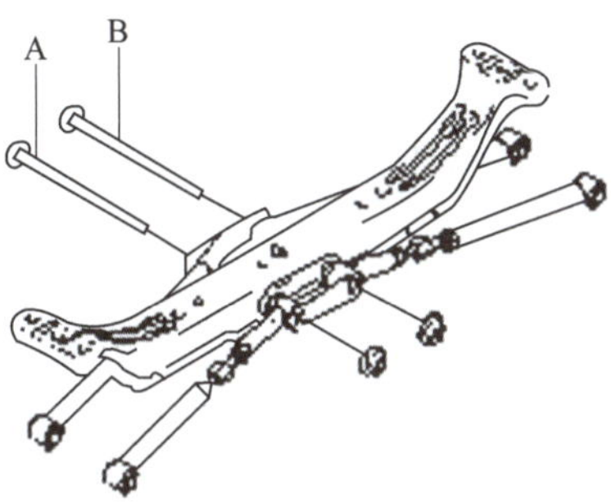
</td><td>12．拆卸后悬架臂。</td></tr>
<tr><td></td><td>13．打开两侧后车门，释放坐垫止动器（左右 2 处），拆卸后坐垫。</td></tr>
<tr><td></td><td>14．拆卸后座椅靠背。</td></tr>
</table>

<table>
<tr><td></td><td>（1）拧下后坐垫和后座椅靠背之间的固定螺栓（4 只）。
提示：
◆ 拧紧力矩为 17 ~ 26 N • m。</td></tr>
<tr><td></td><td>（2）从安全带导轨上分离出安全带。</td></tr>
<tr><td>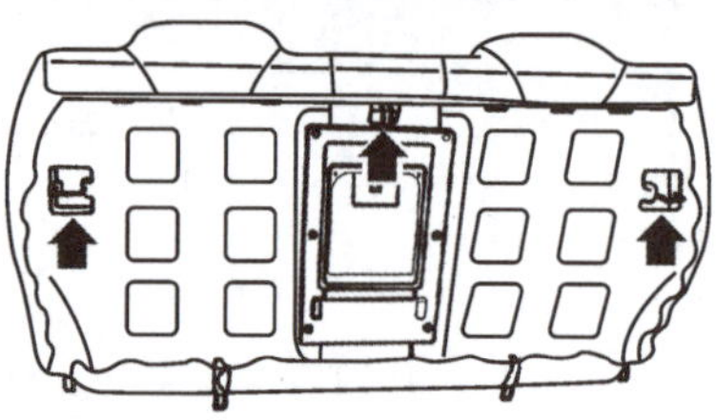</td><td>（3）释放座椅靠背止动器（3 处），拆卸座椅靠背。</td></tr>
<tr><td>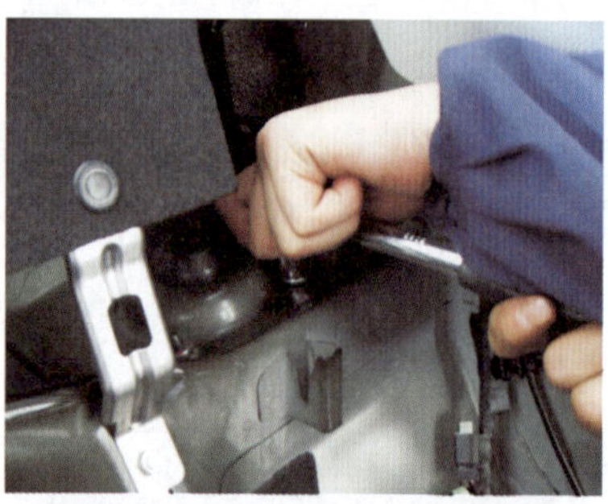</td><td>15．拧下后支撑杆上固定螺母（3 只）。
提示：
◆ 拧紧力矩为 30 ~ 40 N • m。</td></tr>
<tr><td></td><td>16．拆卸后车轮和轮胎。</td></tr>
</table>

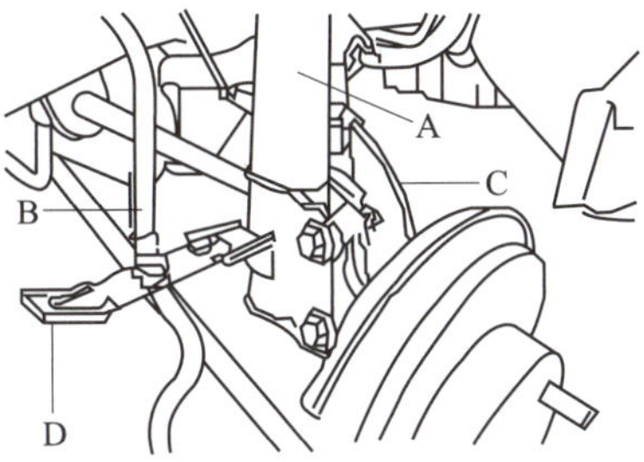	17. 从后支撑杆（A）上分离制动软管（B）和车速传感器导线（C）。
	(1) 通过拆卸夹分离制动软管。
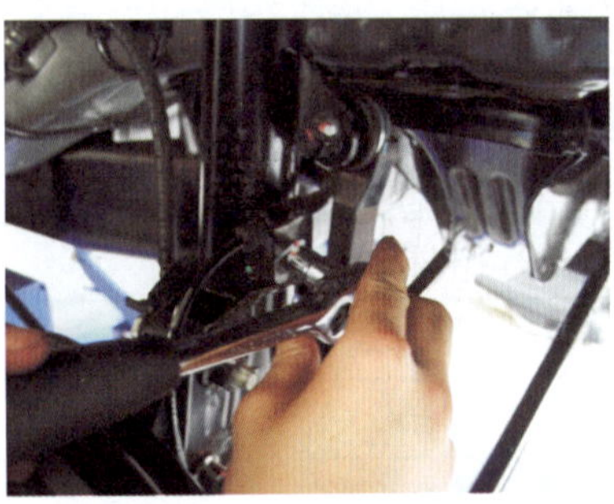	(2) 拧下固定驻车制动拉线的螺栓。 提示： ◆ 拧紧力矩为 8 ~ 9 N·m。
	(3) 拧下固定车速传感器的螺栓。 提示： ◆ 拧紧力矩为 8 ~ 9 N·m。

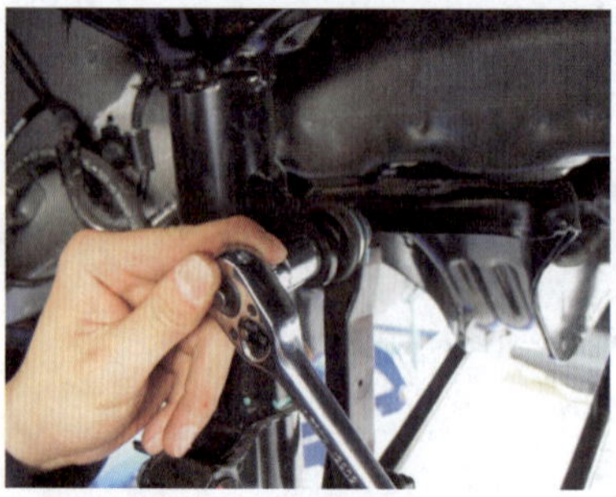	18．松开稳定杆连杆螺母后，从支撑杆上拆卸稳定杆连杆。 提示： ◆ 拧紧力矩为 35 ~ 45 N•m。
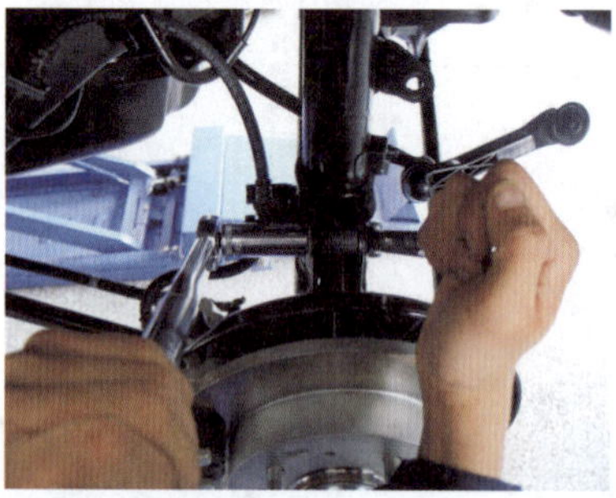	19．拧下支撑杆下部的固定螺栓。 提示： ◆ 注意不要让后支撑杆掉落。 ◆ 拧紧力矩为 110 ~ 130 N•m。

二、安装后悬架总成

（安装顺序与拆卸顺序相反）

考评标准表——后悬架总成的拆装　　时间：45 min

项目	分值	评分标准与指导	评价结果
正确使用工具	10	工具使用不当酌情扣分，并指正	
举升机的使用	10	按要求酌情扣分，并指正	
拆卸纵臂	10	按要求酌情扣分，并指正	
拆卸后横梁	10	按要求酌情扣分，并指正	
拆卸后悬架臂	10	按要求酌情扣分，并指正	
拆卸后座椅靠背	10	按要求酌情扣分，并指正	
拆卸后支撑杆	10	按要求酌情扣分，并指正	
安装后悬架	10	按要求酌情扣分，并指正	
零件、工具摆放是否整齐	10	按要求酌情扣分，并指正	
遵守相关安全操作规范	10	因违规操作发生人身和设备事故，终止考核，成绩按 0 分计 超时每分钟扣 1 分，超时 10 min 终止考核	
分数合计	100		

课题七 转向装置的拆装

任务1　转向操纵和传动机构的拆装

实训目标

1. 了解转向操纵和传动机构的功用、组成及结构。
2. 能够熟练拆卸和安装转向操纵和传动机构。

实训准备

1. 设备：整车2辆、举升机2台、常用工具1套、起亚专用工具1套。
2. 材料：柱式、剪式举升机使用说明手册各1套，配套学习材料每人1套。
3. 场地：汽车底盘拆装（一体化）实训室。

工作任务

一辆起亚赛拉图轿车行驶约6万公里，车主在转向时发现转向沉重，汽车直线行驶困难。起初以为是轮胎出现了问题，后经汽车修理厂检查发现是转向装置中的转向传动机构有故障。作为一名汽车维修工，应该怎样面对这样的问题？本任务要求学生了解转向操纵和传动机构的功用、组成及结构，并在此基础上能够对转向操纵和传动机构进行拆装。

知识储备

一、转向操纵和传动机构的组成及功用

1. 转向操纵机构的组成及功用

转向操纵机构由转向盘、转向轴、转向管柱等组成，作用是将驾驶员转动转向盘的操纵力传给转向器。转向器（也称转向机）是完成由旋转运动到直线运动（或近

似直线运动）的一组齿轮机构，同时也是转向系中的减速传动装置。目前较常用的有齿轮齿条式、循环球曲柄指销式、蜗杆曲柄指销式、循环球—齿条齿扇式、蜗杆滚轮式等。

2. 转向传动机构的组成及功用

转向传动机构主要由转向摇臂、转向直拉杆、转向节（包括转向节臂和梯形臂）、转向横拉杆等组成。转向传动机构的功用是将转向器输出的运动和动力传给转向桥两侧的转向节，使两侧转向轮偏转，并使两转向轮偏转按一定的关系变化，以保证汽车转向时车轮与地面的相对滑动尽可能小。转向传动机构还能吸收车轮传到转向盘的反冲力。

二、起亚赛拉图轿车的转向操纵和传动机构

赛拉图轿车的转向操纵和传动机构由转向盘、转向轴、转向臂（焊接在前悬架支柱上）、吸油管、叶片泵、高压油管、低压油管、储油罐、左横拉杆、右横拉杆、动力转向器等组成。

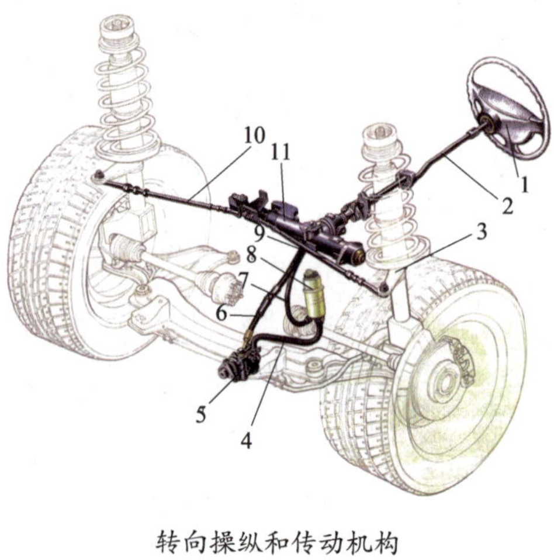

转向操纵和传动机构

1—转向盘　2—转向轴　3—转向臂（焊接在前悬架支柱上）　4—吸油管　5—叶片泵
6—高压油管　7—低压油管　8—储油罐　9—左横拉杆　10—右横拉杆　11—动力转向器

三、动力转向装置的维护要点

1．定期清洗滤清器及管路，视需要更换滤芯，检查液压系统管路及油泵各接合部位，应密封完好。

2．拆装元件时必须注意清洁，防止污物进入；定期检查转向器油泵、分配阀、动力缸的固定连接情况，以免在运行中突然松脱，危及人身和设备安全。

3．检查油面高度，油量不足时应予以添加。所用的油料应符合规定，不得随意代用。添加油液时，应经过滤清，缺油过多时应进行排气作业。

4．定期检查油液油质，不符合要求时应更换。

5．定期润滑动力缸的球头销及销座，必要时应进行清洗维护，并进行润滑。

6．定期检查油泵皮带张紧力或齿轮传动等部位；定期检查转向系统油液流量和压力是否正常，如不符合技术规范，应予调整。

四、转向装置的使用注意事项

1．汽车行驶中，应随时注意动力转向系统助力作用的变化，若有异常应停车修复。

2．严禁车辆熄火滑行。发动机不工作时液压泵也停止工作，车辆失去转向助力作用，会造成转向困难。

3．急转弯时，应及时换入低速挡行驶，使发动机转速不低于 800 r/min，以保证动力转向系统工作正常。

4．尽量避免牵引起动，必要时应选择直线宽阔路面，且避免转弯。液压动力转向系统的液压元件精度较高，必须严格按规定使用和维护，使之经常处于完好的技术状况，保证其正常工作，延长其使用寿命。

任务实施

一、拆装转向操纵机构

1．拆卸喇叭盖。向下按橡皮边缘，撬出盖板并取下喇叭盖。拆卸喇叭按钮及相关接线。

<table>
<tr><td></td><td>2．拆下转向盘紧固螺母。
提示：
◆ 拧紧力矩为 40 N·m。</td></tr>
<tr><td></td><td>3．双手将转向盘取下。</td></tr>
<tr><td></td><td>4．脱开组合开关线束插头。</td></tr>
<tr><td></td><td>5．拆下组合开关上的 3 个平口螺钉，拆下组合开关。</td></tr>
</table>

	6．拆下阻风门控制把手手柄上的销子，然后卸下卡簧、螺旋弹簧。
	7．卸下转向柱左侧的内六角螺栓。
	8．拆下转向柱套筒支架。
	9．拆下转向柱上端的 2 个紧固螺母。

<table>
<tr><td></td><td>10．将转向柱上端往下压，使上端部法兰上的两个驱动销脱离转向柱下端，取出转向柱上端。</td></tr>
<tr><td>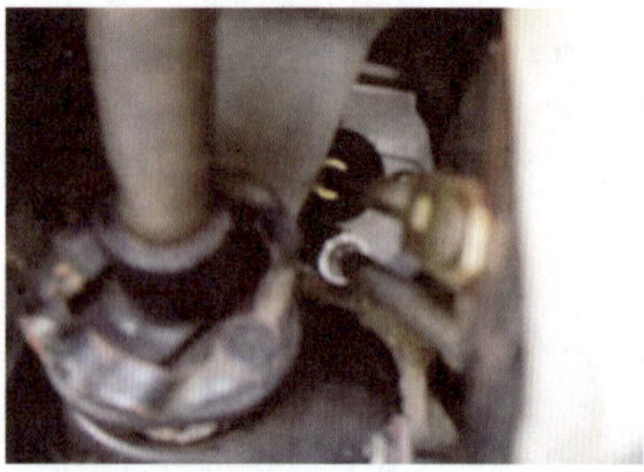</td><td>11．取下转向柱橡胶圈，松开夹紧箍的紧固螺栓，拆下转向柱下端。
12．装复转向柱时，按与拆卸相反的顺序进行。</td></tr>
<tr><td colspan="2">二、拆装转向传动机构</td></tr>
<tr><td>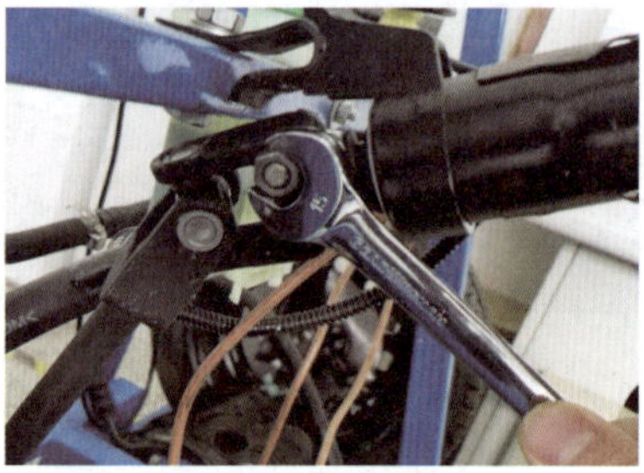</td><td>1．拆卸转向臂。</td></tr>
<tr><td></td><td>2．拆卸转向节。
3．装复传动机构时，按与拆卸相反的顺序进行。</td></tr>
</table>

考评标准表——转向操纵和传动机构的拆装　时间：45 min

考核项目	分值	评分标准与指导	评价结果
正确使用工具	10	工具使用不当酌情扣分，并指正	
保证转向盘紧固螺母的拧紧力矩	10	按要求酌情扣分，并指正	
拆卸喇叭盖	10	按要求酌情扣分，并指正	
拆卸转向盘	10	按要求酌情扣分，并指正	
拆卸组合开关	10	按要求酌情扣分，并指正	
拆卸转向柱套筒支架	10	按要求酌情扣分，并指正	
拆卸转向柱上端	5	按要求酌情扣分，并指正	
拆卸转向柱下端	5	按要求酌情扣分，并指正	
拆卸转向臂、转向节	10	按要求酌情扣分，并指正	
零件、工具摆放是否整齐	10	按要求酌情扣分，并指正	
遵守相关安全操作规范	10	因违规操作发生人身和设备事故，终止考核，成绩按 0 分计 超时每分钟扣 1 个分，超时 10 min 终止考核	
分数合计	100		

任务 2　动力转向器和转向油泵的拆装

实训目标

1. 了解动力转向器和转向油泵的结构及功用。
2. 能够熟练拆卸和安装动力转向器和转向油泵。

实训准备

1. 设备：整车 2 辆、举升机 2 台、常用工具 1 套、起亚专用工具 1 套。
2. 材料：柱式、剪式举升机使用说明手册各 1 套，配套学习材料每人 1 套。
3. 场地：汽车底盘拆装（一体化）实训室。

工作任务

一辆起亚赛拉图轿车行驶约7万公里，车主在转向时发现方向盘不能打死，汽车转弯困难。起初以为是转向操作和传动机构出现了问题，后经汽车修理厂检查发现是动力转向器有问题。作为一名汽车维修工，应该怎样面对这样的问题？本任务要求学生了解动力转向器和转向油泵的结构及功用，并在此基础上能够对动力转向器和轴向油泵进行拆装。

知识储备

一、动力转向器的结构及功用

起亚赛拉图轿车的动力转向器采用齿轮齿条式结构，是一种最常见的转向器。其基本结构是一对相互啮合的小齿轮和齿条。转向轴带动小齿轮旋转时，齿条便做直线运动。有时，靠齿条来直接带动横拉杆，就可使转向轮转向。它的功用是增大转向盘传到转向传动机构的力和改变力的传递方向。它的优点是结构简单、成本低廉、转向灵敏、体积小，可以直接带动横拉杆，所以在汽车上得到广泛应用。

转向器

二、转向油泵的结构及功用

转向油泵由油泵壳体、进油口、叶片、定子、出油口、转子等组成，它是动力转向装置的动力源，把发动机的机械能转变为驱动转向动力缸工作的液压能，再由转向动力缸输出的转向力驱动转向车轮转向。

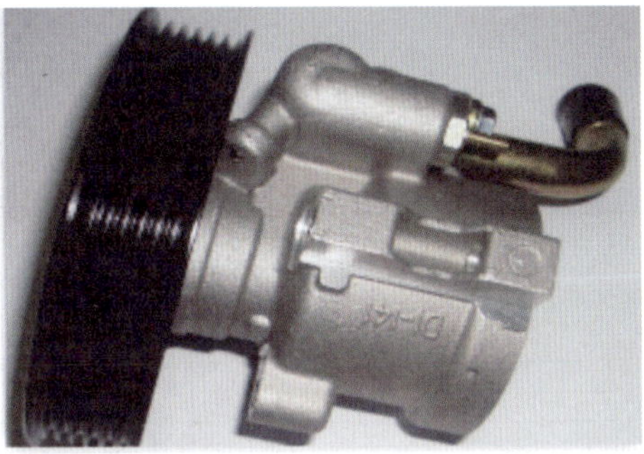
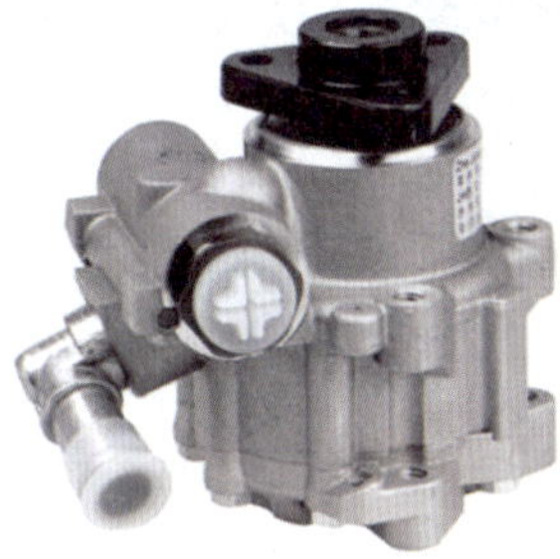

转向油泵

任务实施

一、拆卸动力转向器

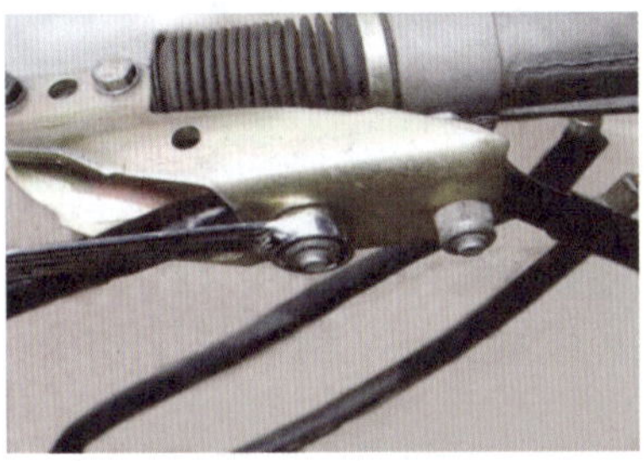

1．举升车辆，排放出液压油。

2．拆下固定转向横拉杆的螺母。

提示：

◆ 拧紧力矩为 45 N • m。

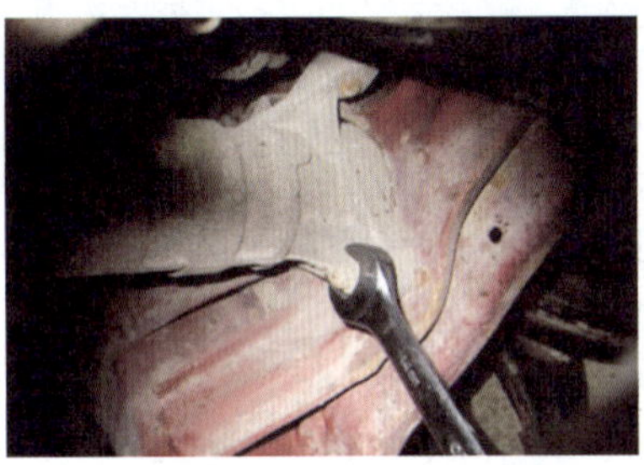

3．拆下左前轮罩处的转向器紧固螺栓。

提示：

◆ 拧紧力矩为 20 N • m。

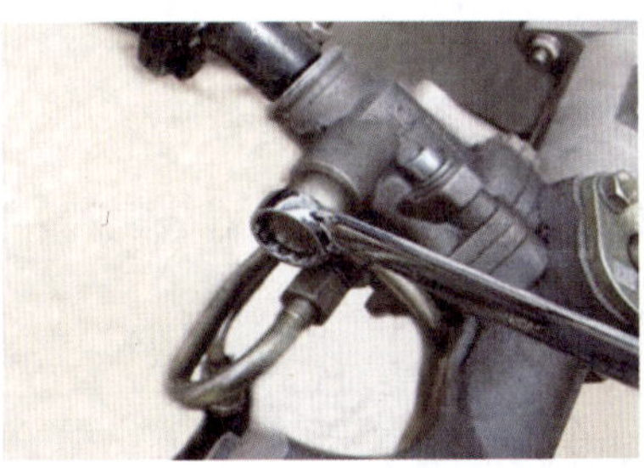

4．松开转向器分配阀外壳上的进油管。

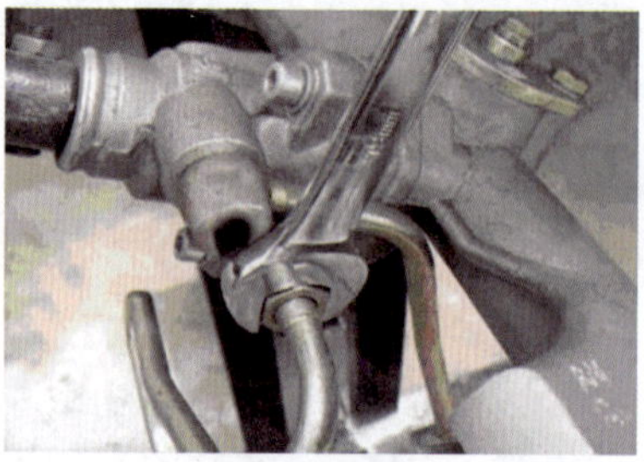	5．松开转向器分配阀外壳上的出油管。
	6．拆下后横板上固定转向器的自紧固螺母。把车辆放下，拆下紧固齿条与转向横拉杆支架的螺栓。
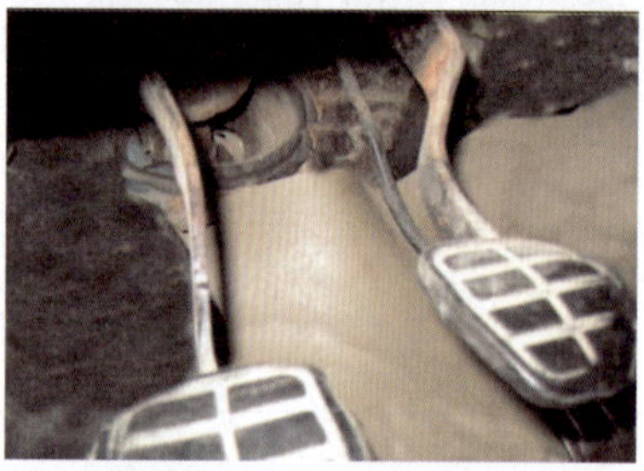	7．拆卸仪表板左下盖、通风管和踏板盖。
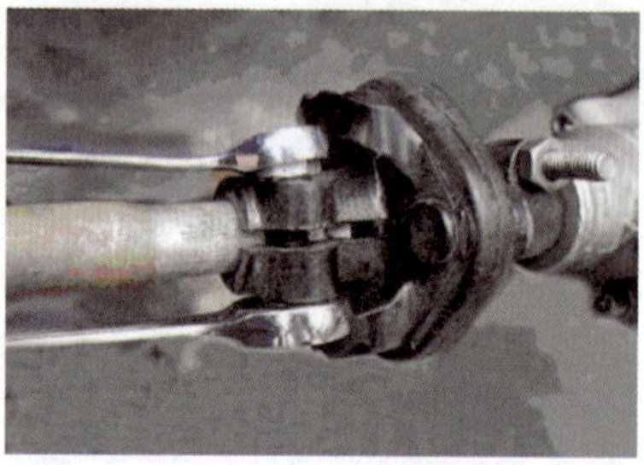	8．拆下紧固转向齿轮轴与联轴节的螺栓，并使各轴分开。
	9．从车厢内部拆下固定转向器分配阀外壳上回油管的卡箍。

<table>
<tr><td></td><td>10．拔下软管。</td></tr>
<tr><td>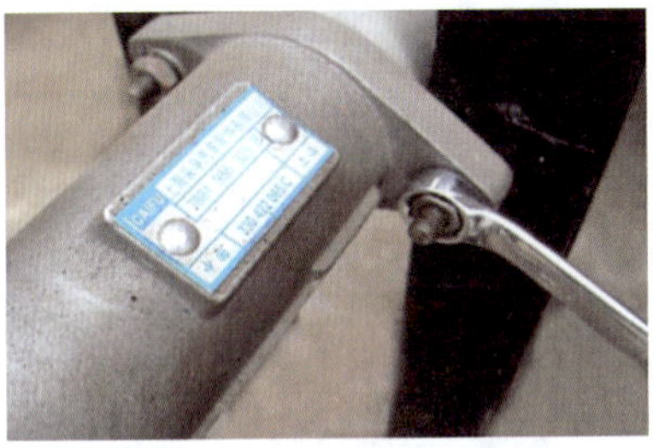</td><td>11．拆下后横板上固定转向器的自紧固螺母。</td></tr>
<tr><td></td><td>12．拆下转向器。</td></tr>
<tr><td colspan="2">二、分解动力转向器</td></tr>
<tr><td></td><td>1．拆下动力转向器防尘护套夹箍。</td></tr>
<tr><td>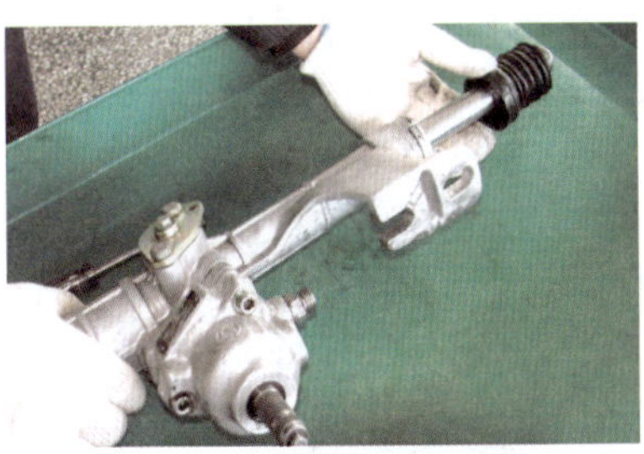</td><td>2．拆下动力转向器防尘护套挡圈、防尘护套。</td></tr>
</table>

	3．拆下转向器挡盖。
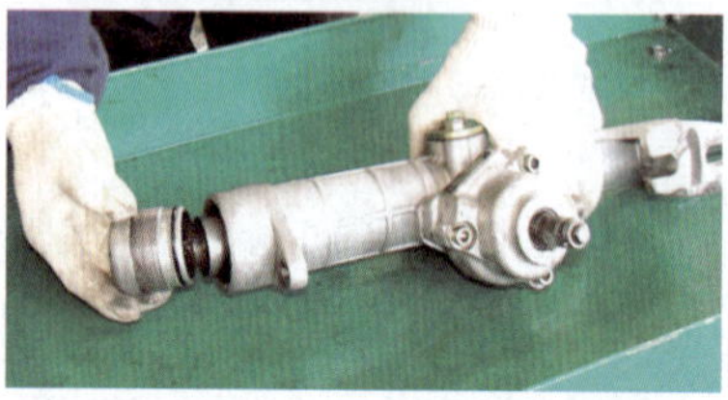	4．拆下挡盖组件，取出卡圈、O形密封圈、弹簧，松开调整螺钉。
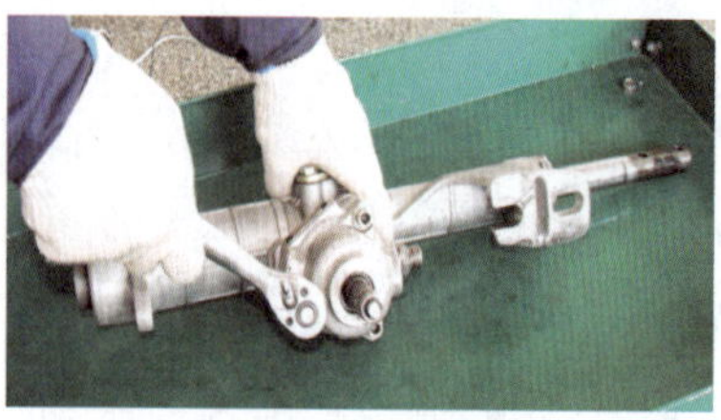	5．松开转阀紧固螺钉。
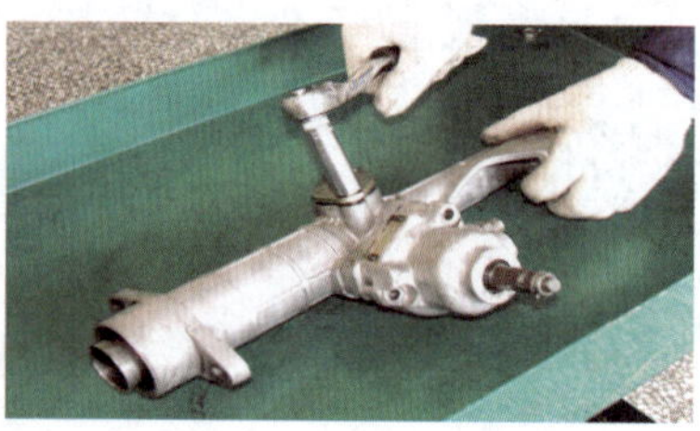	6．拆下并取出调整螺钉，取出调整螺钉座、垫圈和盖板。拆下O形密封圈、压簧和压块。
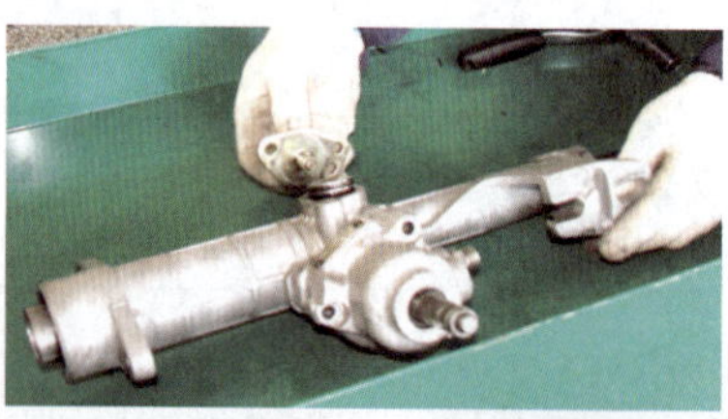 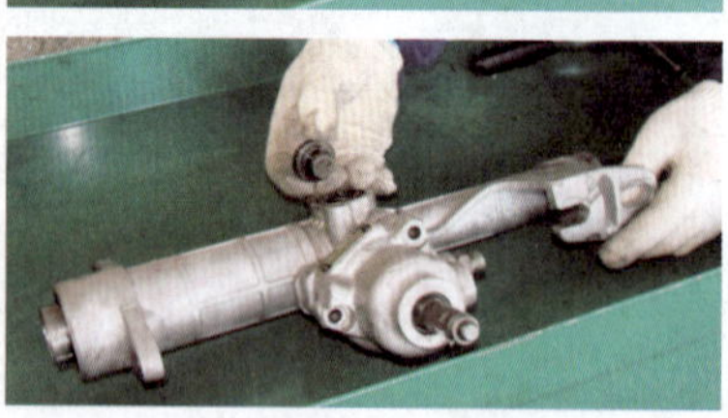	7．拆下转阀和小齿轮。

<table>
<tr><td>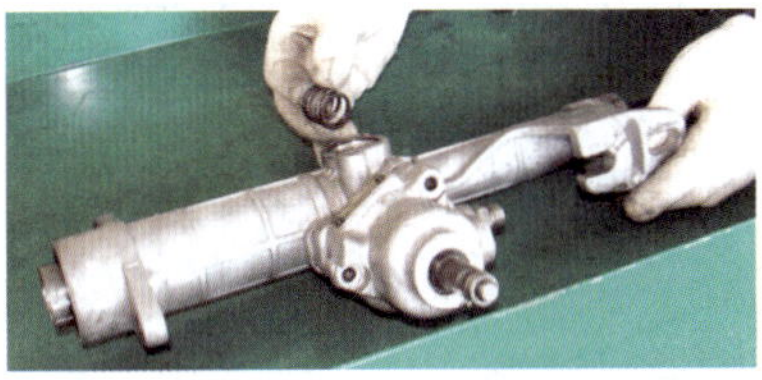
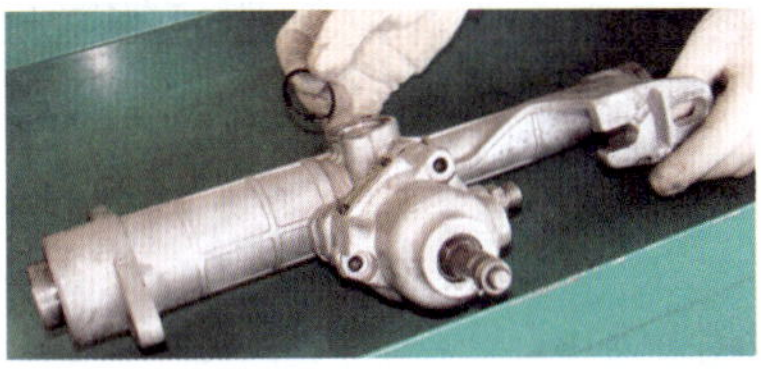</td><td></td></tr>
<tr><td>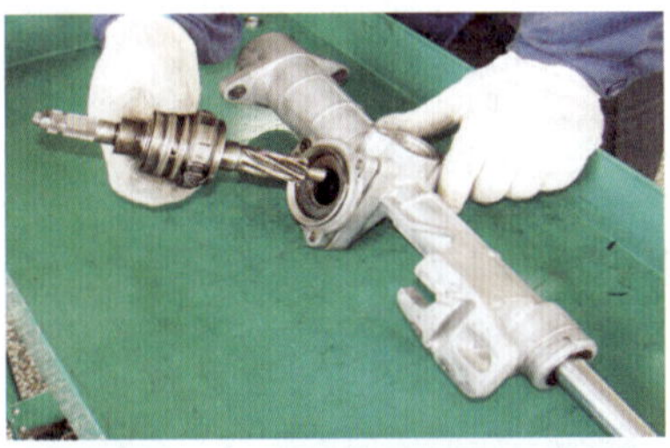
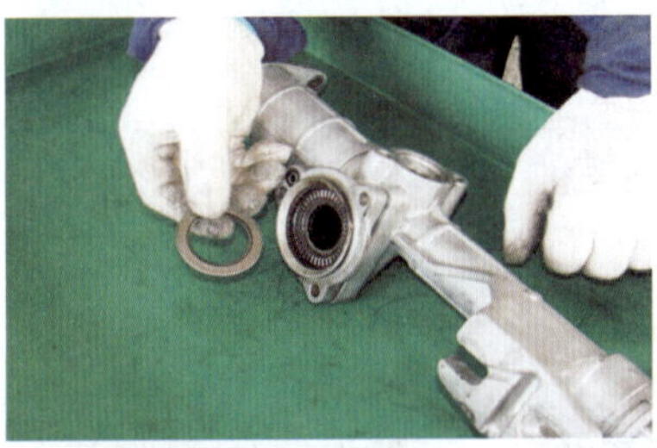
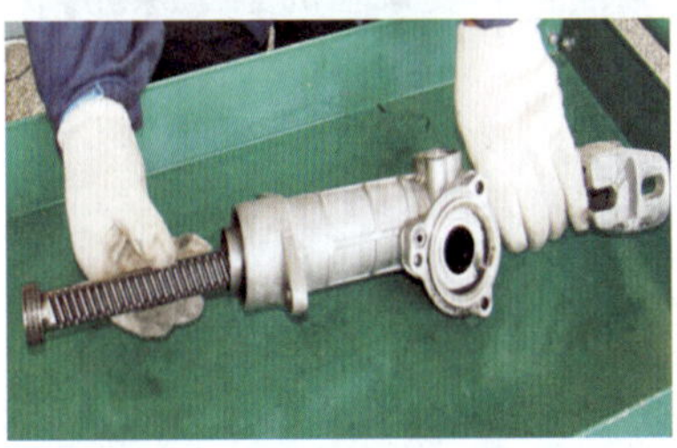</td><td>8．一边旋转，一边拉出齿条和小齿轮。
9．如有需要，拆卸转向控制阀总成，拆下转向控制阀外壳的密封圈。</td></tr>
</table>

三、装复动力转向器

装复动力转向器时，按与拆卸相反的顺序进行。

注意：

◆ 油泵和转向控制阀上的紧固螺栓的密封环只要被拆卸，就要更换新件，旧件不得再使用。

四、拆卸转向油泵	
	1．举升车辆。 2．拆卸油泵上回油高压软管的放油螺栓，排放 ATF（自动传动油）。
	3．拆卸转向油泵前支架上的张紧螺栓。
	4．拆卸转向油泵后支架上的紧固螺栓。
	5．松开转向油泵中心支架上的紧固螺母和螺栓。

<table>
<tr><td></td><td>6．把转向油泵固定在台虎钳上，拆卸滑轮和中间支架。</td></tr>
<tr><td colspan="2">五、装复转向油泵</td></tr>
<tr><td></td><td>1．连接进液软管和出液软管，拧紧转向泵管接头。
2．用安装螺栓将转向泵初步装复在转向泵支架上。</td></tr>
<tr><td></td><td>3．装复动力转向轮带。
提示：
◆ 应确保动力转向轮带牢牢地装配在凹槽中。</td></tr>
</table>

4．将储液罐中的转向液加注至上限。

提示：

◆ 启动发动机，使之怠速转动，然后将转向盘从右极限位置到左极限位置转动几次，以便对系统进行排气。重新检查储液罐中的转向液位，视需要添加。

六、调整转向油泵

1．松开动力转向油泵装复螺母，转动调节螺栓使轮带张力达到标准值，然后重新拧紧装复螺母；启动发动机，将转向盘从右极限位置到左极限位置转动几次，然后使发动机停转，重新检查轮带的垂度。

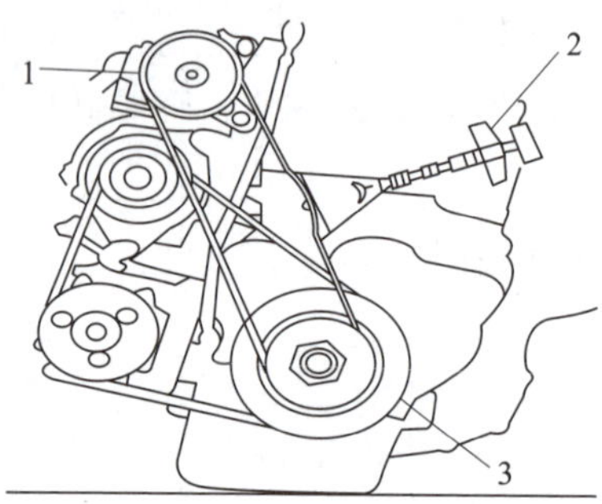

1—动力转向带轮

2—带张力测量仪（07 JGG-001010 A）

3—曲轴带轮

2．调节转向油泵轮带。

提示：

◆ 使用新的轮带时，先按新轮带的标准垂度或张力进行调整，然后使发动机运转 5 min 后，按旧带的标准垂度或张力再次进行调整。

考评标准表——动力转向器和转向油泵的拆装 时间：60 min

考核项目	分值	评分标准与指导	评价结果
正确使用工具	10	工具使用不当酌情扣分，并指正	
拆卸动力转向器	10	按要求酌情扣分，并指正	
分解动力转向器	10	按要求酌情扣分，并指正	
装复动力转向器	10	按要求酌情扣分，并指正	
拆卸转向油泵	10	按要求酌情扣分，并指正	

续表

考核项目	分值	评分标准与指导	评价结果
安装转向油泵轮带	10	按要求酌情扣分，并指正	
调节转向油泵轮带	10	按要求酌情扣分，并指正	
装复转向油泵	10	按要求酌情扣分，并指正	
零件、工具摆放是否整齐	10	按要求酌情扣分，并指正	
遵守相关安全操作规范	10	因违规操作发生人身和设备事故，终止考核，成绩按 0 分计 超时每分钟扣 1 分，超时 10 min 终止考核	
分数合计	100		

课题八 制动装置的拆装

任务1 制动踏板的拆装

实训目标

1. 了解制动装置的作用及组成。
2. 了解制动踏板的作用、原理及组成。
3. 能够熟练拆卸和组装制动踏板。
4. 能够对制动踏板高度和自由行程进行调整。

实训准备

1. 设备：整车2辆、举升机2台、常用工具1套、起亚专用工具1套。
2. 材料：柱式、剪式举升机使用说明手册各1套，配套学习材料每人1套。
3. 场地：汽车底盘拆装（一体化）实训室。

工作任务

一辆起亚赛拉图轿车行驶约4万公里，在行驶过程中，车主发现其制动效果不太好。技师分析：制动踏板行程过大，导致汽车制动效果不好，汽车制动距离长，必须对制动踏板总成进行拆卸。作为一名汽车维修工，应该怎样面对这样的问题？本任务要求学生了解制动踏板总成的结构及组成，并在此基础上能够对制动踏板总成进行拆装。

知识储备

一、汽车制动装置

1. 制动装置的作用

制动装置主要是让行驶中的汽车按照需要减速或在最短的距离内停车，是使汽车在保证安全的前提下尽量发挥出高速行驶性能的装置。其工作原理就是将汽车的动能通过摩擦转换成热能。

2. 制动装置的组成

制动装置由前轮盘式制动器、制动主缸、真空助力器、制动踏板机构、后轮鼓式制动器、制动组合阀等组成。

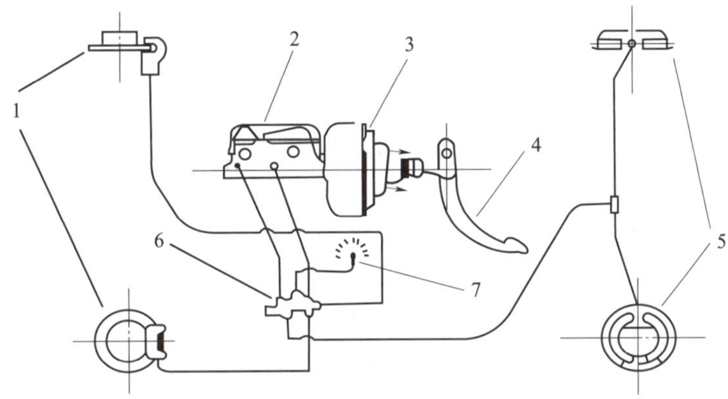

制动装置的组成

1—前轮盘式制动器　2—制动主缸　3—真空助力器　4—制动踏板机构
5—后轮鼓式制动器　6—制动组合阀　7—制动警告灯

二、制 动 踏 板

1. 制动踏板的作用

制动踏板就是限制动力的踏板，即行车制动器（脚刹）的踏板，其主要作用是刹车、减速或停车。长时间踩踏制动踏板是导致刹车片过热软化的主要原因。

2. 制动踏板的工作原理

制动踏板的工作原理：在机器的高速轴上固定一个轮或盘，在机座上安装与之相适应的闸瓦、带或盘，在外力作用下使之产生制动力矩。

制动踏板的操作注意事项：必须用脚尖、脚心踏制动踏板，而且踏下制动踏板时应紧握转向盘；不准在踏加速踏板的同时踏制动踏板。

3. 制动踏板总成

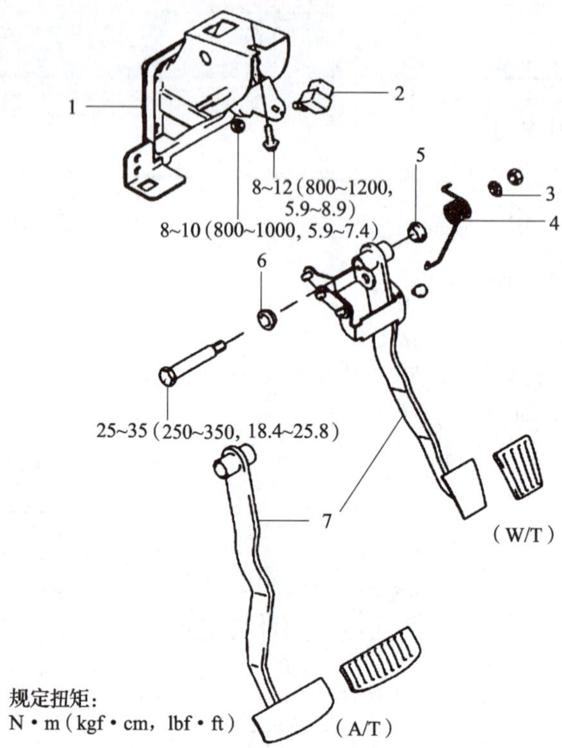

制动踏板总成

1—构架总成支架　2—制动灯开关　3—垫圈　4—回位弹簧　5、6—轴套　7—制动踏板

4. 制动踏板高度

踏板高度是指制动踏板与地板之间的距离。起亚赛拉图汽车制动系制动踏板高度的标准值为 189 mm。

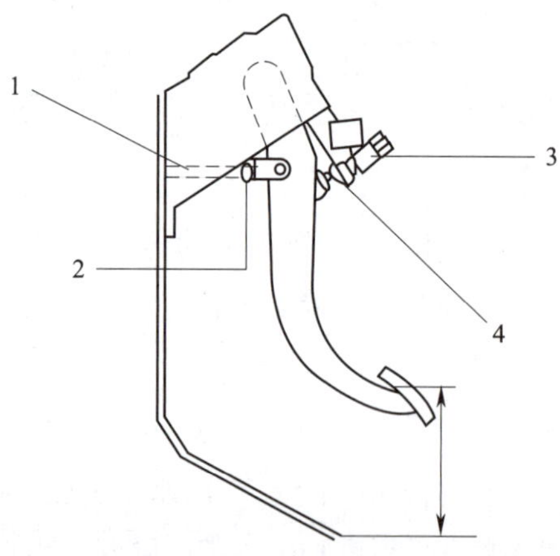

制动踏板的高度

1—操纵杆　2—操纵杆锁紧螺母　3—刹车灯开关　4—刹车灯开关锁紧螺母

5．制动踏板自由行程的检查

起亚赛拉图轿车采用液压制动，其踏板自由行程是指踏板踏下时推杆接触到主缸活塞时的踏板移动量（图中 A），其值应小于 3 ~ 8 mm。若检查不符合规定，可松开制动主缸真空助力器推力杆上的螺母，通过旋动叉头来调整推力杆长度，使制动踏板的自由行程改变。

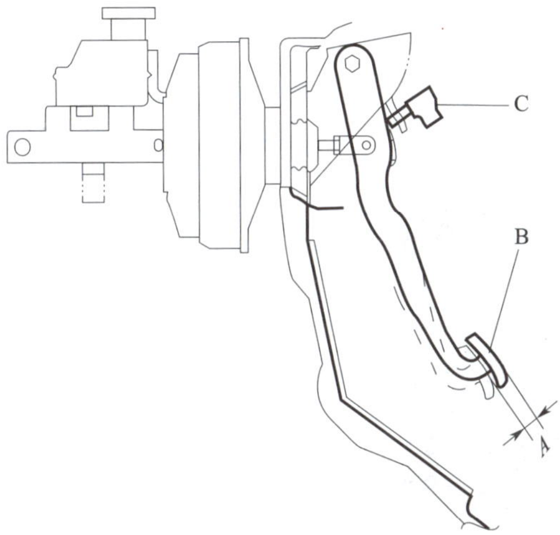

制动踏板自由行程的检查

任务实施

一、拆卸制动踏板

	1．将脚垫放在驾驶员座位下方的地毯上。 提示： ◆ 工作时保持车内清洁，不得损坏任何元件。
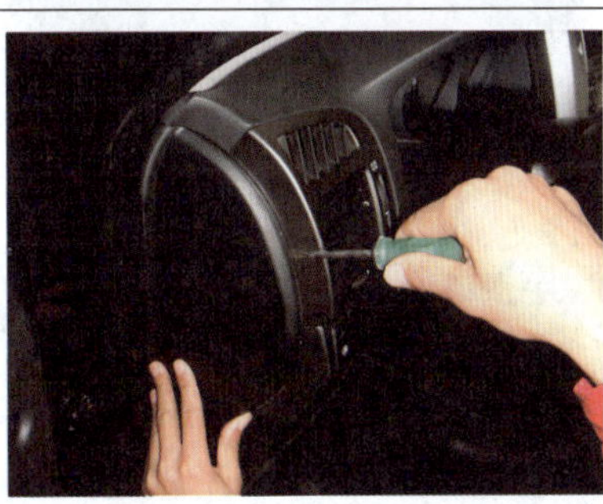	2．拆下仪表台左侧护盖。 提示： ◆ 不要使用蛮力，先撬开护盖，再将其整体取下。

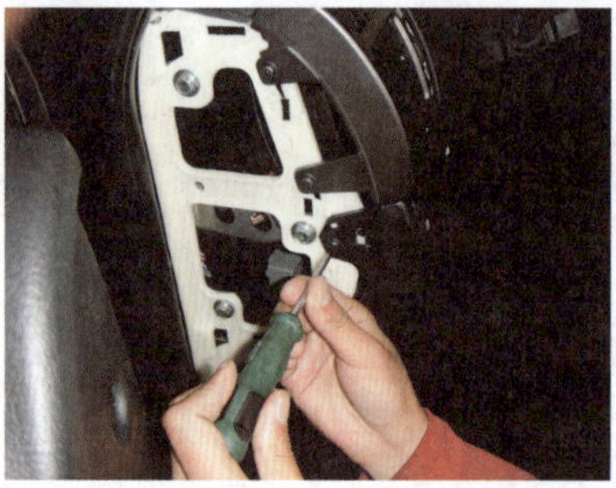	3. 拧下仪表台下方防撞板的螺钉。 提示： ◆ 共有 3 个螺钉。
	4. 拆下熔丝盒的护盖。
	5. 拧下防撞板正面的固定螺钉。 提示： ◆ 共有 3 个螺钉。
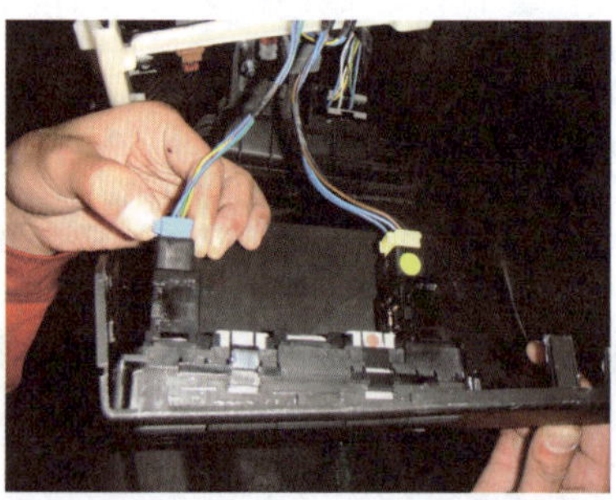	6. 拔下雾灯和警告灯连接器。 提示： ◆ 不要弄断连接器上的卡子。

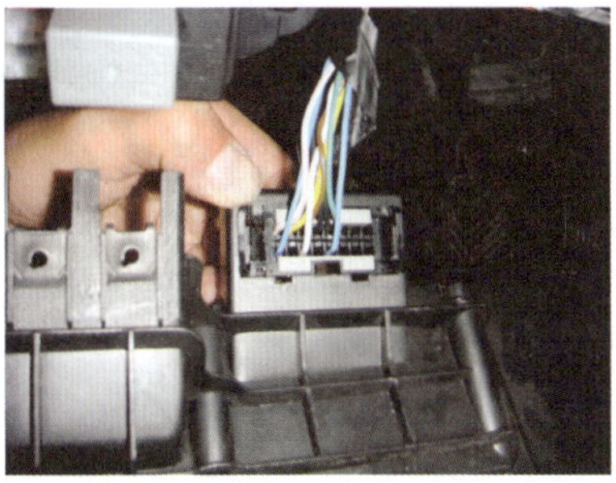	7．拆下自诊断接口。
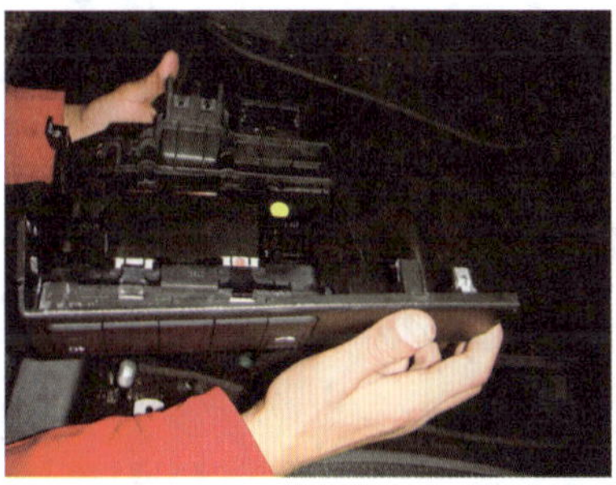	8．取下防撞板。
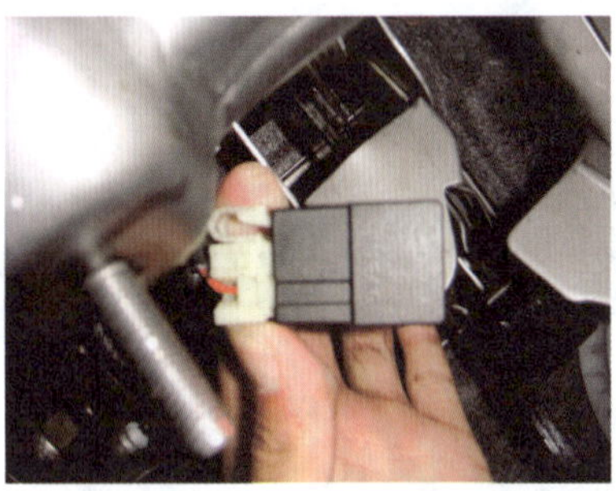	9．拔下制动灯开关连接器。
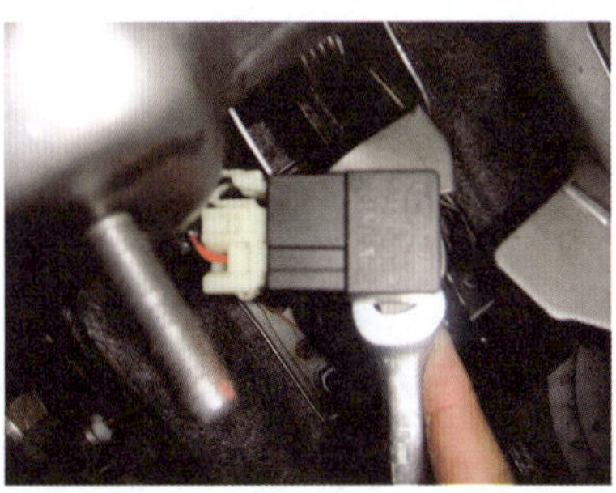	10．拆下制动灯开关。

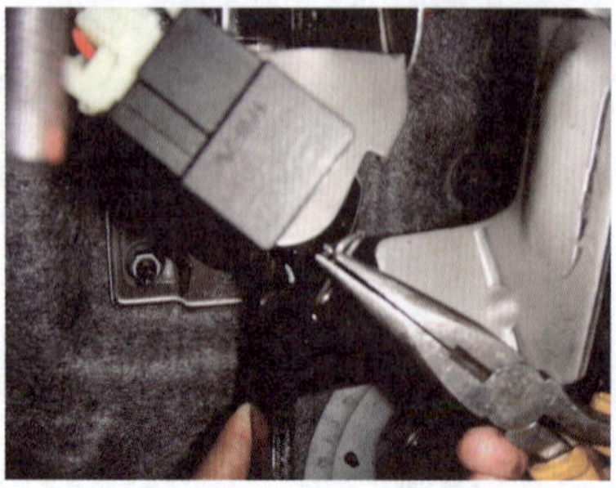	11．拆下制动踏板上的扣销。
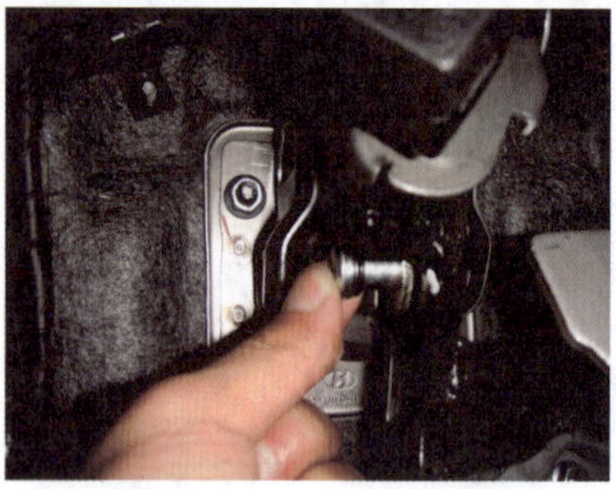	12．取出制动踏板的锁销。
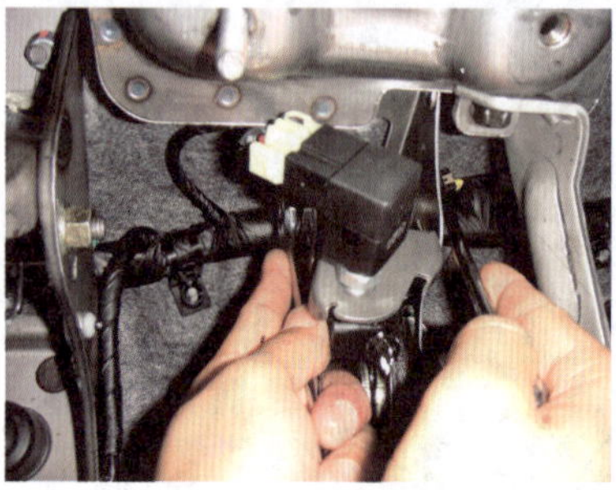	13．拆卸制动踏板构架总成固定螺母。
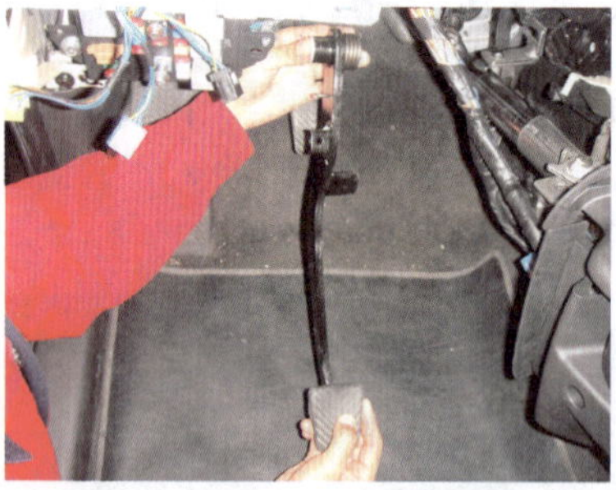	14．取下制动踏板总成。

二、安装制动踏板并调整制动踏板高度

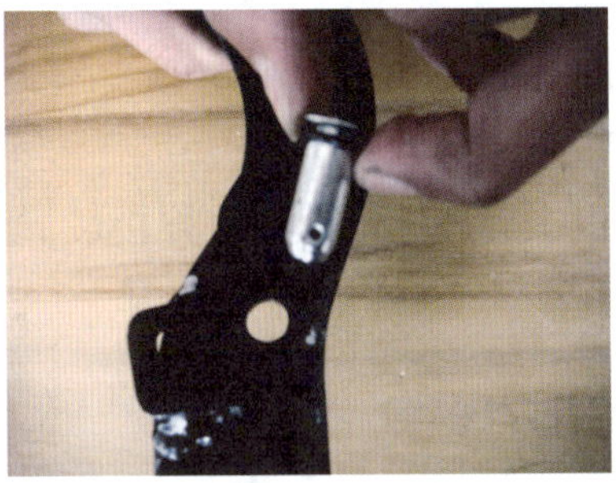	1．按与拆卸相反的顺序进行安装。 提示： ◆ 插入连接销之前，应先涂抹指定的润滑脂。
	2．检查各连接杆件是否松旷。
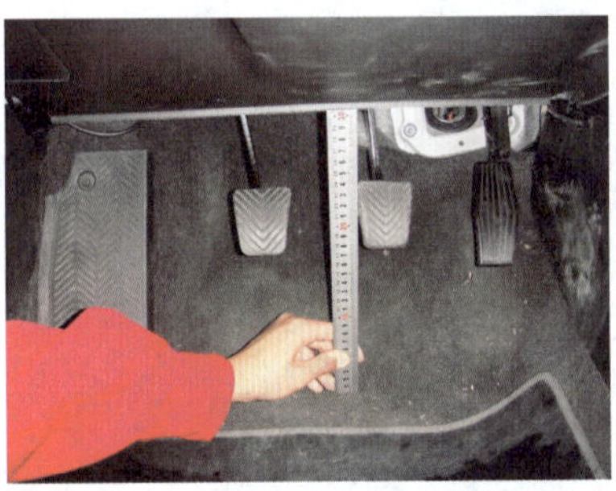	3．将直尺支撑在驾驶室地板上，检查制动踏板与地板之间的距离。 提示： ◆ 直尺与驾驶室地板必须垂直测量。
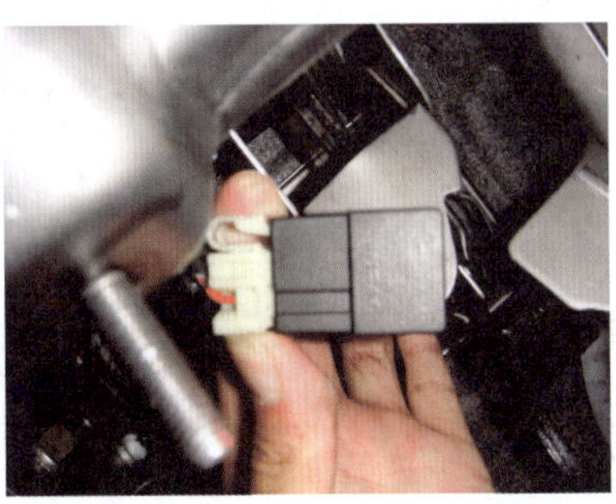	4．若制动踏板高度不符合标准，分离制动灯开关连接器。 提示： ◆ 不要损坏制动灯开关连接器。

<table>
<tr><td>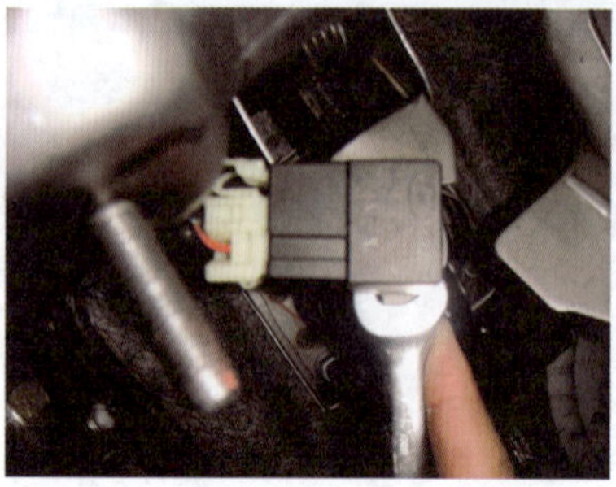</td><td>5．拧松制动灯开关螺母，把制动灯开关移到不与制动踏板臂接触的位置。
提示：
◆ 制动灯开关螺母有 2 个，应拧松最下方的螺母。</td></tr>
<tr><td>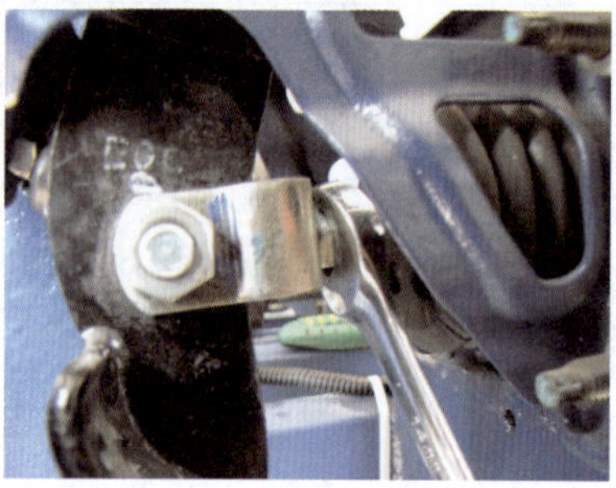</td><td>6．旋转推杆上的调整螺母调整踏板的高度。
提示：
◆ 顺时针方向旋转，踏板高度升高；反之，踏板高度降低。</td></tr>
<tr><td></td><td>7．转动制动灯开关直到与制动踏板止动块接触。</td></tr>
<tr><td></td><td>8．继续转动制动灯开关 1/2 到 1 圈，然后拧紧锁紧螺母。
提示：
◆ 锁紧螺母为制动灯开关下方的第 1 个螺母。</td></tr>
</table>

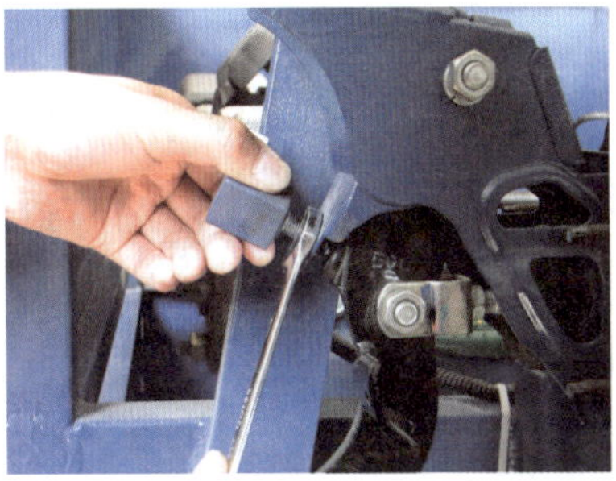	
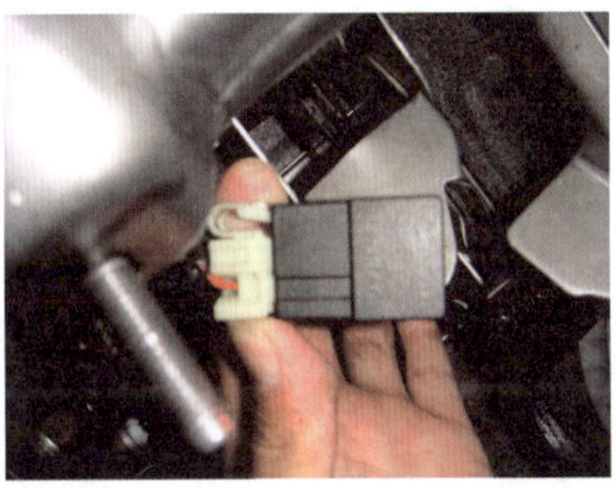	9．连接制动灯开关连接器。
	10．检查制动灯，在踏板放松的状态下，制动灯应不亮。
三、检查与调整制动踏板自由行程	
	1．在发动机停止状态下踏制动踏板 2 ~ 3 次，以便放空真空助力器的真空。

	2．用手向下推动制动踏板至刚好遇到阻力。
	3．检查制动踏板移动量是否在标准值内。 提示： ◆ 标准值为 3 ~ 8 mm。
	4．如果间隙小于标准值，检查制动灯开关外壳与制动踏板之间的间隙是否在标准值内。 提示： ◆ 如果此间隙超过标准值，说明 U 形夹销与制动踏板臂之间的间隙超过规定。应检查间隙是否过大，并按需要更换故障零件。
	5．启动发动机。

	6．踩下制动踏板。
	7．检查制动总泵、制动管路和各连接部位是否漏油。 提示： ◆ 若漏油，按需维修故障部位。

考评标准表——制动踏板的拆装　　时间：60 min

项目	分值	评分标准与指导	评价结果
正确使用工具	10	工具使用不当酌情扣分，并指正	
拆卸仪表台左侧护盖、雾灯和警告灯连接器	10	按要求酌情扣分，并指正	
拆卸制动灯开关	10	按要求酌情扣分，并指正	
拆卸制动踏板总成	10	按要求酌情扣分，并指正	
安装制动踏板	10	按要求酌情扣分，并指正	
调整制动踏板高度	10	按要求酌情扣分，并指正	
检查制动踏板自由行程	10	按要求酌情扣分，并指正	
调整制动踏板自由行程	10	按要求酌情扣分，并指正	
零件、工具摆放是否整齐	10	按要求酌情扣分，并指正	
遵守相关安全操作规范	10	因违规操作发生人身和设备事故，终止考核，成绩按 0 分计 超时每分钟扣 1 分，超时 10 min 终止考核	
分数合计	100		

任务2　制动主缸的拆装

实训目标

1. 了解制动主缸的功用、结构及工作原理。
2. 能够熟练拆卸和安装制动主缸。

实训准备

1. 设备：整车2辆、举升机2台、常用工具1套、起亚专用工具1套。

2. 材料：柱式、剪式举升机使用说明手册各1套，配套学习材料每人1套。

3. 场地：汽车底盘拆装（一体化）实训室。

工作任务

一辆起亚赛拉图轿车行驶约6万公里，在行驶过程中，车主发现制动踏板行程加大。起初以为是制动踏板自由行程没有调好，经过技师检查发现是制动主缸总成出现了问题，要对其进行更换。技师分析：赛拉图轿车采用的是串联双腔主缸组成的双回路液压制动系统，双回路液压制动系统中任一回路失效时，制动主缸仍能工作，只不过所需踏板行程加大，将导致汽车的制动距离增大，制动效能降低。因此，必须对制动主缸进行检查和拆卸。作为一名汽车维修工，应该怎样面对这样的问题？本任务要求学生了解制动主缸的功用、结构及工作原理，并在此基础上能够对制动主缸进行拆装。

知识储备

一、制动主缸的功用

制动主缸的作用是产生制动液压，是将制动踏板上的机械能转化成制动系统液压能的装置。它有两个独立产生液压的油腔，因此称为双腔制动主缸。

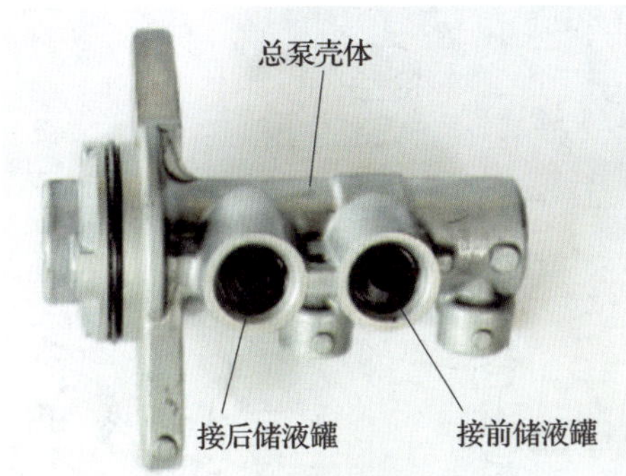

双腔制动主缸

二、制动主缸的结构和工作原理

制动主缸的缸体通过螺栓安装在助力器上，在缸体内装有前后两个活塞9、3，分别由两个回位弹簧13、8使其回位，前活塞回位弹簧弹力稍大于后活塞回位弹簧弹力，以保证前活塞在不制动时右移抵靠在限位螺钉15上，使前活塞有正确的起始位置。拆装前活塞时，需要拆下限位销。在活塞上装有密封圈，以密封工作腔。每个工作腔有单独的油罐和出油管接口，以免一条管路漏油影响另一条管路正常工作。

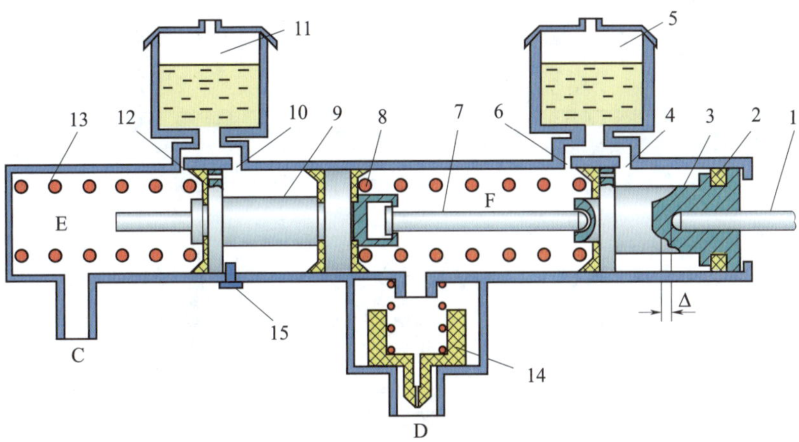

制动主缸的结构和工作原理

1—推杆　2—密封圈　3—后制动活塞　4、10—进油孔　5—后储液罐　6、12—补偿孔　7—传动杆　8—后制动活塞回位弹簧　9—前制动活塞　11—前储液罐　13—前制动活塞回位弹簧　14—出油阀总成　15—限位螺钉

赛拉图轿车制动主缸总成如下：

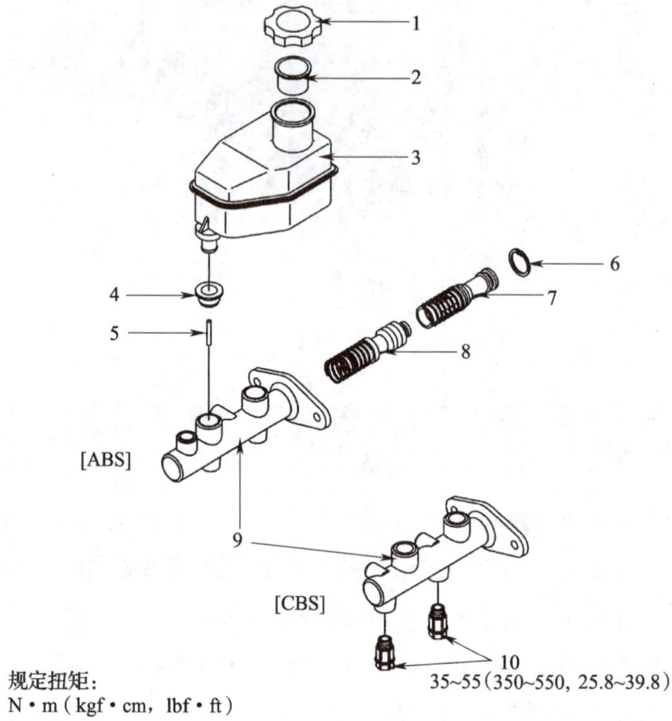

赛拉图轿车制动主缸总成

1—储液罐盖　2—制动液滤清器　3—储液罐　4—密封垫圈　5—分泵销　6—挡圈　7—主活塞总成　8—副活塞总成　9—总泵体　10—比例阀

三、制动主缸的拆装注意事项

1．如果安装新的制动主缸，应按以下步骤检查、调整推杆长度。

（1）将主缸量规放到主缸端部，旋松定位螺钉，推出量规量杆，使其抵靠到主活塞后端。

（2）保持量规在此位置时拧紧定位螺钉。

（3）将量规翻转过来测量真空助力器推杆。

（4）如果间隙不等于零，应旋松推杆锁紧螺母，调整推杆长度。

2．推杆长度的调整必须准确，如果推杆调整过长，将产生制动拖滞；如果推杆调整过短，将使制动踏板变低。

任务实施

一、拆卸制动主缸

	1．安装护垫。
	2．拧松空气滤清器与进气软管之间的螺钉。
	3．拆卸空气滤清器盖。
	4．取出空气滤清器的滤芯。

	5．拆下空气滤清器固定螺栓。
	6．取出空气滤清器体。
	7．分离制动油位开关连接器。
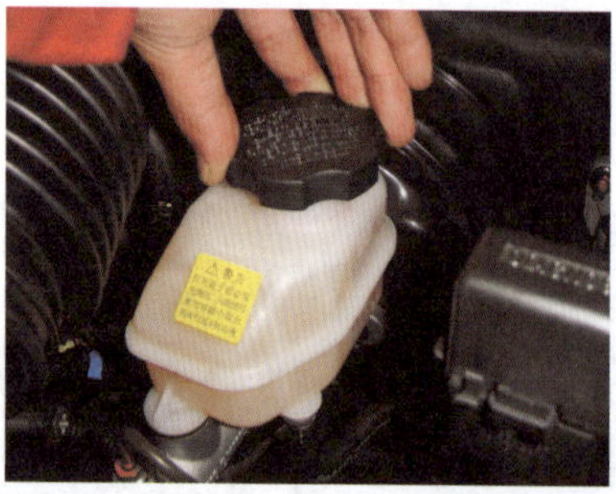	8．拧下储液罐盖。

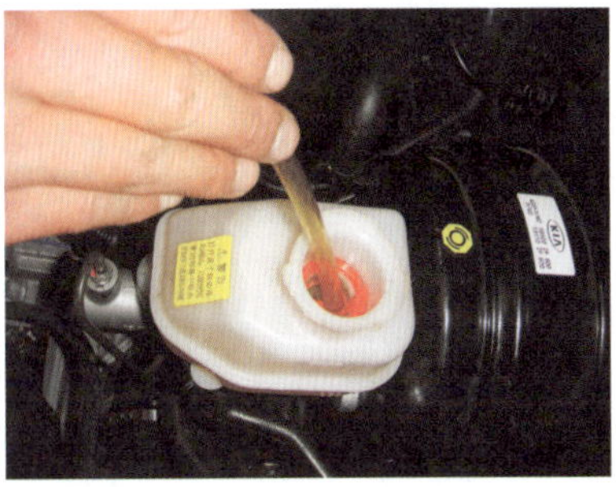	9．用注油器清除总泵储液罐上的制动液。
	10．从总泵上分离制动管路。 提示： ◆ 为防止喷溅，应用抹布或毛巾盖住软管接头。
	11．从总泵上分离另一条制动管路。
	12．拧下总泵固定螺母并拆下垫圈。

	13．从制动助力器上拆卸总泵。 提示： ◆ 拆卸总泵时，注意不要弄弯或损坏制动管路。
	14．按与拆卸总泵相反的顺序安装总泵。 提示： ◆ 无论何时拆卸，都要用新品更换所有橡胶部件。
二、分解制动主缸	
	1．拧下储液罐盖。
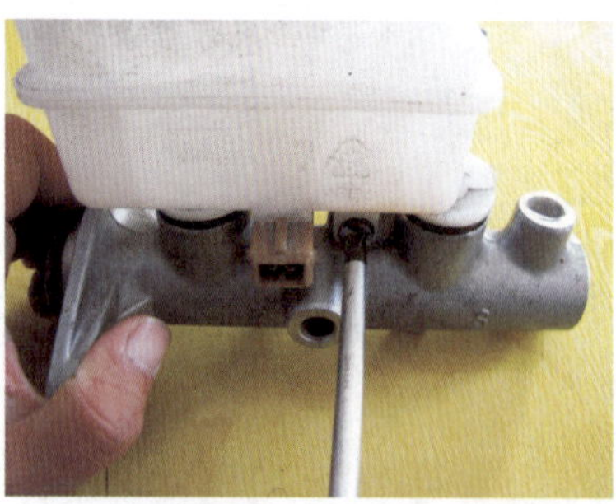	2．拧下储液罐固定螺钉。

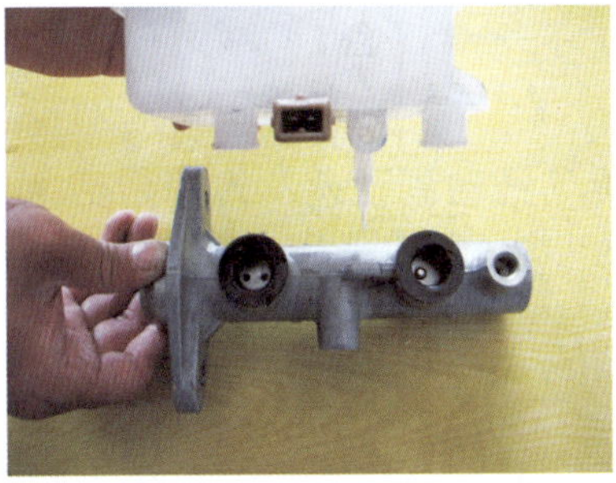	3．从总泵上拆卸储液罐。
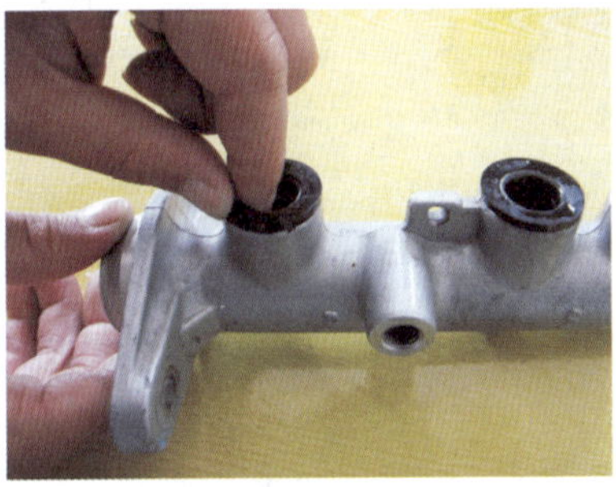	4．取下储液罐 2 个密封圈。
	5．拆卸制动主缸活塞的卡簧。
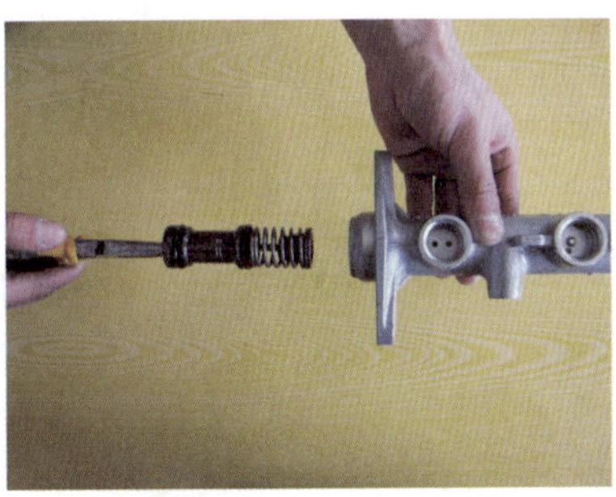	6．拆卸主活塞总成。

	7．使用旋具推动副活塞，拆卸副活塞卡销。
	8．拆卸副活塞总成。
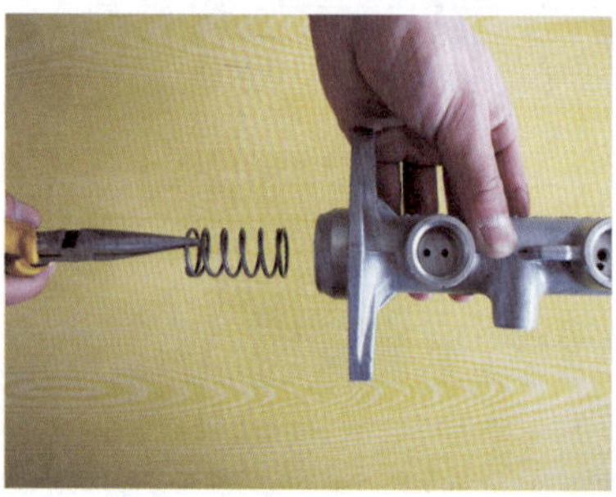	9．取出副活塞回位弹簧。
三、组装制动主缸	
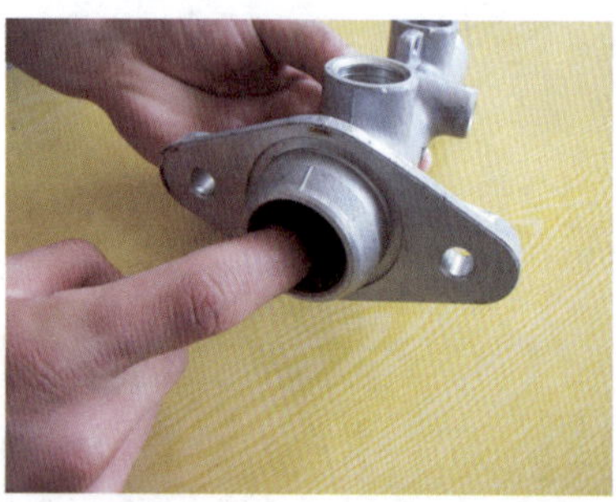	1．在制动主缸内壁上涂抹制动液。

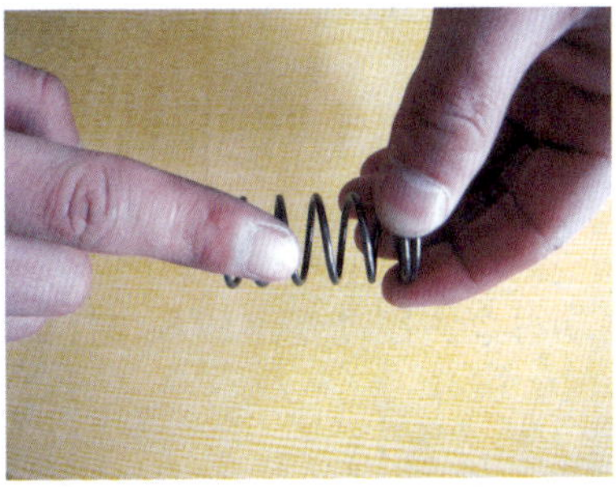	2．检查副活塞弹簧是否变形或损坏，需要时更换。
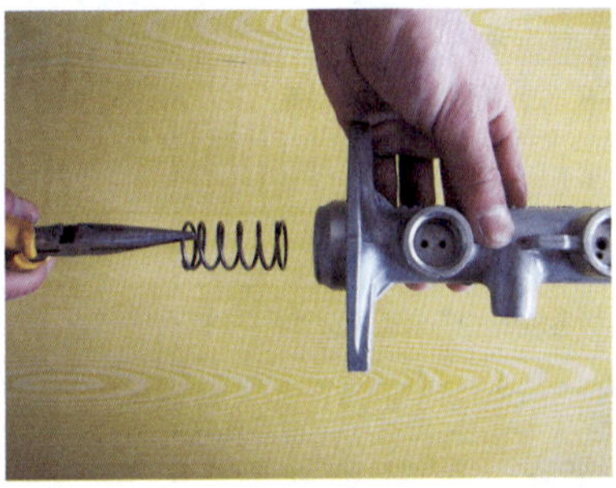	3．将副活塞弹簧装入制动主缸内。 提示： ◆ 安装前在副活塞弹簧上涂抹制动液。
	4．将副活塞放入制动主缸内。 提示： ◆ 安装前在副活塞上涂抹制动液。
	5．用旋具按下活塞，并安装副活塞销。

	6．检查制动踏板移动量是否在标准值内。 提示： ◆ 标准值为 3 ~ 8 mm。 ◆ 启动发动机，踩下制动踏板。 9．检查制动总泵、制动管路和各连接部位是否有泄漏。

考评标准表——制动主缸的拆装　　时间：45 min

项目	分值	评分标准与指导	评价结果
正确使用工具	10	工具使用不当酌情扣分，并指正	
分离制动管路	10	按要求酌情扣分，并指正	
拆卸制动总泵	10	按要求酌情扣分，并指正	
拆卸储液罐	10	按要求酌情扣分，并指正	
拆卸主活塞总成	10	按要求酌情扣分，并指正	
拆卸副活塞总成	10	按要求酌情扣分，并指正	
安装副活塞弹簧	10	按要求酌情扣分，并指正	
安装副活塞销	10	按要求酌情扣分，并指正	
零件、工具摆放是否整齐	10	按要求酌情扣分，并指正	
遵守相关安全操作规范	10	因违规操作发生人身和设备事故，终止考核，成绩按 0 分计 超时每分钟扣 1 分，超时 10 min 终止考核	
分数合计	100		

任务 3　真空助力器的拆装

实训目标

1. 了解真空助力器的功用及结构。
2. 掌握真空助力器专用拆装工具的使用方法。
3. 能够熟练地拆卸和安装真空助力器。

实训准备

1. 设备：整车 2 辆、举升机 2 台、常用工具 1 套、起亚专用工具 1 套。
2. 材料：柱式、剪式举升机使用说明手册各 1 套，配套学习材料每人 1 套。
3. 场地：汽车底盘拆装（一体化）实训室。

工作任务

一辆起亚赛拉图轿车行驶约 6 万公里，在行驶过程中，车主发现制动踏板行程加大，经过技师检查是真空助力器总成出现了问题，要对其进行更换。技师分析：赛拉图轿车制动时，制动力不完全由驾驶员实施，还需要真空助力器进行助力。一旦真空助力器发生故障，助力效果将变差，甚至没有助力，这样会使驾驶员实施制动时费力，增加驾驶员的负担，对行车安全也不利。因此，必须对真空助力器进行检查、拆装或更换。作为一名汽车维修工，应该怎样面对这样的问题？本任务要求学生了解真空助力器的功用及结构，并在此基础上能够对真空助力器总成进行拆装。

知识储备

一、真空助力器的功用与结构

1. 真空助力器的功用

真空助力器是利用真空泵产生的真空和大气压力之差，将制动效果提高几倍，使踩踏制动踏板时省力，保证安全迅速制动。当真空助力器发生故障时，则不能发挥助力作用，但液压制动器仍能保证行车安全。

2. 真空助力器的结构

真空助力器固定在车身上，借助推杆与制动踏板连接。加力气室由前后壳体组成，其间夹装有膜片和座，它的前腔经单向阀通进气管或真空筒；后腔膜片座毂筒中装有控制阀，其中装有与推杆固接的空气阀和限位板、真空阀和推杆等零件。膜片座前端装有推杆，其间有传递脚感的橡胶反作用盘。橡胶反作用盘是两面受力：右面的中心部分要受推杆及空气阀的推力，盘边环部分还要承受膜片座的推力；左面要承受推杆传来的主缸液压反作用力。实际上它是一个膜片，利用它的弹性变形来完成渐进随动，同时使脚无悬空感。单向阀有两个功能：一是保证发动机熄火后有一次有效地助力制动；二是发动机偶尔回火时，保护真空助力室的膜片免于损坏。

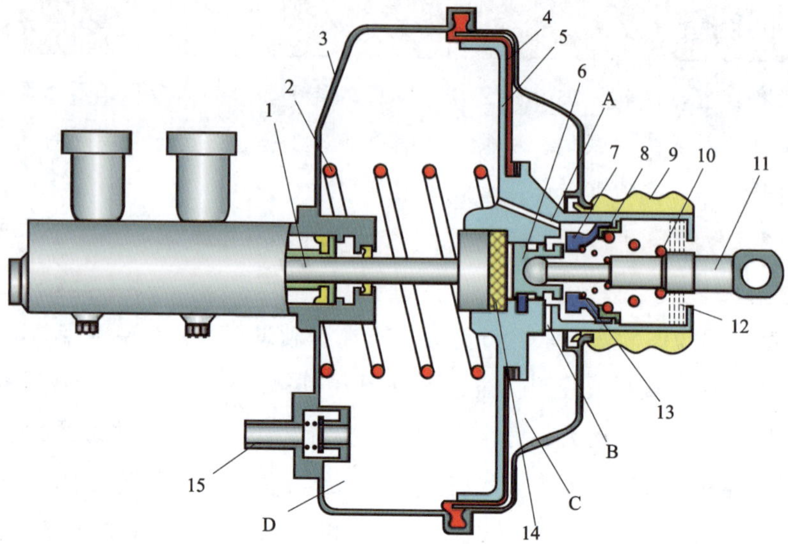

真空助力器的结构

A—真空通道　B—通气道　C—加力气室后腔　D—加力气室前腔

1—制动主缸推杆　2—膜片回位弹簧　3—助力器壳体　4—膜片　5—膜片座　6—空气阀　7—真空阀　8—推杆回位弹簧座　9—防尘罩　10—推杆回位弹簧　11—推杆　12—空气滤清器　13—真空阀回位弹簧　14—橡胶反作用圆盘　15—真空口和单向阀

二、真空助力器解剖图

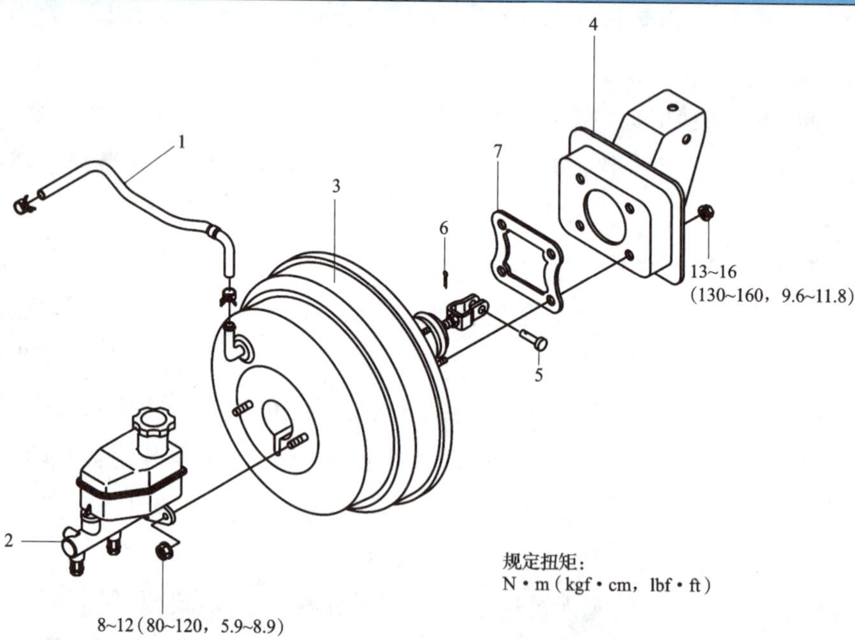

赛拉图轿车真空助力器解剖图

1—真空软管　2—总泵总成　3—助力器总成　4—构架总成　5—销总成　6—扣销　7—密封件

任务实施

一、拆卸真空助力器

	1．拆卸总泵。
	2．从制动助力器上分离真空软管。
	3．拆卸扣销、销和垫圈。
	4．拧下 4 个助力器固定螺母。

	5．从发动机室中拆下真空助力器。
二、安装真空助力器	
	1．调整助力器的推杆长度，然后在助力器总成上安装密封件。 提示： ◆ 标准长度：115 mm±0.5 mm（4.528 in±0.020 in）。
	2．插入助力器并拧紧螺母。
	3．用销连接助力器推杆和制动踏板，并在销上安装扣销。 提示： ◆ 安装扣销时，必须使用新品。

	4．安装制动总泵。
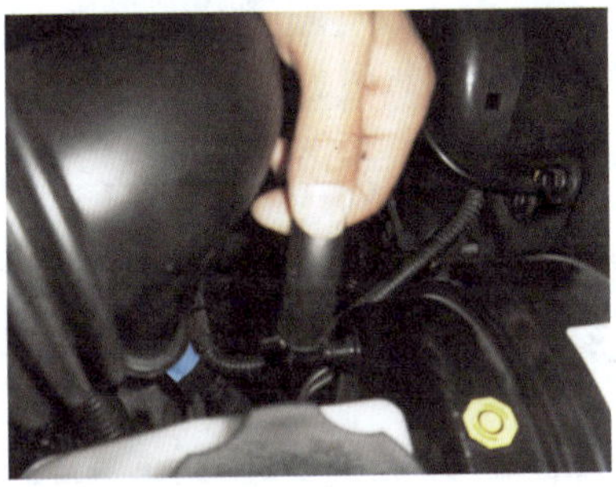	5．把真空软管连接到真空助力器上。
	6．向制动油储液罐中添加制动油，给系统放气。
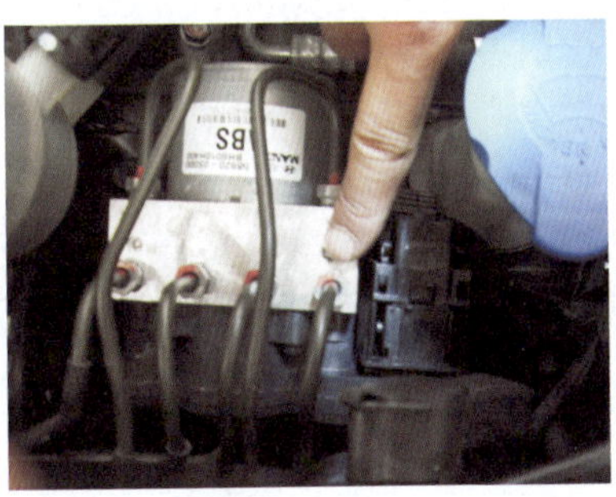	7．检查系统是否漏油。

	8. 检查并调整制动踏板高度到适当位置。

考评标准表——真空助力器的拆装　　时间：30 min

项目	分值	评分标准与指导	评价结果
正确使用工具	10	工具使用不当酌情扣分，并指正	
拆卸制动总泵	10	按要求酌情扣分，并指正	
拆卸真空软管	10	按要求酌情扣分，并指正	
拆卸扣销、销和垫圈	10	按要求酌情扣分，并指正	
拆卸真空助力器	10	按要求酌情扣分，并指正	
调整助力器的推杆长度	10	按要求酌情扣分，并指正	
安装制动总泵	10	按要求酌情扣分，并指正	
调整制动踏板高度到适当位置	10	按要求酌情扣分，并指正	
零件、工具摆放是否整齐	10	按要求酌情扣分，并指正	
遵守相关安全操作规范	10	因违规操作发生人身和设备事故，终止考核，成绩按 0 分计 超时每分钟扣 1 分，超时 10 min 终止考核	
分数合计	100	按要求酌情扣分，并指正	

任务 4　盘式制动器的拆装

实训目标

1. 了解车轮制动器的功用与类型。
2. 了解盘式制动器的组成、类型及工作原理。
3. 能够熟练拆卸和安装盘式制动器。

实训准备

1. 设备：整车 2 辆、举升机 2 台、常用工具 1 套、起亚专用工具 1 套。
2. 材料：柱式、剪式举升机使用说明手册各 1 套，配套学习材料每人 1 套。
3. 场地：汽车底盘拆装（一体化）实训室。

工作任务

一辆起亚赛拉图轿车行驶约 6 万公里，在行驶过程中，车主发现制动效果不明显，到 4 S 店检查发现是汽车前轮盘式制动器出现了问题，要对其进行更换。技师分析：赛拉图轿车前轮上都装有单活塞浮动卡钳式盘式制动器，它是汽车制动系统中真正使汽车停止的部件。所以，必须对盘式制动器进行拆卸检查。作为一名汽车维修工，应该怎样面对这样的问题？本任务要求学生了解盘式制动器的组成、类型及工作原理，并在此基础上能够对盘式制动器进行拆装。

知识储备

一、车轮制动器的功用与类型

凡是利用固定元件与旋转元件工作表面产生制动转矩的制动器，都称为摩擦制动器。车轮制动器就是一种摩擦制动器，因为旋转元件固定安装在车轮上，所以称为车轮制动器。汽车上常用的车轮制动器可分为鼓式制动器和盘式制动器两种，它们的区别在于前者摩擦副中的旋转元件为制动鼓，其圆柱面为工作表面，后者摩擦副中的旋转元件为圆盘状的制动盘，其端面为工作表面。

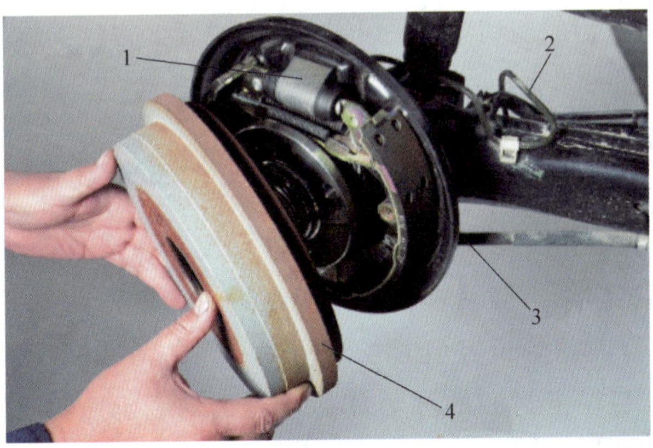

鼓式制动器

1—制动轮缸　2—制动油管　3—制动蹄　4—制动鼓

盘式制动器

1—消音片 2—制动块 3—制动钳 4—支架 5—制动盘

二、盘式制动器

1. 盘式制动器的组成

盘式制动器由制动钳、制动盘、制动块、消音片、支架等组成。

2. 盘式制动器的类型

盘式制动器主要有钳盘式和全盘式两种。目前，钳盘式制动器已越来越多地被各级轿车和货车用作车轮制动器；全盘式制动器只有少数用作车轮制动器，个别情况下还可作为缓冲器。

赛拉图轿车前、后轮制动器均采用钳盘式制动器。钳盘式制动器又分为定钳盘式制动器和浮钳盘式制动器。

3. 盘式制动器的工作原理

制动时，制动液被压入内、外两侧液压缸中。两活塞在液压作用下移向制动盘，并通过垫圈和压圈将制动块压靠到制动盘上。在活塞移动过程中，橡胶密封圈的刃边在摩擦作用下随活塞移动，使密封圈产生弹性变形。密封圈极限变形量应等于制动器间隙为设定值时安全制动所需的活塞行程。解除制动时，活塞连同垫圈和压圈在密封圈的弹力作用下退回，直到密封圈变形完全消失为止。此时摩擦块与制动盘之间的间隙（制动器间隙）即为设定间隙（本例中约为0.1 mm）。

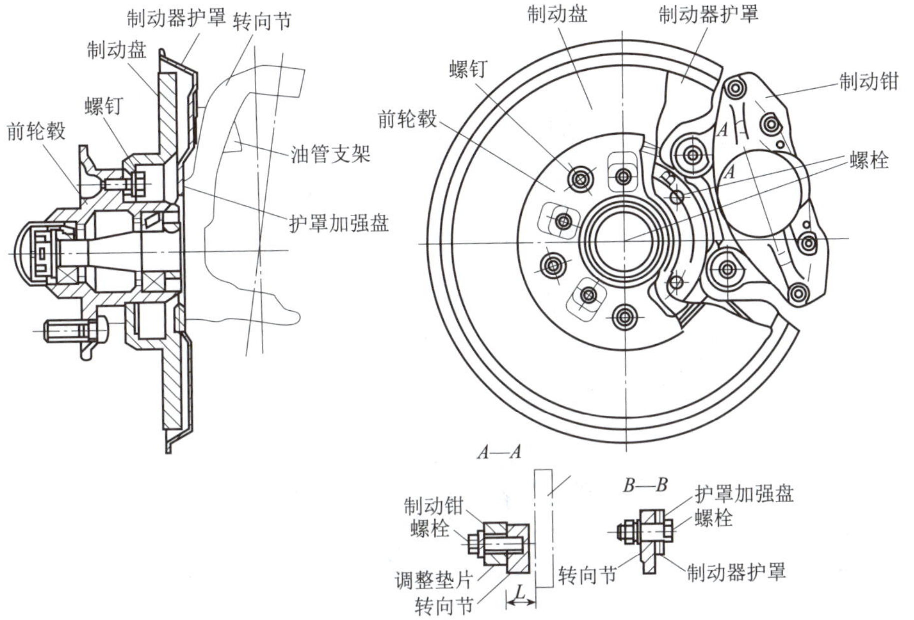

定钳盘式制动器

4. 盘式制动器结构图与解剖图

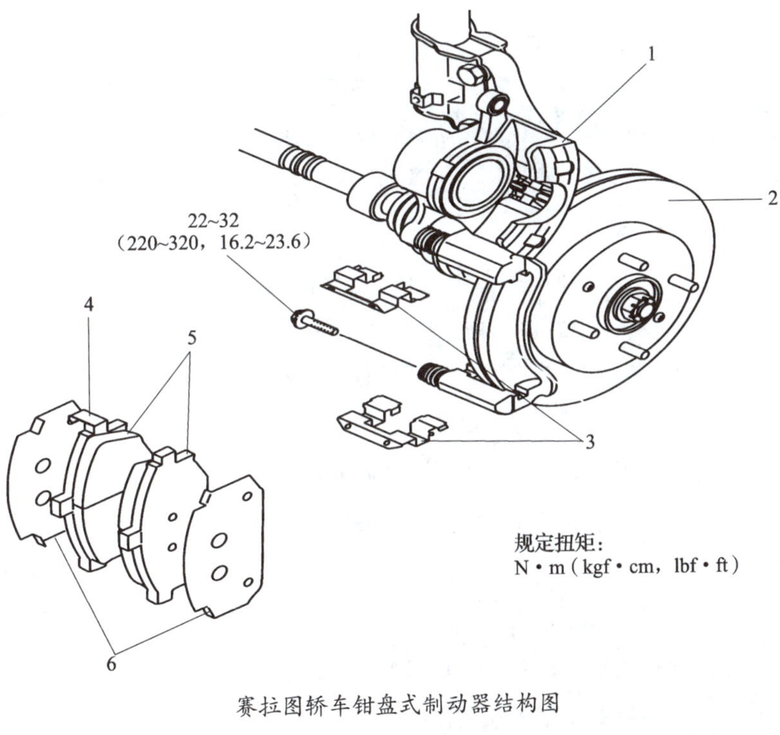

赛拉图轿车钳盘式制动器结构图

1—制动钳　2—制动盘　3—制动块挡圈　4—指示器　5—制动块　6—制动块垫片

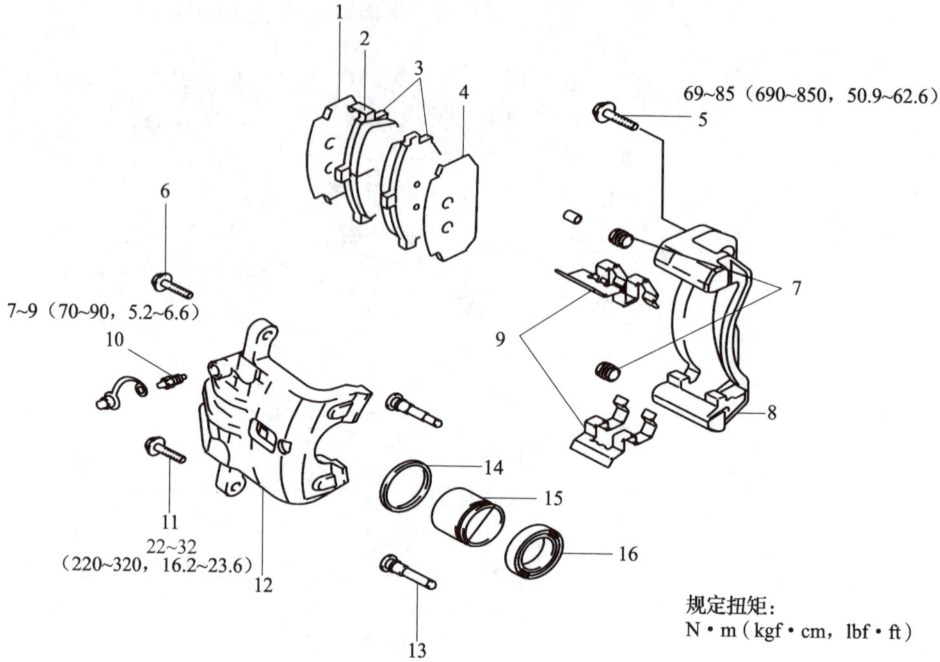

赛拉图轿车钳盘式制动器解剖图

1—内部垫片 2—指示器 3—制动块 4—外部垫片 5—卡钳固定螺栓 6—导杆螺栓 7—销防尘罩 8—卡钳支架 9—制动块挡圈 10—放气螺钉 11—导杆螺栓 12—卡钳体 13—导销 14—活塞密封圈 15—活塞 16—活塞防尘罩

三、盘式制动器的拆装注意事项

1．禁止制动油喷洒到车辆上，因为这样可能损坏部件。如果制动油接触到漆面，应立即用水清洗干净。

2．为防止喷溅，应用抹布或毛巾盖住已分离的软管接头。

3．清洁制动油内的所有部件并风干，用压缩空气吹干所有管道。

4．重新组装前，检查所有部件是否远离灰尘或其他外界杂质。

5．用说明书中指定的新品更换部件。

6．确认没有污物或其他外界杂质进入制动油管路中。

7．确认无润滑脂或油粘在制动盘或制动块上。

8．再次使用制动块时，应按它们的原始顺序安装，以防止制动效率降低。

9．禁止重复使用废旧制动油。

10．应一直使用纯正的 DOT3 或 DOT4 制动油。使用非纯正的 DOT3 或 DOT4 制动油可导致制动系统腐蚀，减少其使用寿命。

11．应用清洁的制动油涂抹活塞、活塞密封槽和卡钳芯；用新品更换所有橡胶部件。

任务实施

一、拆卸盘式制动器

	1．安全支撑车辆。
	2．释放驻车制动装置。
	3．举升车辆。 4．拆卸轮胎。 提示： ◆ 应在汽车举升之前，拧松轮胎的固定螺栓。
	5．拆卸制动软管夹，从悬架臂上拆卸制动软管。

<table>
<tr><td></td><td>6．从支架上拆卸 2 个导杆。</td></tr>
<tr><td></td><td>7．取下制动钳。
提示：
◆ 彻底清洁卡钳外侧，防止灰尘和杂质进入。</td></tr>
<tr><td>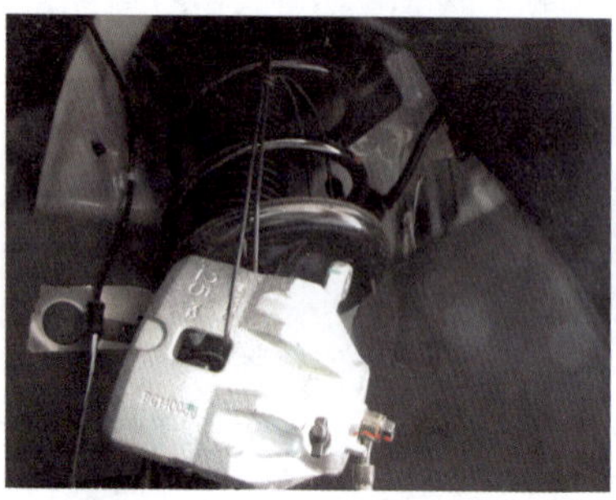</td><td>8．用一根铁丝支撑制动钳，防止卡钳从制动软管处垂下。</td></tr>
<tr><td></td><td>9．拆卸左侧制动块垫片。</td></tr>
</table>

	10．拆卸左侧制动块。
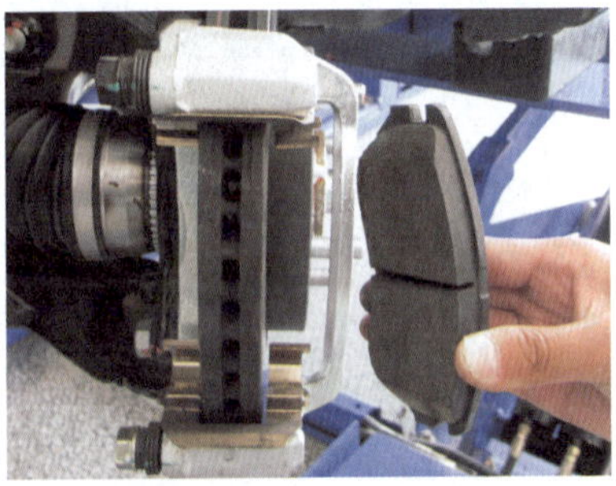	11．拆卸右侧制动块。
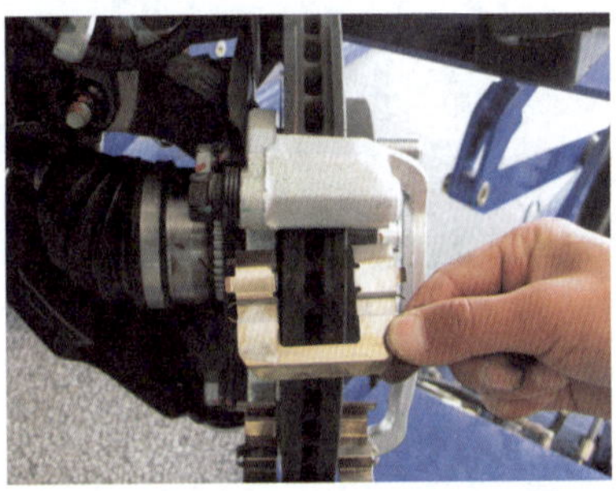	12．拆卸上、下侧制动块垫片。
	13．拧下制动器支架固定螺栓。

	14．取下制动器支架。
二、装配盘式制动器	
	1．安装制动钳支架。
	2．拧紧制动钳支架固定螺栓。
	3．安装上、下制动块弹簧。

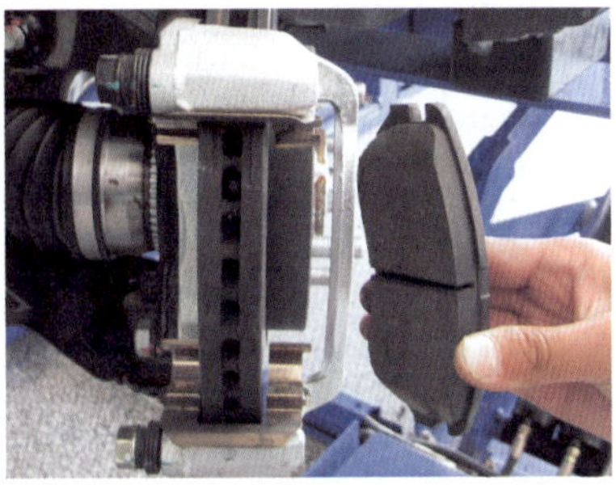	4．检查制动块垫片后面是否有异物，若没有异物可以装上制动块。 提示： ◆ 制动盘或制动块污染会降低车辆的制动性能，制动盘或制动块上不应粘有润滑脂。
	5．在卡钳支架上安装制动块和制动块垫片。 提示： ◆ 安装内部制动块，其内侧的磨损指示应朝下。 ◆ 再次使用制动块时，应按它们的原始顺序安装，以防止制动效率瞬间降低。
	6．安装制动钳。
	7．安装导杆，并按适当规格拧紧。

	8．将制动软管夹夹在悬架臂上，然后安装制动软管。
	9．装上车轮。 提示： ◆ 车轮固定螺栓分两次拧紧。
	10．降下车辆。
	11．安装完成后，检查软管和管路接头或连接处是否泄漏。 提示： ◆ 必要时重新拧紧。

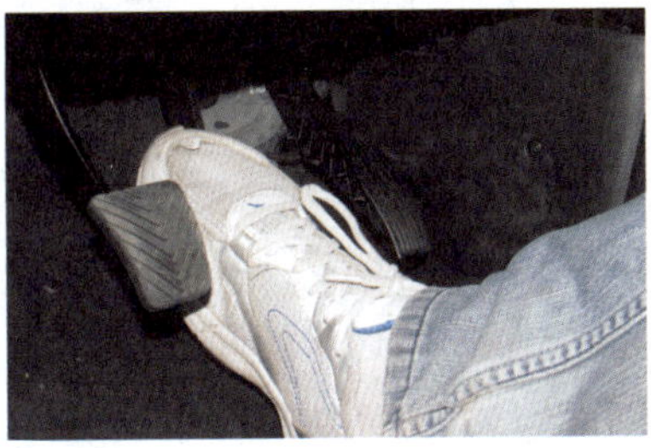	12. 踩下制动踏板数次，以确认制动器工作，然后进行路试。

考评标准表——盘式制动器的拆装　　时间：45 min

项目	分值	评分标准与指导	评价结果
正确使用工具	10	工具使用不当酌情扣分，并指正	
举升机的使用	10	按要求酌情扣分，并指正	
拆卸制动软管夹	10	按要求酌情扣分，并指正	
拆卸左、右侧制动块垫片	10	按要求酌情扣分，并指正	
拆卸上、下侧制动块垫片	10	按要求酌情扣分，并指正	
拧下制动器支架固定螺栓	10	按要求酌情扣分，并指正	
安装制动钳支架	10	按要求酌情扣分，并指正	
安装制动钳	10	按要求酌情扣分，并指正	
零件、工具摆放是否整齐	10	按要求酌情扣分，并指正	
遵守相关安全操作规范	10	因违规操作发生人身和设备事故，终止考核，成绩按 0 分计 超时每分钟扣 1 分，超时 10 min 终止考核	
分数合计	100		

任务 5　驻车制动装置的拆装

实训目标

1. 了解驻车制动装置的功用、类型及组成。
2. 能够熟练拆卸和安装驻车制动装置。

实训准备

1. 设备：整车 2 辆、举升机 2 台、常用工具 1 套、起亚专用工具 1 套。
2. 材料：柱式、剪式举升机使用说明手册各 1 套，配套学习材料每人 1 套。
3. 场地：汽车底盘拆装（一体化）实训室。

工作任务

一辆起亚赛拉图轿车行驶约7万公里，在停车的时候，车主发现汽车停泊不稳定，会滑溜，经过维修人员检查发现是驻车制动装置出现了问题，必须对驻车制动装置进行检查、拆卸或更换。作为一名汽车维修工，应该怎样面对这样的问题？本任务要求学生了解驻车制动装置的功用、类型及组成，并在此基础上能够对驻车制动装置进行拆装。

知识储备

驻车制动装置

1. 驻车制动装置的功用

驻车制动装置主要有以下功用：在汽车停驶后，防止汽车滑溜；便于在坡道上起步；在行车制动器失效后临时使用或配合行车制动器进行紧急制动。

2. 驻车制动装置的类型

（1）根据驻车制动器的安装位置，可将其分为中央制动器和车轮制动器两种。前者安装在变速器或分动器的后面，制动力矩作用在传动轴上；后者与车轮制动器共用一个制动器总成，只是传动机构是相互独立的。

（2）根据制动器的结构形式特点可将其分为鼓式、盘式、带式和弹簧式驻车制动器。

3. 驻车制动装置的组成

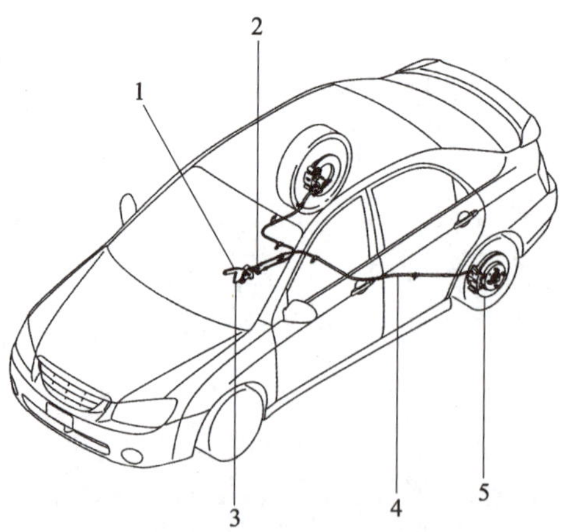

驻车制动装置的组成

1—驻车制动杆　2—平衡器　3—驻车制动开关　4—驻车制动拉线　5—后制动钳

任务实施

一、拆卸驻车制动装置

	1．拆卸控制台外壳。
	2．取下变速器选挡杆防尘罩。
	3．取下控制台外壳。
	4．松开调整螺母和驻车制动拉线。

	5．分离驻车制动开关的连接器。
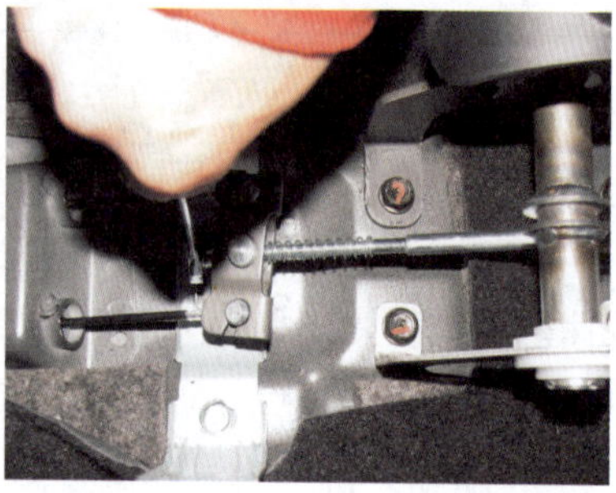	6．拆卸驻车制动杆总成。
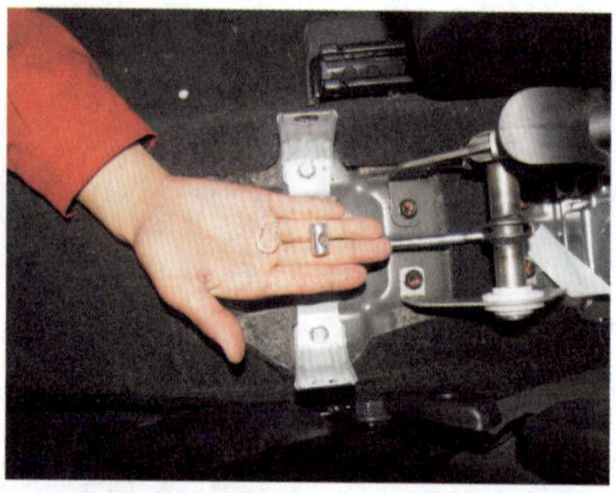 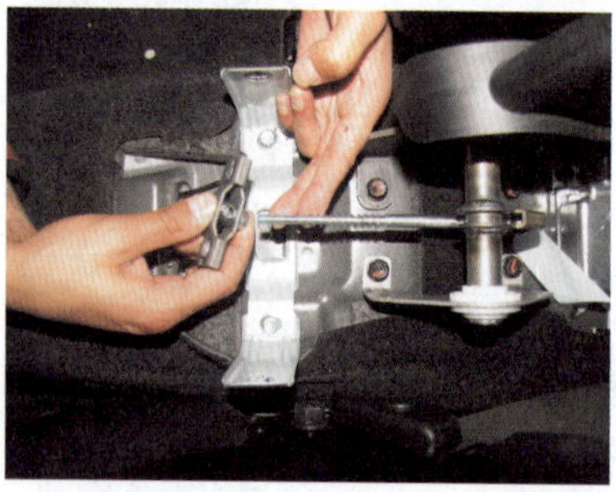	7．从驻车制动拉线上拆卸驻车制动拉线夹。

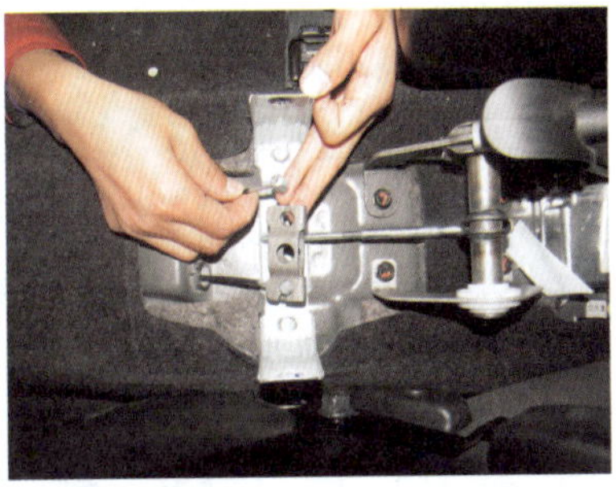	8．从杆上分离驻车制动拉线。
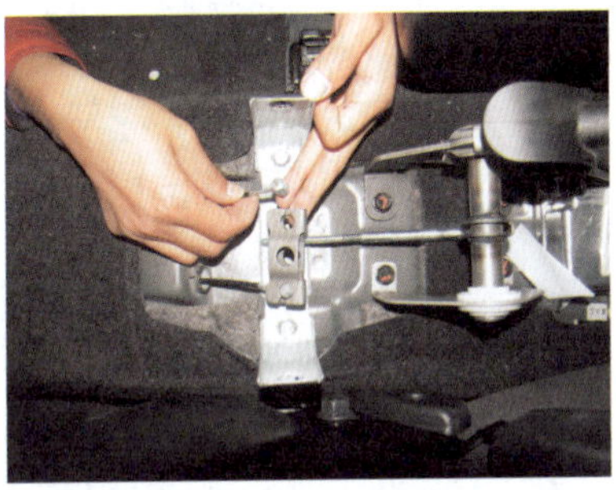	9．拆卸驻车制动拉线夹及驻车制动拉线。
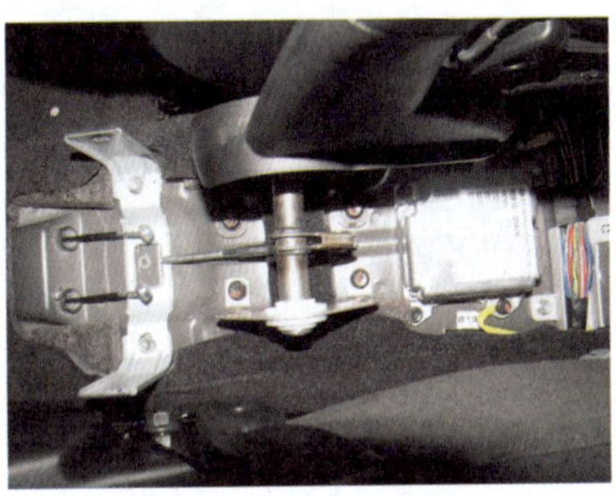	10．取下接线夹。
	11．松开制动器上制动拉线的卡子。

	12．拆下制动器上制动拉线的回位弹簧。
	13．取下制动拉线回位弹簧。
	14．拧松制动拉线固定座上的螺母。
	15．取下制动器上的制动拉线固定座。

	16．取下制动拉线。
 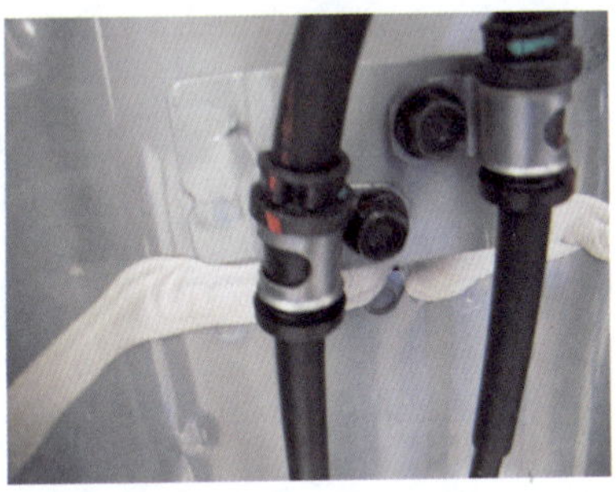	17．拆下底盘上制动拉线的固定螺栓，取下制动拉线。

二、安装驻车制动装置

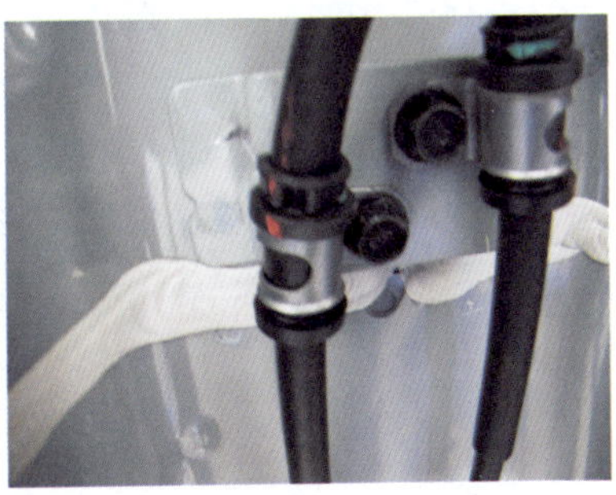	1．确认驻车制动拉线的识别标记漆位置，并在左、右侧的适当位置安装。

<table>
<tr><td>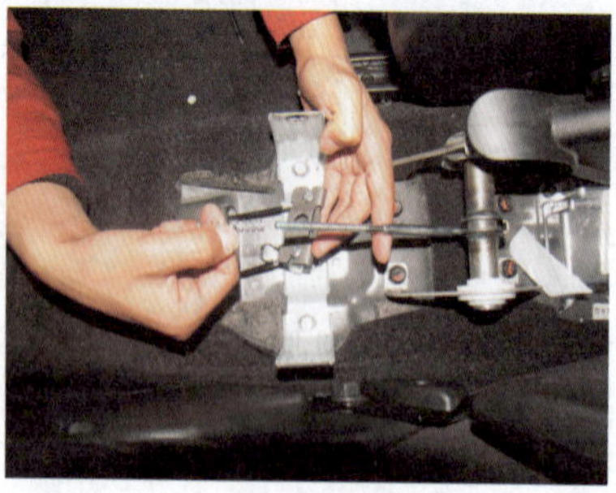</td><td>2．按与拆卸相反的顺序安装零部件。
提示：
◆ 在扇形棘轮板或棘轮爪的每个滑动部位涂抹指定的润滑脂（SAEJ310，NLGI NO.2）。</td></tr>
<tr><td>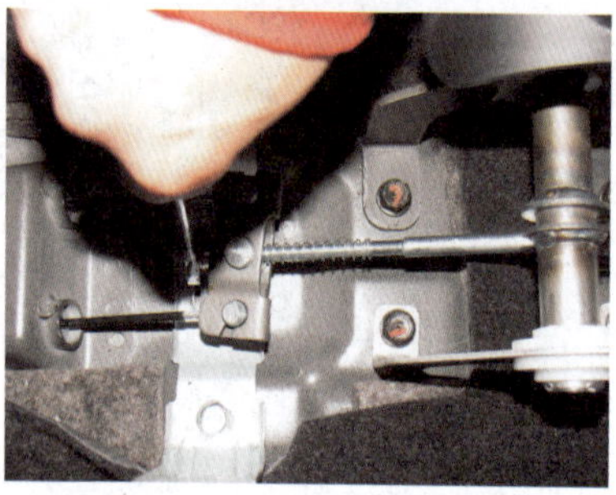</td><td>3．安装驻车制动拉线调整器后，调整驻车制动杆行程。</td></tr>
<tr><td>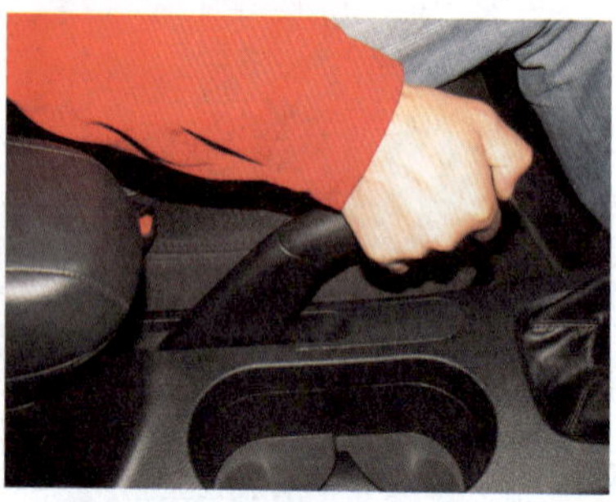</td><td>4．用 196 N 的力拉驻车制动杆，充分提供驻车制动。应在规定的“咔嗒”声次数内锁止驻车制动杆。
提示：
◆ 驻车制动杆锁紧“咔嗒”声：配备后盘式制动器的车辆为 8 ~ 9 声；配备后鼓式制动器的车辆为 8 声。</td></tr>
<tr><td></td><td>5．固定前车轮，升高车辆后部，确认车辆被安全支撑。</td></tr>
</table>

<table>
<tr><td></td><td></td></tr>
<tr><td></td><td>6．确定后制动钳上的驻车制动臂接触制动钳销。</td></tr>
<tr><td></td><td>7．向上拉驻车制动杆，听到“咔嗒”声后停止。</td></tr>
<tr><td></td><td>8．拆卸控制台。</td></tr>
</table>

	9．取下变速杆防尘罩。
	10．取下控制台壳体。
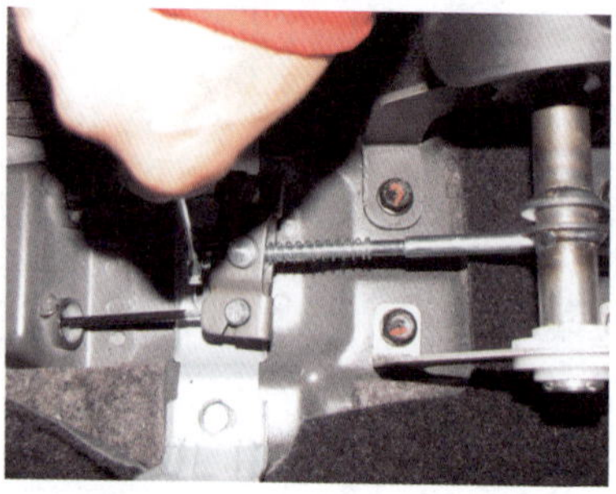	11．调整驻车制动杆行程。
	12．安装控制台壳体。

考评标准表——驻车制动装置的拆装　　时间：30 min

项目	分值	评分标准与指导	评价结果
正确使用工具	10	工具使用不当酌情扣分，并指正	
拆卸控制台外壳	10	按要求酌情扣分，并指正	
拆卸驻车制动杆总成	10	按要求酌情扣分，并指正	
拆卸驻车制动拉线	10	按要求酌情扣分，并指正	
拆卸制动器上制动拉线的回位弹簧	10	按要求酌情扣分，并指正	
确认驻车制动拉线的识别标记漆位置，并在左、右侧的适当位置安装	10	按要求酌情扣分，并指正	
安装驻车制动器	10	按要求酌情扣分，并指正	
调整驻车制动杆行程	10	按要求酌情扣分，并指正	
零件、工具摆放是否整齐	10	按要求酌情扣分，并指正	
遵守相关安全操作规范	10	因违规操作发生人身和设备事故，终止考核，成绩按 0 分计 超时每分钟扣 1 分，超时 10 min 终止考核	
分数合计	100		